# Schmutzige Demokratie

Jürgen Roth

# SCHMUTZIGE DEMOKRATIE

Ausgehöhlt – Ausgenutzt – Ausgelöscht?

© 2016 Benevento Publishing,
eine Marke der Red Bull Media House GmbH,
Wals bei Salzburg

Medieninhaber, Verleger und Herausgeber:
Red Bull Media House GmbH
Oberst-Lepperdinger-Straße 11–15
5071 Wals bei Salzburg, Österreich

Satz: MEDIA DESIGN: RIZNER.AT
Printed in the Czech Republic

ISBN 978-3-7110-0094-1

1 2 3 4 5 6 7 8 / 19 18 17 16

# Inhaltsverzeichnis

# Vorwort

»Was ist mit dir los, humanistisches Europa, du Verfechterin der Menschenrechte, der Demokratie und der Freiheit?«

Nach dieser Frage von Papst Franziskus am 6. Mai 2016, anlässlich der Verleihung des Aachener Karlspreises im Vatikan, sollte ich schleunigst meiner mentalen Gesundheit wegen im Internet offline gehen, die öffentlich-rechtlichen Medien wie die Pest meiden, Zeitungen nicht mehr lesen und längere Zeit zum Exorzieren ins nahe liegende Kloster der Franziskaner gehen.

Denn will man die Frage von Papst Franziskus beantworten, stößt man unwillkürlich auf gesellschaftliche wie politische Zustände, die schlichtweg nur noch schwer zu verkraften sind. Da ist der von zu vielen europäischen Politikerinnen und Politikern angetriebene nationalistisch-rassistische Tsunami, der alle ethischen und humanistischen Dämme überschwemmt. Da ist die sozialpolitische Verantwortungslosigkeit in Teilen der wirtschaftlichen und politischen Elite sowie die Skrupellosigkeit, mit der die Bürger hinters Licht geführt werden.

Eigentlich sollte ich deshalb, meiner mentalen Gesundheit wegen, auch nicht mehr danach fragen, warum Millionen Bürgerinnen und Bürger wie die Lemminge autoritären und demokratiefeindlichen politischen Verführern hinterherschlurfen.

Ich will in den Sozialen Medien keine der massenhaft zynischen Lügengeschichten mehr lesen, in denen von gewaltigen menschlichen Flutwellen schwadroniert wird, von Massenvergewaltigungen durch hier lebende muslimische Flüchtlinge.

Ich will nicht mehr daran verzweifeln, dass Tag für Tag irgendwo in Deutschland wieder Brandanschläge gegen Flücht-

9

lingsheime gemeldet werden, dass sich schon wieder ein grölender Mob gegen Muslime und Flüchtlinge zusammenrottet, der tausendfach brüllt: »Wer Deutschland nicht liebt, soll Deutschland verlassen«, und: »Wir sind das Volk« , dass diese Gruppe der sogenannten »besorgten Bürger« demokratische Politikerinnen und Politiker als »Volksverräter« beschimpft.

Ich ertrage nicht mehr diese plumpe antieuropäische Propaganda, die von jeder Realität losgelöst ist und trotzdem bei Millionen Bürgern Beifall findet.

Ich weigere mich, zur Kenntnis zu nehmen, dass die europäischen Staatschefs einen Deal zur Abwehr von Flüchtlingen mit dem türkischen Despoten Erdoğan abgeschlossen haben, der nicht nur die Menschenrechte mit Füßen tritt, sondern sich nicht scheut, mit den türkischen faschistischen Grauen Wölfen zusammenzuarbeiten, um jegliche demokratische Opposition auszuschalten.

Mir wird speiübel, wenn ich hinter die Masken der Ehrbarkeit jener europäischen Politiker schaue, die zur Verteidigung christlich-abendländischer Werte die Bürger aufputschen, die sich in Wahrheit jedoch schamlos bereichern und eine erbarmungslose Klientelpolitik betreiben.

Ich will mir keine Gedanken mehr darüber machen, warum es den Vermögenden möglich ist, dem Staatshaushalt durch Steuerflucht jährlich an die einhundert Milliarden Euro zu entziehen.

Ich kann die Lügen nicht mehr hören, wenn führende Politiker uns voller Stolz verkünden, sie hätten das in bitterer Not lebende griechische Volk mit 248 Milliarden Euro gerettet, obwohl fast ausschließlich (95 Prozent) nur die europäischen Banken profitierten.

Ich will nicht schwermütig werden, wenn ich sehe, dass die einstmals stolze Sozialdemokratische Partei Deutschlands

(SPD) immer bedeutungsloser wird, weil sie keine gesellschafts- und wirtschaftspolitischen Alternativen mehr vermitteln kann, also nicht nur einen leeren Kopf hat, sondern der gesamte Körper inzwischen gelähmt ist.

Und ich will, dem Schutz meiner mentalen Gesundheit wegen, nichts mehr von dem Millionenheer der sozial Deklassierten wissen, den prekär Beschäftigten, den Beschäftigten im Niedriglohnsektor, die um ihr tägliches Überleben kämpfen müssen und später in Altersarmut versinken, während diejenigen Politiker, die dafür verantwortlich sind, besonders gut leben.

All das stürzt jeden einigermaßen vernünftigen Staatsbürger in Verzweiflung, in Ohnmacht. Trotzdem: Ein feiges Wegducken oder Resignieren, es einfach hinzunehmen, also offline gehen und anstelle dessen zum Exorzieren ins Kloster, das wäre eine Niederlage im fortwährenden Kampf für eine soziale und humane Gesellschaft, den Kernbestand jeder liberalen Demokratie. Carlo Schmid, einer der Väter des deutschen Grundgesetzes, schrieb im Jahr 1948: »Demokratie ist nur dort mehr als ein Produkt einer bloßen Zweckmäßigkeitsentscheidung, wo man den Mut hat, an sie als etwas für die Würde des Menschen Notwendiges zu glauben. Wenn man aber diesen Mut hat, dann muss man auch den Mut zur Intoleranz denen gegenüber aufbringen, die die Demokratie gebrauchen wollen, um sie umzubringen.«[1]

Diesen Mut bringen heute glücklicherweise Millionen Bürgerinnen und Bürger auf, die sich engagieren, die etwas verändern wollen, die sich nicht einschüchtern lassen, die nicht resignieren, die ihr kritisches Denken bewahrt haben. Ihr »gesellschaftliches Engagement demonstriert Tatkraft und Erfindungsreichtum – allemal die stärksten Motoren für sozialen Zusammenhalt und gesellschaftlichen Fortschritt. Auf diese solidarische Zivilgesellschaft kann und muss sich eine

kluge und führungsstarke Politik stützen«, heißt es in einem
»Appell zum Umsteuern« vom April 2016. Zu den Unterzeichnern gehören zahlreiche Bundestagsabgeordnete und Politiker
von SPD, Linkspartei und Grünen, wie führende Gewerkschafter und Vertreter von Hilfsorganisationen und linken
Netzwerken. Sie gehören zu denjenigen, die tagtäglich Solidarität gegenüber jenen praktizieren, die in Europa – aus welchen Gründen auch immer – Schutz vor Verelendung, Folter,
Krieg und politischer Unterdrückung suchen und nicht akzeptieren, dass Europa zu einer Festung der Demokratie- und
Lebensfeindlichkeit ausgebaut wird. Ohne sie wäre die Demokratie eine leere Hülse. Sie haben nicht verdrängt, was Erich
Kästner zum 25. Jahrestag der Bücherverbrennung der Nazis
gesagt hatte: »Man darf nicht warten, bis aus dem Schneeball
eine Lawine geworden ist. Man muss den rollenden Schneeball zertreten. Die Lawine hält keiner mehr auf. Sie ruht erst,
wenn sie alles unter sich begraben hat.«[2] Diese Bürger sind die
Garanten dafür, dass Humanität und Solidarität zentrale Werte der Demokratie sind und bleiben und es sich lohnt, für sie
zu kämpfen.

Worum es tatsächlich geht, ist nichts Neues. Bereits im Jahr
1945 mahnte der österreichisch-britische Philosoph Karl Popper: »Wir können die Geschichte interpretieren im Sinne unseres Kampfes für die offene Gesellschaft, für eine Herrschaft
der Vernunft, für Gerechtigkeit, Freiheit, Gleichheit und für
die Kontrolle des internationalen Verbrechens. Obwohl die
Geschichte kein Ziel hat, können wir ihr dennoch diese unsere
Ziele auferlegen. Und obwohl die Geschichte keinen Sinn hat,
können wir ihr einen Sinn geben.«

# Demokratie in Gefahr!
## Von wem wird sie tatsächlich bedroht?

Nur zur Erinnerung: Die soziale und liberale Demokratie in Europa, von raffinierten Werbetextern bevorzugt Wertegemeinschaft genannt, die als Hüter der Menschenrechte verehrt wird, war nach dem Zusammenbruch der UdSSR Ende der achtziger Jahre eigentlich etwas Selbstverständliches geworden. Und heute? Demokratie, das moralische Exportmodell für die Länder Afrikas, Lateinamerikas oder Asiens, ist beschmutzt und wird ständig durch sogenannte realpolitische Notwendigkeiten vergewaltigt. Nicht alle Bürger sind ja dumm. Sie erkennen die offensichtliche strukturelle Widersprüchlichkeit politischer Entscheidungen und können deshalb mit der Wertegemeinschaft Europa immer weniger etwas anfangen.

Diese Wertegemeinschaft zeichnet sich im 21. Jahrhundert durch dramatische soziale Ungerechtigkeit, rigide Abschottung und schon pathogene nationalistische Hybris aus. Die Folgen sind offensichtlich. Es ist die vernichtende Flutwelle des Rechtsextremismus und Rechtspopulismus in Europa, die ungehindert der vielfältigen demokratischen Kultur ein Ende bereitet. Gleichzeitig zählen wir inzwischen, im Zusammenhang mit der Flüchtlingsfrage, über 30 000 Ertrunkene im Mittelmeer in den letzten Jahren, unzählige verdurstende Flüchtlinge in der Sahara, hunderttausende Hungernde in Griechenland, massenhaft Geprügelte in Mazedonien und systematische Unterdrückung der Opposition beim NATO-Partner Türkei. Kurzum: Alles, was die Wertegemeinschaft Europa einzigartig machen könnte und einzigartig machen muss: Menschenrechte, soziale Gerechtigkeit und Humanität, hat offensichtlich erheblich an Bedeutung verloren.

Zu erkennen ist das für jeden daran, dass sich in vielen europäischen Staaten, einschließlich Deutschland oder Österreich, hohe Mauern auftürmen. Und zwar sowohl in den Köpfen politischer Entscheidungsträger als auch durch kilometerlange rasierklingenbewehrte Stacheldrahtzäune. Die These dieses Buches ist, dass die im Prinzip schützenswerte Festung Europa, gemeint ist die Festung der Rechtsstaatlichkeit, der Solidarität und des Humanismus, tatsächlich in der konkreten Praxis eine der großen Lügen der europäischen politischen Eliten ist. Verschwiegen wird, was sich eigentlich hinter den Mauern dieser Festung Europa abspielt. Und genau darum geht es in diesem Buch.

Denn in dieser Festung Europa werden emsiger und skrupelloser als je zuvor private und staatliche Korruption, Machtmissbrauch und organisierte Kriminalität in den Spitzen von Teilen der politischen und wirtschaftlichen Elite gepflegt, damit die Parallelwelt der Reichen, der Kriminellen und ihrer Amigos in Regierungen nicht bedroht wird. Allein ein Blick ins benachbarte Bella Italia genügt, um diese Wertegemeinschaft zu beurteilen. Im Süden Italiens beherrscht die Mafia in Kooperation mit den von ihr abhängigen politischen Eliten die gesamte Region. Vielleicht meint man mit Wertegemeinschaft die dort praktizierten Werte der Mafia? Die italienische Mafia ist zumindest streng katholisch – was sie unter anderem mit vielen europäischen Nationen verbindet. Oder geht es nicht vielmehr um die Verteidigung der Werte jener, die der inzwischen verstorbene Bernd Hamm, emeritierter Professor für Soziologie an der Universität Trier, als die Werte »einer global herrschenden Klasse definiert, die sich selbst, vergleichbar mit feudalen Königen, von Gottes Gnaden hoch über alle anderen Menschen gesetzt sehen«?

Diese Verhältnisse sind das Anabolikum, um die Politiker- und Demokratieverdrossenheit noch weiter zu stärken. Der

Unternehmensberater und Autor Wolfgang Koschnik spricht von der Distanz vieler Bürger zu den demokratischen Institutionen. »Das System verdient auch kein Vertrauen mehr, in den Parlamenten und den politischen Parteien herrschen Hierarchien, es geht nicht mehr demokratisch zu, die Volksvertretungen nicken Regierungsentscheidungen nur noch ab, wichtige Entscheidungen werden in finsteren Hinterstuben getroffen, die politischen Institutionen sind handlungsunfähig, die Politiker taugen nichts, und der Staat ist bis über die Ohren verschuldet«.[3] Das klingt nach hysterisch aufgeladener Weltuntergangsstimmung. Leider verfängt sie bei immer mehr Menschen. Was Wolfgang Koschnik sicher nicht erreichen wollte: dass mit solchen Argumenten den Neonazis und Rechtspopulisten ungewollt Argumentationshilfen geliefert werden. Die gehen mit Politiker- und Parteien-Bashing bekanntlich erfolgreich auf Stimmenfang, deren Konsequenzen der deutsche Bundespräsident Joachim Gauck folgendermaßen zusammenfasst: »Mir macht die Distanz vieler Bürger zu den demokratischen Institutionen Angst: die geringe Wahlbeteiligung, auch die Geringschätzung oder gar Verachtung von politischem Engagement, von Politik und Politikern.«[4]

Fest steht – und das soll in dem Buch belegt werden –, dass fast alle rechtsextremen und rechtspopulistischen Parteien tief in korrupte und mafiose Machenschaften eingebunden sind, spätestens dann, wenn sie den Gipfel der politischen Macht erklommen haben. Es fand insbesondere in den osteuropäischen Staaten eine Verschmelzung von Korruption und organisierter Kriminalität mit politischen Repräsentanten der rechtsextremen beziehungsweise rechtspopulistischen Parteien statt, vor allem in den osteuropäischen EU-Staaten. Mit dabei sind jene Politiker, die sich mit rassistischer Hetze gegen die Aufnahme von Flüchtlingen aus muslimisch geprägten Ländern wehren und/oder vor dem drohenden Untergang des moralisch jungfräulichen »christlichen Abendlandes« warnen. Gleichzeitig propagieren sie, dass nur sie und sonst niemand die Stimme der »kleinen Leute« wären. Tatsächlich wollen sie eine Wirtschafts- und Sozialpolitik vollstrecken, die in krassem Gegensatz zu einem demokratischen und sozialen Wirtschaftssystem steht. Und nur das hilft bekanntlich wirklich den »kleinen Leuten«, ob Arbeitnehmern oder Unternehmern von kleinen und mittleren Firmen.

## Der ernüchternde alltägliche Rassismus

Wenn von schmutziger Demokratie die Rede ist, dann geht es unter anderem um das Krebsgeschwür der ethischen und sozialen Verantwortungslosigkeit in der demokratischen Gesellschaft sowie um die sich rasant vermehrenden Metastasen Rassismus und Islamophobie.

Einige wenige Szenen aus Deutschland mögen einen ersten Eindruck vermitteln, welche düstere Stimmung derzeit herrscht, ausgelöst durch eine politische und gesellschaftliche Klimakatastrophe, die niemand voraussagen konnte. Es sind subjektive Wahrnehmungen, die eigentlich tiefe Betroffenheit in der Gesellschaft wecken müssten. Tun sie leider nicht, obwohl es keine Einzelfälle sind, sondern exemplarische Fälle. Unter ein Foto des SPD-Politikers Ralf Stegner schreibt ein Weinberater auf seiner Facebook-Seite wortwörtlich: »Ihr seid alle Mörder oder Auftraggeber. Nur schade das wir keine Kopfgeldjäger haben. Dann wärt ihr schon lange fällig.« Über ein Foto von Finanzminister Schäuble: »Schiebt diesen verbitterten alten Krüppel auf die Zugspitze und löst die Bremsen.« Einen Facebook-Beitrag, der einen Grabstein abbildet, auf den geschrieben wurde: »Dr. Angela Merkel. Die Arme Seele lag ihr ganzes Leben lang falsch. Jetzt liegt sie richtig«, kommentiert er mit folgenden Worten: »Arme Seele? Widerspruch euer Ehren. Hochverräterin, Stasi Im. FJ-Sekretärin. Vernichterin Deutschland und Europas.« Ein Foto schutzsuchender Afrikaner kommentierte er mit den Worten: »Schweine müssen wie Schweine behandelt werden. Gebt ihnen Schweineställe und lasst sie sich in ihrer eigenen Scheisse suhlen.«

Blinder und gefährlicher Hass ist das, was er auf seiner Facebook-Seite schreibt. Soweit ist das, könnte man ja lapidar einwenden, leider keine Ausnahme. Was den Vorgang weitaus bedenklicher macht, ist, dass sein Arbeitgeber weder reagierte noch sich von seinem Weinberater distanzierte, nachdem dem Vorstand seines Arbeitgebers mehrere dieser Kommentare seines Mitarbeiters übermittelt wurden.

Frau A., Mitte 50, ist eine alleinerziehende Mutter von drei Kindern, die 15, 19 und 33 Jahre alt sind. Sie war mit einem muslimischen Asylsuchenden aus Togo verheiratet und ist inzwischen geschieden. Am 13. März 2016 schrieb sie mir. »Guten Abend, meine Tochter wird bald 20 Jahre. Heute Morgen hat sie mich gefragt: ›Mama ich habe gerade gelesen, dass die AfD in Sachsen die zweitstärkste Partei ist, was bedeutet dies? Mama das sind doch Nazis.‹ Sie schaute mich an und fragte: ›Haben Deutsche nichts zu befürchten?‹ Dann plötzlich: ›Mama mein Opa ist doch Italiener.‹ Ja, sage ich, dein Vater ist ja Sizilianer und deine Oma ist aus Polen. Und mein Vater war litauischer Jude und meine Oma deutsche Zigeunerin aus dem Sauerland und dein Urgroßvater kommt aus Frankreich. Und dein jüngerer Bruder ist halb Afrikaner. Den kann man nicht übersehen. ›Mama? Werden die uns dann umbringen?‹ Mein Kind, sagte ich, wir werden es beobachten und vorher fliehen. Dann sind wir Flüchtlinge.« Ihrem jetzt 16-jährigen halbafrikanischen Sohn wollte sie ein T-Shirt drucken lassen: Ich bin kein Flüchtling. Warum, frage ich sie. »Damit er Problemen mit der Polizei aus dem Weg geht.«

Frau A. erinnert sich an einen schon lange zurückliegenden Vorgang, nach dem Fall der Berliner Mauer. Damals kam die Schwägerin ihrer Mutter mit ihrem Mann in einem Trabi nach Detmold zu Besuch. »Wir fuhren an einem Samstag nach Lage zum Marktkauf. Für uns ein normaler Einkauf. Meine Tante und ihr Mann gingen in den Marktkauf hinein. Nach einer Weile ging es meiner Tante nicht gut. Ich ging mit ihr hinaus an die frische Luft. Nach einer Weile fragte sie mich: ›Wo kommen denn die Ausländer her?‹ Sie war entsetzt. Ich antwortete ihr: Die wohnen hier. ›Wie bei uns für fünf Jahre zum Studium?‹ Nein, sagte ich, für immer. Sie konnte es nicht glauben. Meine Tante war Schuldirektorin aus S. in Thüringen.«

Michael Würz ist Redakteur der baden-württembergischen Tageszeitung *Zollern-Alb-Kurier*. Am 16. August 2014 berichtete er darüber, dass in der Stadt Meßstetten eine Erstaufnahmestelle für Flüchtlinge eingerichtet wurde. Die Reaktionen der Bevölkerung waren erschreckend: »Wohlwollend ausgedrückt könnte man sagen: Selten hatten wir so viel Reichweite wie an diesen Tagen. Kritischer ausgedrückt könnte man sagen: Wir hatten die Kontrolle verloren. Manchmal gingen auf unserer Facebookseite im Minutentakt Kommentare ein, in denen sich Menschen ausmalten, wie sie Flüchtlinge an die Wand stellen und erschießen. Wie sie Gas in unsere Redaktion lassen. Oder ihr Haus abfackeln, wenn sie Flüchtlinge aufnehmen müssten. Menschen schrieben solche Dinge unter Klarnamen. Feuerwehrleute, Ortsvorsteher, Akademiker.«[5]

Ein erfahrener Journalist ist auch Christian Gesellmann aus dem sächsischen Zwickau und inzwischen, wie einige andere Journalisten aus Sachsen, geflüchtet. Aber warum ist er aus Zwickau vertrieben worden? Auslöser waren mehrere Vorfälle. Das ist das rassistische und fremdenfeindliche Klima, das sich in Zwickau wie Mehltau über die politische Kultur gelegt hat. Neonazis sind nicht etwa Außenseiter, sie haben vielmehr erheblichen Einfluss auf die allgemeine Stimmungslage von Fremdenfeindlichkeit und Rassismus, gegen die selbst ein Bündnis für Demokratie und Toleranz in der Zwickauer Region wenig ausrichten kann. Vielleicht konnte er es nicht ertragen, dass die mutmaßlichen NSU-Terroristen problemlos durch Zwickau laufen konnten und sogar bei Ralf Marschner ein- und ausgingen, einer Neonazi-Größe und zugleich V-Mann des Verfassungsschutzes, obwohl sie bereits von der Polizei per Haftbefehl gesucht wurden. Zwickau ist jene Stadt, in der einer der größten Immobilienbesitzer hohen Rang in der Scientology-Sekte einnehmen soll, wofür zahlreiche Dokumente sprechen. Das bestätigte mir die Hamburger Scientology-Beauftragte Ursula Caberta. »Der smarte Kaufmann«, behaupteten – von diesem unbestätigt – bereits 1997 auch die Journalisten Liane von Billerbeck und Frank Nordhausen, »ist Lebenszeit-Mitglied des Scientology-Dachverbandes IAS und erwarb für eine sechsstellige Summe sektenintern den Grad ›Operierender Thetan Stufe VII‹, um angeblich unverletzlich und unsterblich zu werden.«[6]

Mit ihm habe Christian Gesellmann auch seine Erfahrungen gemacht. »Er hat jetzt noch großen Einfluss und Freunde bei der CDU, aber nicht mehr so dick wie in den 90ern. Ich hatte über ihn mehrmals im Zusammenhang mit Gerichtsprozessen und Schulden seiner Firma berichtet, die er offiziell nicht mehr besitzt, aber nach wie vor kontrolliert. Danach hat er eine Kampagne gegen mich gestartet. Die ist aber im Sand verlaufen.« Der Kaufmann bestreitet solche Schulden – vielmehr habe er mangelhafte Bauleistungen nicht bezahlt. Auch habe er keinerlei Einfluss mehr auf seine ehemalige Firma.

Mit ein wesentliches Motiv für die Entscheidung des Journalisten, Zwickau zu verlassen, war ein Vorfall im Sommer

2015 in der Fußgängerzone. Er sah, wie ein Mann eine Roma-Frau anbrüllte, die mit ihrem Pappbecher seit einigen Tagen direkt vor dem Eingang der Redaktion hockte und bislang niemanden gestört hatte. Der Mann forderte die Frau wütend auf, abzuhauen. »Ich habe den Mann gefragt, was genau er denn da macht. Da wendete er sich sofort von der Frau ab, trat bis auf Bockwurstlänge an mich heran und durch seinen voluminösen Brustkorb pumpte Wutblut. Ich hätte mich hier nicht einzumischen und solle gehen. Da habe ich ihm gesagt, dass er kein Recht hat, irgendjemanden herumzukommandieren. Darauf sagt er: ›Doch!‹ ›Dann sind Sie also gerade in dienstlichem Auftrag?‹, frage ich ihn. ›Sie behindern hier eine Polizeiaktion. Ich verweise Sie vom Platz!‹ ›Sie sind allein und in Zivil. Der Frau haben Sie Ihren Ausweis auch nicht gezeigt. Das soll eine Polizeiaktion sein?‹ ›So, jetzt reichts! Jetzt zeigen Sie mir mal Ihren Ausweis!‹ Ich zeige ihm meinen Presseausweis. ›Kann ich jetzt mal Ihren Ausweis sehen?‹ Seine Reaktion? ›Sie haben sich hier nicht einzumischen. Weg jetzt! Sie denken doch, weil Sie Journalist sind, dürfen Sie alles?‹ ›Um Ihnen eine Frage zu stellen, brauche ich nicht mal Journalist sein. Im Moment frage ich als ganz normaler Bürger: Was machen Sie hier?‹ ›Als Bürger haben Sie mich gar nichts zu fragen!‹«

Der Journalist wollte gerade bei der Polizei anrufen und fragen, ob es den Hauptkommissar tatsächlich gibt, da kam dieser in die Redaktion gepoltert, brüllte den Journalisten ungefähr fünf Minuten lang an, was er sich einbilde, und beschwerte sich persönlich beim Redaktionsleiter über ihn. Der Wütende war als Hauptkommissar Präventionsbeauftragter der Zwickauer Polizei. Seine Aufgabe ist eigentlich, Bürgern Ratschläge zu geben, wie Einbrüche zu verhindern sind. Vielleicht rumorte es im Kopf des Hauptkommissars – Roma gleich kriminell – und die alte Frau bereitet sich auf den nächsten heimtückischen Diebstahl vor. Die Pressesprecherin der

Zwickauer Polizei, zu den Vorwürfen des Journalisten befragt, sagt Folgendes: »Zur Auseinandersetzung in der Innenstadt in Zwickau gab es gegenwärtig eine dienstliche Prüfung, in welcher an der Handlung des Polizeibeamten keine Beanstandungen festzustellen waren ... Der Auslöser zum Vorfall im Sommer 2015 in der Innenstadt Zwickaus war das aggressive Betteln einer Frau (Roma), welches auch hier nicht zulässig ist. Ansonsten gibt es mit Bürgern (Roma) keine besonderen Probleme und sie stellen keinen Schwerpunkt in der hiesigen, polizeilichen Arbeit dar.« Der Journalist Christian Gesellmann widerspricht dieser Darstellung, wonach die Roma-Frau aggressiv gebettelt habe. »Sie saß genau vor dem Eingang zu unserer Redaktion. Sie saß auf dem Kopfsteinpflaster, hielt einen Becher in der Hand und hat nichts weiter gemacht, als Passanten einen Guten Tag zu wünschen.« Glücklicherweise hat der geflüchtete Journalist nicht mehr miterlebt, wie am 1. Mai 2016 Bundesjustizminister Heiko Maas nach einer Rede aus der Stadt verjagt wurde, verfolgt von einer brüllenden Horde »besorgter« Zwickauer Bürger.

Und dann gibt es den Bürgermeister der kleinen Stadt Jüterbog in Brandenburg. Der 45-jährige Arne Raue warnte vor ansteckenden Krankheiten bei Flüchtlingen. Unter der Überschrift »Warnung vor Infektionskrankheiten« teilte er den knapp 12 500 Einwohnern mit: »Ich bin heute schriftlich durch eine Ärztin als Bürgermeister darauf hingewiesen worden, dass schon bei geringfügigem Kontakt mit Neuankömmlingen Gefahr von Infektionskrankheiten besteht.« Grundlose Panikmache nannte Marina Ringel, Pressesprecherin des Gesundheitsministeriums Brandenburgs, diese Aussage: »Flüchtlinge sind nicht ansteckender als Deutsche. Vor der Verteilung auf die Gemeinden wird jeder untersucht und, falls nötig, geimpft. Trotz verfünffachter Asylbewerberzahlen gibt es keinen starken Anstieg von Infektions-Krankheiten.« Die von dem Bürgermeister erwähnte Ärztin wusste ebenfalls nichts von der Gefahr durch Infektionskrankheiten. Als Journalisten beim Bürgermeister nachfragten, ob er Fälle von Ansteckungen in Jüterbog kenne, antwortete der »Nein«. Außerdem sagt er, dass er sich öffentlich entschieden gegen jedes rechts- und linksextreme Gedankengut geäußert habe.

Blankenese ist ein nobler Stadtteil von Hamburg. Wer hier inmitten satten Grüns und nahe der Elbe wohnt, dem geht es wirtschaftlich besonders gut. Auf dem Immobilienmarkt werden einzelne Villen im Wert zwischen einer und vier Millionen Euro angeboten, wie zum Beispiel ein »einzigartiges Anwesen in Blankenese mit traumhaftem Blick auf die Elbe für 3.850.000 Euro«. Die Blankeneser sind häufige Opern-Besucher, wenn sie nicht gerade mit ihren schmucken Segeljachten auf der Alster schippern, um danach im noblen Fischclub Blankenese eine 0,375-Liter-Mini-Flasche Champagner Lanson für 39 Euro zu schlürfen. Und natürlich ist man Mitglied im ältesten Segelverein Deutschlands, der hier in Blankenese seinen Sitz hat. Es wäre alles so schön, wenn da nicht in einem Waldstück in ihrer unmittelbaren Nähe neun einfache Holzhäuschen für 192 Flüchtlinge entstehen sollten. Damit sind die vermögenden Anwohner überhaupt nicht einverstanden. Da Bäume für den Bau der Unterkünfte gefällt werden sollten, hatten sie deshalb eine Straßenblockade initiiert und zogen dann mit einem Eilantrag erfolgreich vor das Hamburger Verwaltungsgericht. Jetzt dürfen erst einmal keine Bäume gefällt und daher auch keine Wohnungen für Flüchtlinge gebaut werden. Natürlich, sagen die Protestierenden übereinstimmend, haben sie nichts gegen Flüchtlinge. Aber man müsse doch den Schutz der reichhaltigen Natur in dem Wäldchen gewährleisten. Derweil warten in Hamburg 5 600 Flüchtlinge in Turnhallen und Baumärkten auf eine menschenwürdige Unterkunft.

In dieses düstere Szenario der Vorurteile, die dem Rassismus Nahrung geben, passt eine Aussage des Chefzynikers der Bundesregierung, Innenminister Thomas de Maizière. Er meldete sich Anfang April 2016 wieder einmal mit seinem sauertöpfischen Gesicht zu Wort. »Ich erwarte«, sagte er *Spiegel Online*, »dass alle, die hier leben wollen, die deutsche Kultur kennen und unsere Grundwerte akzeptieren. Jeder sollte wissen, was in Auschwitz passiert ist und jeder sollte das Existenzrecht Israels akzeptieren … Jeder sollte unsere Kultur, unsere großen Dichter, unsere Architektur kennen.«

Zur deutschen Leitkultur zählt der CDU-Politiker drei weitere Eigenschaften: »Von jedem erwarte ich Respekt, Höflichkeit und Hilfsbereitschaft.«[7] Er meint aber nicht seine deutschen oder gar sächsischen Mitbürger, nein, er meint natürlich die Flüchtlinge. Ich würde gerne wissen, wie viele Deutsche (und insbesondere die Wähler seines Wahlkreises in Meißen) wissen, was in Auschwitz passiert ist und welche Lehren sie daraus gezogen haben. Wie die rechtsextreme sächsische Kultur seit Jahren demonstriert, keine. Ins gleiche populistische Horn blies übrigens Andreas Scheuer, der smarte Generalsekretär der CSU: »Wer sich nicht integriert, kann nicht hierbleiben. Wir müssen abschließen mit der Integrationsromantik. Multikulti ist gescheitert. Wer sich nicht integriert, muss mit Ausreise rechnen.«[8]

## Von Srebrenica zur Flüchtlingskrise – kein Vergleich?

Im Jahr 2015/2016 wiederholt sich die jüngere Geschichte auf dramatische Weise. Es sind gerade einmal 20 Jahre her und schon wieder ist der Mechanismus des Wegschauens mit seinen schicksalhaften Folgen für die Betroffenen zu beobachten.

Damals, im Juli 1995, wurden im Zusammenhang mit dem europäischen Jugoslawienkrieg in der bosnischen Stadt Srebrenica mehr als 8 000 muslimische Männer und Jugendliche, Bosniaken, die sich in einer Schutzzone der UN aufhielten, unter den Augen der holländischen UN-Schutztruppen von serbisch-orthodoxen Militäreinheiten entführt und danach erschossen. Die niederländische Luftwaffe wurde lange Zeit nicht eingesetzt, und als sie dann endlich über die Schutzzone flog, setzte die niederländische Regierung erfolgreich alle Hebel in Bewegung, um den Einsatz abzubrechen – da die Serben niederländische Blauhelme in ihrer Gewalt hatten. Die UN stellten in ihrem eigenen Untersuchungsbericht später fest, dass jedoch alle Voraussetzungen für den Einsatz der Luftwaffe gegeben waren. Die Schutzzone fiel und die Ermordung von über 8 000 Muslimen folgte. Die holländischen Blauhelme schauten nur zu, als die Frauen von den Männern und Jugendlichen selektiert wurden, Letztere weggebracht und danach erschossen wurden. Daraufhin wurde den niederländischen Blauhelmen vorgeworfen, sie hätten Teile des Massakers mitbekommen und durch Nicht-Einschreiten geduldet. In diesem Zusammenhang wurde auch von Beihilfe zu einem Kriegsverbrechen gesprochen.

Die niederländischen Soldaten, berichtete der niederländische Journalist Van den Boogaard, hätten sich schon im Frühjahr 1995 von der Bevölkerung, die sie schützen sollten, distanziert und die »elenden, verlausten Muslime und ihre bettelnden, stehlenden Kinder« verachtet. Sie hätten die gut organisierten Serben, die immerhin über die notwendigen Biertransporte mit sich handeln ließen, bewundert. »Die militärische Führung weigerte sich zunächst, einzugestehen, dass es überhaupt zu einer Katastrophe gekommen war. Sie informierte den Verteidigungsminister unzureichend, unterdrückte Dokumente über die Beteiligung der Niederländer an der

Deportation.« Es verschwanden Filme, die belegt hätten, dass die Serben bei sogenannten Verhören Flüchtlinge schon im Lager von Potočari erschossen. Zur Taktik der Haager Politiker gehörte es, urteilt Van den Boogaard, die Selektionen, die Erschießungen und den Massenmord nach der Räumung des Lagers an bosnischen Männern strikt von den Aktivitäten ihrer Blauhelmtruppe zu trennen. 8 372 – so lautet die in Bosnien-Herzegowina von der »Staatlichen Kommission für die verschwundenen Personen« amtlich festgestellte Zahl. »Das eigene Prestige, die Sicherheit der eigenen Truppe sei den Niederländern wichtiger gewesen als ihr humanitärer Auftrag. ›Für Muslime sterben‹, so der oft kolportierte Soldatenspruch, ›wo kämen wir da hin?‹«[9] Eine wichtige politische Kraft ist heute in Holland übrigens die rechtspopulistische Partij voor de Vrijheid von Geert Wilders, der bei der rechtsradikalen Pegida gefeierter Redner war.

Identische Denk- und Handlungsstrukturen wie in Srebrenica sind heute im Zusammenhang mit den Flüchtlingen aus muslimischen Staaten, mehr oder weniger ausgeprägt, wieder präsent. Das gilt für die Politik des Wegschauens, der Abwehr und der Akzeptanz der Erniedrigung der in Europa Schutzsuchenden. Nicht, dass es wie in Srebrenica zu einem Völkermord gekommen ist, allemal jedoch zu mehr als 30 000 Toten im Laufe der letzten fünf Jahre. Die ohnmächtigen Opfer, Säuglinge, Kinder, Jugendliche, Frauen und Männer, wurden nicht hinterrücks erschossen. Sie krepierten (anders kann man es leider nicht nennen) bei ihrer Flucht vor Krieg, Verfolgung, politischer Unterdrückung und wirtschaftlichem Elend, weil ihnen in Europa niemand legalen Schutz gewähren wollte. Und das ist im Prinzip nicht viel anders wie vor 20 Jahren, als die Europäer schon einmal wegschauten, als die schutzsuchenden Muslime aus Bosnien von den christlichen Serben liquidiert wurden.

## Einblicke in die humanitären Leistungen der Wertegemeinschaft Europa

»Ich träume von einem Europa, wo die jungen Menschen die reine Luft der Ehrlichkeit atmen«, sagte Papst Franziskus in Rom. »Ich träume von einem Europa, in dem das Migrantsein kein Verbrechen ist. Ich träume von einem Europa, das die Rechte der Einzelnen fördert und schützt, ohne die Verpflichtungen gegenüber der Gemeinschaft außer Acht zu lassen. Ich träume von einem Europa, von dem man nicht sagen kann, dass sein Einsatz für die Menschenrechte an letzter Stelle seiner Visionen stand.« Dieser Traum weicht der menschenfeindlichen Realität – eben ein Traum.

Es wird ja gerne ausgeblendet, aber trotzdem lohnt es sich, dieses Verhältnis anzusehen. 800 Millionen Europäer haben Angst vor zwei Millionen Flüchtlingen, während elf Millionen Jordanier und Libanesen – mehr oder weniger im Stich gelassen – bisher circa drei Millionen Flüchtlinge beherbergten. Herbert Reul ist Vorsitzender der CDU/CSU-Gruppe im Europäischen Parlament. Er hat kein Problem damit, zu sagen, dass die Idee der Grenzsicherung Europas, der Außengrenzsicherung, ist, dafür zu sorgen, dass die Flüchtlinge erst gar nicht mehr nach Europa kommen, sondern vor Europas Grenzen bleiben, am besten noch in der Nähe der Heimat, am besten sogar zuhause. Dabei mauserte sich die Alpenrepublik Österreich inzwischen zur zentralen Achse zwischen deutschen Rechtsradikalen, der bürgerlichen CSU und der österreichischen ÖVP beziehungsweise rechtsradikal infizierten FPÖ, wenn es um den rhetorischen wie praktischen Kampf gegen die Flüchtlinge geht. Da gibt es zum Beispiel Andreas Khol, den Kandidaten der Österreichischen Volkspartei (ÖVP) für die Bundespräsidentenwahl 2016, den in Deutschland kaum einer kennt. »Österreich darf nicht zum Mistkübel Europas werden«, sagt er so dahin, als sei Österreich, was politische Verhältnisse angeht, ein besonders sauberes Land. Andreas Khol ist ein überzeugter Katholik und wie in Österreich, was politische Haltungen angeht, üblich, bekannt für seine »chamäleonhafte Anpassung an die Farben des politischen Schachspiels«, wie es der Innsbrucker Psychoanalytiker Professor Josef Christian Aigner nennt. Khol nimmt gerne das Wort Nächstenliebe in den Mund, aber bitte nur für die Österreicher. »Ich bin ein Freund der Nächstenliebe, die Nächstenliebe kann aber nicht nur eine Fernstenliebe sein. Charity begins at home – wir müssen zuerst auf unsere Leut' schauen.«

Wilfried Haslauer ist ÖVP-Landeshauptmann Salzburgs. Er hat die Patentlösung: »Daher ist diese Überlegung, Asyl ist ein Grundrecht, ein theoretisches Gedankenspiel, das eine Grenze im Faktischen hat.« Johanna Mikl-Leitner, die damals noch amtierende ÖVP-Innenministerin, machte, solange das Asylrecht nicht außer Kraft gesetzt werden kann, ihr Ministerium schon einmal zu einem Asyl-Abschreckungsamt. Sebastian Kurz wiederum, der junge schneidige österreichische ÖVP-Außenminister, ist gern gesehener Gast der CSU. Bei internationalen Treffen tritt er wie ein kleiner Wichtigtuer auf. Ihm wird von seinen Kritikern sowohl Verantwortungs- als auch Skrupellosigkeit vorgeworfen. Für Skrupellosigkeit spricht seine Aussage, wonach »wir ehrlich aussprechen müssen, dass es den Migranten hier nicht um die Suche nach Schutz geht, sondern um die Suche nach einer besseren ökonomischen Zukunft.«[10] Also die Grenzen dicht machen. Und er bedauert gleichzeitig die dadurch entstehenden »furchtbaren Bilder« aus Griechenland. »Aber ohne furchtbare Bilder geht es nicht, es braucht diese Bilder.«

Für Verantwortungslosigkeit spricht, dass Kurz am 2. Juli 2015 den illegalen Export von 250 000 Granaten des Unternehmens Arges in Rüstorf, eine Tochterfirma des deutschen

Rüstungsunternehmens Rheinmetall, in das kriegführende Abu Dhabi genehmigte. Davor sind zehntausende Maschinenpistolen, Granaten und Gewehre mit Zustimmung des Außenministeriums geliefert worden. Gleichzeitig weigerte er sich, den einstimmigen Nationalratsbeschluss, dem World Food Programme 15 Millionen Euro zur Verfügung zu stellen, umzusetzen. Der Grünen-Politiker Peter Pilz, ganz sicher kein Freund des Außenministers, kommentierte das folgendermaßen: »Kurz geht es nicht um Menschen. Es geht ihm wahrscheinlich nicht einmal um das Granatengeschäft. Er macht es nur den drei Gruppen, die ihm wichtig sind, recht: der Wirtschaft; dem Boulevard; und seinem künftigen Partner, der FPÖ.«

Auf jeden Fall wurden die »furchtbaren« oder »unangenehmen« Bilder den europäischen Fernsehstationen inzwischen prompt frei Haus geliefert. Festzustellen ist, dass realpolitischer Zynismus und ausgeprägte Menschenfeindlichkeit eine ganze Generation konservativer Politiker in Europa auszeichnen – von den Rechtspopulisten und Rechtsradikalen ist nichts anderes zu erwarten. Wer will da schon Aussagen hören wie die des Professors Eckart D. Stratenschulte von der Europäischen Akademie Berlin: »Man kann die Grenzen schützen, wenn man den Tod der Flüchtlinge in Kauf nimmt oder herbeiführt. Die Menschen kommen in einem Boot – oftmals in Booten, die nicht seetüchtig sind – die Menschen ertrinken oder drohen zu ertrinken und wenn man dann da zuschaut und das lange genug macht, dann spricht es sich rum, dann hat man die Grenze geschützt. Aber um den Preis der Menschenleben und um den Preis des Verfalls aller moralischen Werte, auf denen dieser Kontinent aufgebaut ist.«[11]

Gerne würde man daher jenen europäischen Politikern, die so stolz auf ihren christlichen Glauben sind, die Ansprache von Papst Franziskus ständig um die Ohren hauen. Als er am

16. April 2015 auf der griechischen Insel Lesbos die in einem Lager unter unwürdigen Zuständen lebenden Flüchtlinge besuchte, sagten er und der griechisch-orthodoxe Erzbischof Hieronymus II. etwas, was von keinem einzigen Politiker, ob in Wien oder Berlin, bislang zu hören war. »Wir sind hergekommen, um die Aufmerksamkeit der Welt auf diese schwere humanitäre Krise zu richten. Wir hoffen, dass die Welt die Bilder dieser tragischen und verzweifelten Not sieht und auf eine Weise reagiert, die unserer gemeinsamen Menschlichkeit angemessen ist.« Nein, niemand wird reagieren, denn was sind schon die Worte kirchlicher Würdenträger – wohlfeile moralische Appelle, die bei den Realpolitikern allenfalls eine Reaktion auslösen, dass sie verächtlich ihre Augenbrauen hochziehen.

Dafür meldeten sich auf Facebook wie auf Twitter rechtspopulistische Schreihälse und kritisierten den Papstbesuch. Wie der Beitrag eines Thomas Rauscher. Er ist Jurist und Professor am Leipziger Institut für ausländisches und europäisches Privat- und Verfahrensrecht. »Lesbos. Geschmacklose PR zur moralistischen Erpressung Europas in korrekten Asylverfahren. Ein Papst als Star in einer schlimmen Inszenierung.«[12]

Dieser Menschenfreund Rauscher postete bereits am 21. März 2016: »Es gibt Orte auf dieser Erde, da warten hunderte Millionen auf die dämliche Einladung der deutschen Sozialträumer. Wacht endlich auf!«[13] Oder am 25. Februar 2016, nicht weniger zynisch und zugleich unsäglich dumm: »Ich verstehe ja die Begeisterung der ›Humanisten‹ an ihrer eigenen Großartigkeit. Emotionale Lemminge, die Angela in den Untergang folgen.«[14]

Übrigens: Wenige Tage bevor Papst Franziskus die Flüchtlinge auf der Insel Lesbos besuchte, wurde bekannt, dass jene Männer und Frauen, die vor dem Schrecken des Islamischen

Terrorstaates aus Syrien in die Türkei flüchten wollten, an der Grenze von türkischen Militärs beschossen wurden. Gleichzeitig waren in Lesbos die Leichenhallen heillos überfüllt. Die Toten mussten zum Teil in Kühlcontainern gelagert werden. Vor allem die vielen toten Kinder setzen den Helfern zu. »Es sind Babys, es sind Buben, es sind Mädchen«, klagte mit Tränen in den Augen Theodorus Nousius, der Leichenbestatter in Mytilene. »Es wäre besser, ich hätte gar keine Arbeit.«

Nachdem die Balkanroute Anfang 2016 geschlossen wurde, jubelten die Europäer – und die Schutzsuchenden blieben seitdem ihrem trostlosen Schicksal überlassen. Plötzlich richteten sich die Augen auf Mazedonien, ein Land, das nicht zur EU gehört, aber seine Grenze zu Griechenland schloss. Was interessiert da schon die politische Situation im Land selbst?

Mazedonien war und ist hingegen eine ideale Schmuggelroute in Richtung Westeuropa, ob Zigaretten, Drogen, Gold oder Waffen. Die Wahlen werden systematisch gefälscht, bei korrupten Richtern genehme Urteile bestellt, und gleichzeitig blüht die Korruption. Bislang wurde kein einziger der bekannten kriminellen Persönlichkeiten verhaftet oder angeklagt, wie zum Beispiel Dilaver Bojku, der König der Zwangsprostitution. Er wurde zwar zu sechs Monaten Gefängnis verurteilt, trat die Gefängnisstrafe jedoch nie an.[15] Aleksandar Bozinovski lebt in Skopje, ist Journalist und Direktor des Zentrums für investigativen Journalismus SCOOP–Macedonia.[16] Er berichtete mir: »Korruption ist bei uns flächendeckend. Unser Zentrum wurde, wegen der Korruption in den Medien, von drei Journalisten gegründet. Fast jeden Tag veröffentlichen wir Beweise über Korruption, aber ohne jede Reaktion vonseiten der Öffentlichkeit oder der Staatsanwaltschaft.« Prächtige Spielkasinos von dubiosen Investoren mit Sitz in Offshore-Regionen werden genehmigt, während gleichzeitig die Regierung für ihre hohen Stacheldrahtzäune bewundernde Zustimmung aus Österreich und Deutschland erhält. Niemand redete deshalb über einen aufrüttelnden Bericht von Human Rights Watch (HRW). Darin wird der mazedonischen Polizei der Einsatz von Gewalt gegen Flüchtlinge vorgeworfen. Für den Bericht wurden 64 Flüchtlinge befragt, darunter sieben Kinder. Sie wurden mit Schlagstöcken traktiert und verbal beleidigt. Teilweise wurden sie zu einem regelrechten Spießrutenlauf zwischen den Reihen von Polizisten gezwungen, die gleichzeitig mit Schlagstöcken auf die Flüchtlinge einprügelten. Das ist aber nur ein winziger Ausschnitt der sowohl demokratiefeindlichen als auch menschenverachtenden Politik der Europäer gegenüber Nationen wie Mazedonien.

Wie die Situation für die Flüchtlinge in Griechenland selbst aussieht, hat hingegen noch nie jemanden interessiert. Die zentrale Ausländer- und Asylbehörde in Athen befindet sich in der Petrou-Ralli-Straße. In einer Seitenstraße ist Tag für Tag das gleiche Bild zu beobachten: Da stehen, ob im heißen Sommer oder eiskalten Winter, in einer langen Schlange jede Nacht hunderte Immigranten. Sie wollen sich einen Platz sichern, um am nächsten Tag eine Chance zu haben, ihren Asylantrag zu stellen. Sie stehen hier stundenlang ohne Wasser und Nahrung und können ihren Platz nicht verlassen, weil sie sofort von anderen Wartenden in der Reihe abgelöst werden. Das erinnert übrigens an die Situation in Berlin im Herbst und Winter 2015. Und sie stehen fast immer umsonst, denn die Polizei akzeptiert, wenn die Wartenden Glück haben, pro Tag nur 20 Antragsteller. Ein System scheint es nicht zu geben, abgesehen von purer Willkür. Die führt dazu, dass teilweise die Registrierung abgelehnt wird und manche Asylsuchende monatelang warten müssen, bis sie sich registrieren lassen können.[17]

Solange sind sie Freiwild, dem die Inhaftierung droht, klagten Flüchtlingshilfsorganisationen wie Pro Asyl. Eine Dolmetscherin, die in der Asylbehörde arbeitet, erzählt, was sie dort täglich erlebte: »Theoretisch sollten Interviews zu den Asylanträgen drei bis sechs Monate nach der Stellung des Antrags stattfinden. Doch meistens ist es nicht so. Bis zum ersten Interview können zwei Jahre vergehen. Ich habe nie von einer positiven Entscheidung gehört. Aber immer wieder ›Verpiss dich‹.« Und die Schlägertruppen der sowohl im griechischen wie im europäischen Parlament vertretenen rechtsradikalen Partei Goldene Morgenröte nutzen das aus. Ein Flüchtling aus Nigeria erzählt: »Sie greifen uns an, rufen: ›Geht zurück in euer Land, ihr Schwarzen.‹ Sie stachen einen Jungen nieder. Als ich den Jungen gesehen habe, sagte er mir, dass die von der Goldenen Morgenröte ihn umbringen wollen.« Ein Haus, in dem viele Flüchtlinge leben, wurde von 15 Männern angegriffen. Sie trugen T-Shirts mit der Aufschrift Goldene Morgenröte und jeder hatte eine Eisenstange dabei. Die Zimmer der Flüchtlinge wurden zerstört, sie selbst zusammengeschlagen. »Sie hetzten die Hunde auf uns und sie lachten und freuten sich«, erinnerte sich einer der Flüchtlinge und fügte hinzu: »Die Polizei schaute nur zu.«

Selbst die einst als warmherzig hoch gelobte Bundeskanzlerin Merkel verschloss die Augen vor dem, was im März und April 2016 in Idomeni geschah. Dasselbe wie zuvor im französischen Calais. Tausende Männer, Frauen und Kinder lebten dort monatelang ohne Essen, Trinken, ohne sanitäre Einrichtungen, ohne warme Unterkunft. Im Schlamm warteten sie auf eine Gelegenheit, zu ihren Familien nach Großbritannien übersetzen zu können, egal wie. Auch in Idomeni harrten, nachdem die Balkanroute hermetisch geschlossen wurde, zwischen 12 000 und 14 000 Menschen unter erbarmungswürdigen Umständen auf regennassen Feldern aus, in der Hoffnung, die Grenze würde sich doch noch für sie öffnen. 40 Prozent von ihnen waren Kinder, viele unter 14 Jahre alt. Es mangelte an menschenwürdiger Unterbringung, geregelter Versorgung und Sicherheit. Unterstützt wurden die Flüchtlinge fast ausschließlich durch Freiwillige, auch aus Deutschland. Wie von Politikern in Deutschland und Österreich gewünscht, konnte man die von den Politikern erwarteten »schlimmen Bilder« sehen, die von Journalisten, teilweise live, in den Abendnachrichten in die Wohnstuben der satten europäischen Bürger gesendet wurden.

## Berichte aus der Hölle des gelobten Landes Europa

Es ist Samstag, der 16. April 2016. In Deutschland wird in der ARD »Das große Schlagerfest«, aus der Messe-Arena in Halle an der Saale übertragen. Die Großen des deutschen Schlagers sind zu Gast. Während Nicole »Jedes Glück hat seinen Preis« trällert, stürmen knapp 1 900 Kilometer entfernt, im griechischen Idomeni, aufgeregte Menschen auf freiwillige Helfer zu, unter anderem auf den Arzt Ijos Bietzker. »Wir laufen schnell mit zum Zelt. Diesmal bleibt keine Zeit zum Schuhe ausziehen. Die darin befindliche junge Frau ist bewusstlos, schwer atmend – und hört dann einfach auf damit. Gut, dass Beatmungsbeutel mit Maske im Auto bereithängen, und während wir anfangen zu beatmen, versuchen wir zu eruieren, was denn passiert ist. Ein Suizidversuch mit Tabletten wird angenommen.«

Als in Deutschland der Schlagersänger Frank Schöbel, untermalt vom rhythmischen Klatschen der Zuschauer, singt: »Das ist der Moment, wofür wir leben«, versucht der Arzt im Schein der Taschenlampen das Leben der jungen Frau zu retten. »Die stabilisierte Atmung endet wieder, und nun wird deutlich, es handelt sich um einen Krampfanfall. Ach ja, stimmt. Eine Epilepsie habe unsere junge Patientin. Nein, behandelt würde sie nicht. Es gäbe keine Medikamente. Hörte ich doch am Tag zuvor auch aus den Militärcamps, welche besser versorgt sein sollen als die hiesigen Camps, dass es keine Medikamente für chronische Krankheiten gibt.« Und während auf RTL Millionen Zuschauer sich immer noch »Deutschland sucht den Superstar« anschauen, berichtet der Arzt aus Idomeni, dass die Verzweiflung angesichts der hilflosen Situation der geschlossenen Grenzen bei seiner jungen Patientin so groß gewesen sei, dass sie nicht mehr leben wollte.

Ijos Bietzker aus Lüchow-Dannenberg gehört nicht zu jenen, die jubelten, als die Grenze nach Europa dicht gemacht wurde, oder der, wie rechte Populisten, sogar auf Flüchtlinge schießen würde, nur damit sie nicht nach Österreich oder Deutschland kommen. Er ist einer der vielen Freiwilligen, die den Flüchtlingen helfen, sie nicht qualvoll leiden lassen wollen. Bevor Ijos Bietzker nach Idomeni kam, versorgte er im November 2015 mit anderen Freiwilligen jene Flüchtlinge, die am Bahnhof Uelzen strandeten, unter ihnen kleine Kinder und schwangere Frauen, um die sich niemand kümmerte. Nachdem kaum noch Flüchtlinge ankamen und er hörte, welche menschlichen Dramen sich an der griechisch-mazedonischen Grenze abspielten, überlegte er nicht lange. Er kaufte einen Transporter, baute ihn um, lud ihn mit selbst gekauften und gespendeten Medikamenten voll und fuhr mit zwei weiteren Helfern nach Idomeni. Er schreibt auf seiner Facebook-Seite am 5. April 2016 aus Polikastro/Idomeni: »Ich krieg hier echt die Krise. Pausenlos kranke Kinder, kranke Mütter, kranke Menschen ohne Ende. Durchfall, Erbrechen, Husten, Halsentzündungen, Augenentzündungen, Kopf- und Ohrenschmerzen, Blasenentzündungen, Läuse, Läuse, Läuse, Krätze, Sonnenbrand, Sonnenbrand, Sonnenbrand, vermutlich Tuberkulose. Unser junger bluthustender Patient wurde erwartungsgemäß aus dem Krankenhaus wieder zurück ins Camp geschickt mit einem Zettel, er solle sich im 77 Kilometer entfernten Thessaloniki beim Lungenfacharzt vorstellen. Wie denn? Wir dürfen ihn nicht hinbringen. Vielleicht im öffentlichen Bus? Trampend? Er hustet und spuckt Blut aus.«

Es kann nicht Aufgabe einzelner Personen sein, schreibt der Arzt, ein Camp mit circa 1500 Personen zu versorgen. Denn wo ist denn die europäische Hilfe? »Aber will man zugucken und sich abwenden, wenn es zu schrecklich wird.« Und er berichtet auf Facebook von einem 17-jährigen schwangeren Mädchen, das ohnmächtig wurde. »Ihr Vater ist aus Deutschland zu ihr gereist, um die Familie zu unterstützen und weiß nicht mehr ein noch aus. Als ich gestern bei der jungen Frau im Zelt war, nachdem sie umgefallen war, konnte ich die Tränen kaum zurückhalten. Was tun wir den Menschen an, die in Europa Schutz und eine neue Zukunft für ihre Kinder suchen.«

Am 15. April 2016 schreibt Ijos Bietzker erneut: »Die Hölle von Idomeni ist noch zu toppen. Der junge Mann ist seit einem Bombenabwurf in Syrien querschnittsgelähmt. Sein Bruder versorgt ihn, lagert ihn, versucht Nahrung und Wasser aufzutreiben. Verbindet die tiefen Druckgeschwüre an den Fersen und über dem Steißbein. Zu allem Unglück hat kochender Tee gestern die Füße getroffen. Nun sind beide schwer verbrüht. In der Nacht wurde der junge Mann als Notfall ins Krankenhaus gebracht und ohne Behandlung wieder zurückgeschickt. Mit einer freiwilligen Helferin zusammen reinige und verbinde ich beide Füße. Gebe Decken aus, um die Beine höher zu lagern, so dass die Fersen frei schweben. Ich werde um benötigte Stoma- und Urinbeutel gebeten. Leider habe ich keine. Wie unmenschlich ist das eigentlich, so schwer verletzt in einem Igluzelt am Rande einer Autobahn zu liegen, ohne fließend Wasser ohne Strom, ohne regelmäßige Nahrung – wartend, dass sich Europa besinnt und Flüchtende aufnimmt?«

Andreas Gammel ist Arzt für Allgemeinmedizin im baden-württembergischen Mössingen. Er gehört ebenfalls zu den

Helden der Humanität, ohne die, wie sein Kollege aus Lüchow-Dannenberg, die Flüchtlinge in Idomeni elend verrecken würden. Auf seiner Facebook-Seite schreibt er über seine bedrückenden Erfahrungen: »Heute ist passiert, was wir die ganze Woche befürchtet hatten: die Behörden beginnen, die Bedingungen in den Lagern zu verschlechtern, um die Bereitschaft der Menschen zu steigern, sich in kontrollierte Lager umsiedeln zu lassen. Teil dieser Anstrengung ist, die medizinische Versorgung zu verschlechtern, und dazu wird die Arbeit der Ärzte behindert.«

Am 10. April 2015 kam es zu großen Unruhen in Idomeni. Der mazedonische Grenzschutz feuerte stundenlang willkürlich Tränengasbomben mitten in die Zelte der Flüchtenden. Familien fliehen aus ihren Zelten. Das Ergebnis? Circa 200 Verletzte wegen Tränengas. Dazu kamen Verletzungen wie Knochenbrüche, Prellungen, Schnittwunden und von Tränengas verwundete Kinder. Nach Angaben von Ijos Bietzker wurden Tränengasgeschosse direkt in die Zelte gefeuert, weitab der mazedonischen Grenze. Auch viele Kleinkinder und Säuglinge seien getroffen worden. Inzwischen ist Idomeni geräumt. Die vor dem Terror und Krieg flüchtenden Menschen werden jetzt in hermetisch abgeschlossenen Lagern »verwahrt«. Die Öffentlichkeit ist ausgeschlossen. Die katastrophalen Zustände in den Lagern dürfen nicht bekannt werden.

## Ist das Bruttoinlandsprodukt (BIP) pro Kopf der Wert eines Menschen?

Die einen flüchten vor blutigen Kriegen und staatlichem Terror, die anderen vor ihrer sozialen und gesellschaftlichen Verantwortung. Man kann es auch so sehen, dass Frauen, Kinder und Männer, die vor Krieg, Bomben, Hunger, Tod fliehen, in

Gefängnisse eingesperrt werden, die sie schon aus ihrer Heimat, aus der sie geflüchtet sind, kennen. Aber Personen, die vor Steuern und sozialer Verantwortung fliehen, werden als Leistungsträger gehegt, weil sie systemrelevant sind. Anders formuliert, keiner redet über die deutschen und österreichischen Steuerflüchtlinge, die in Deutschland dem Staatshaushalt jährlich mindestens hundert Milliarden Euro entziehen. Seriöse Untersuchungen gehen davon aus, dass Anfang 2014 Europäer allein in Schweizer Banken tausend Milliarden Euro bunkerten. »Von dieser Summe entfiel auf Deutschland als der mit Abstand größten Volkswirtschaft des Kontinents der Löwenanteil von etwa 20 Prozent, also 200 Milliarden Euro. Eine ebenso hohe Summe besaßen Deutsche in anderen Steueroasen wie Singapur, Hongkong, Luxemburg oder den Bahamas.«[18] Demnach, ermittelte Gabriel Zucman, Wirtschaftswissenschaftler an der Londoner School of Economics, beliefen sich die Offshore-Vermögen der Deutschen auf insgesamt 400 Milliarden Euro – eine unfassbare hohe Summe. Um diesen gesellschaftlichen Skandal zu verdecken, wird mit furchteinflößender Penetranz über jene Kosten debattiert, die nun für die Integration der Flüchtlinge aufgebracht werden müssen. Diese Kosten, so rauscht es nicht nur in den Köpfen der Rechtspopulisten, führen zur Benachteiligung der sozial Schwachen, der sozial Deklassierten oder der verunsicherten Mittelschicht.

Die Aufnahme und Versorgung von Flüchtlingen könnte Deutschland im Jahr 2016 insgesamt 21,1 Milliarden Euro kosten, schätzt das arbeitgeberfreundliche ifo-Institut. »Das schließt nun Unterbringung, Ernährung, Kitas, Schulen, Deutschkurse, Ausbildung und Verwaltung ein«, behauptete ifo-Instituts-Leiter Gabriel Felbermayr. Auch zu Österreich weiß er etwas zu sagen. Bei Kontrollen auf dem Balkan und in Italien müsste Österreich maximal 0,06 Prozent des BIP einbüßen. Die Flüchtlingsabwehr durch die Grenzschließungen – konkret Personenkontrollen an allen Grenzen auf der Balkan- und der Italienroute – würde Österreich lediglich 0,02 bis 0,06 Prozent der jährlichen Wirtschaftsleistung (BIP) kosten. Absolut wären dies 80 bis 210 Millionen Euro, oder 9 bis 24 Euro pro Kopf, etwa so viel wie die Versorgung von 10 000 Schutzsuchenden. »Die reinen ökonomischen Effekte von Grenzkontrollen sind nicht zu hoch, wie das häufig behauptet wird. Jedenfalls, wenn die Grenzkontrollen effizient durchgeführt werden«, erklärte Felbermayr am Freitag im »Ö1-Morgenjournal«. »Wir sind der Meinung, dass die Kosten von Grenzkontrollen sehr viel kleiner sind als die Kosten, wenn man auf Grenzkontrollen verzichtet und eine ungeregelte Masseneinwanderung bekommt«, so der deutsche Wissenschaftler vom ifo-Institut. Für seine These führte er auch ein Beispiel an: Jene Kosten, die das Institut für Grenzkontrollen ausgerechnet habe, entsprächen den vollen Pensionskosten für 10 000 Flüchtlinge. »Das heißt, wenn 10 000 Flüchtlinge nicht kommen, rechnet sich das schon«, prognostiziert kühl der Wissenschaftler Felbermayr. Dieser Einschätzung stimmte auch ÖVP-Wirtschaftsminister Reinhold Mitterlehner zu: »Die Kostenfrage muss auch umgekehrt gestellt werden. Wenn zu viele Flüchtlinge unkontrolliert und ungebremst ins Land kommen, würde das unsere Systeme weit mehr kosten als jetzt die Grenzkontrollen.«

Flüchtlinge werden als betriebswirtschaftlicher Faktor gesehen. Wenig Empörung löste daher die Meldung aus, wonach Mitarbeiter der vier großen Wirtschaftsprüfungsgesellschaften in Deutschland in den kommenden Monaten bei der Bewältigung der Asylverfahren aushelfen sollen. Das Bundesamt für Migration und Flüchtlinge (BAMF) hat sich mit dieser Bitte an die Unternehmen gewandt, berichtet das *Handelsblatt* unter Berufung auf Branchenkreise. Demnach sollen die Prüfungsgesellschaften bei ihren Mitarbeitern für einen zeitweiligen Wechsel an den Schreibtisch des BAMF werben. Die Wirtschaftsprüfer gelten als gut geeignet, da sie dank ihrer prüfungstechnischen und juristischen Grundkenntnisse schnell für die Asylverfahren qualifiziert werden könnten, heißt es in dem Bericht. Zudem hat ihre Arbeit einen »hoheitlichen« Charakter: Prüfer müssen einen Eid ablegen, dass sie ihren Pflichten verantwortungsbewusst nachkommen und ihre Arbeit gewissenhaft und unparteiisch erledigen. Von Mai an könnten sie für bis zu sechs Monate vom Job freigestellt und in den Asylverfahren eingesetzt werden. Die Bezahlung übernimmt das BAMF.

Die private Wirtschaftsprüfungsgesellschaft KPMG[19] suchte daher gezielt nach Mitarbeitern, die das Prozessmanagement beherrschen, über Verwaltungskenntnisse verfügen und interkulturelle Erfahrungen mitbringen. Um schneller zu werden, sollen die Wirtschaftsprüfer mit rund 800 Beamten zusammenarbeiten, die die ehemaligen Staatsunternehmen Telekom und Post bereits an die Asylbehörden ausgeliehen haben. Von Bundesministerien, Bundeswehr, Zoll oder der Arbeitsagentur wird das BAMF schon mit 1 800 unterstützt. »Wir haben bereits seit Frühjahr 2014 rund 500 Beamte zum BAMF abgeordnet mit dem Ziel, dass sie dort künftig fest eingesetzt werden, um Asylanträge zu bearbeiten«, heißt es bei der Telekom. Bei Bedarf könne man die Zahl auch noch erhöhen – und zwar über die konzerneigene Personalvermittlung Vivento. Von der Deutschen Post sind etwa 300 Staatsdiener für die Prüfung von Asylanträgen im Einsatz. Dies geschehe auf freiwilliger Basis, erklärt eine Post-Sprecherin.[20]

# Europa der Werte oder der Siegeszug der ethischen Krüppel

Das am 18. März 2016 zwischen der EU und der türkischen Regierung abgeschlossene Abkommen (Kritiker sagen: schmutziger Deal) sieht vor, dass alle Flüchtlinge, die seit dem 20. März in Griechenland angekommen sind, in die Türkei zurückgeschickt werden. Im Gegenzug sollen die EU-Länder für jeden zurückgeschickten Syrer einen Syrer aus den Flüchtlingslagern in der Türkei auf legalem Weg aufnehmen. Die Praxis hingegen zeigt, dass zwar die vor Krieg und Terror Flüchtenden und hier Schutzsuchenden in die Türkei deportiert werden, aber wie eigentlich vereinbart, kaum Syrer nach Europa kommen können.

Johannes Voggenhuber ist ein österreichischer Politiker der Grünen und war zwischen 1995 und 2009 Mitglied des Europäischen Parlaments, der als Abgeordneter fast drei Jahrzehnte lang in der Gesetzgebung zum Asyl, zu den Menschenrechten auf nationaler wie auf europäischer Ebene engagiert war. »Tausende Flüchtlinge, die sich an die Küsten Europas retteten, sollen gewaltsam, ohne Individualprüfung und ohne faires Verfahren in die Türkei zurück verbracht werden. In einen autoritären Staat, der die Menschenrechte missachtet, kein sicherer Drittstaat ist, ihnen gegenüber die Genfer Konvention nicht anerkennt, zu dem es europaweit Reisewarnungen gibt. Hunderte Flüchtlinge riefen bei ihrer Abschiebung: Shame on you, Europe! Europa kauft sich von seinen Werten und seinem eigenen Recht frei. Es bezahlt einen korrupten Despoten dafür. Shame on you, Europe!«

Und was geschieht unterdessen in der Türkei? Fast täglich wurden schon seit Jahresbeginn 2016 hunderte schutzsuchende Syrer von türkischen Behörden zurück in den Kriegshölle Syrien geschickt, klagte Amnesty International. Die türkische

Regierung bestritt das. Die Unmenschlichkeit und der Umfang der Abschiebungen seien schockierend, sagte John Dalhuisen, Amnestys Programmleiter für Europa und Zentralasien. Er fordert, dass die Türkei diese Praxis sofort beenden müsse. In einem Fall sollen drei kleine Kinder ohne ihre Eltern abgeschoben worden sein, in einem anderen Fall eine Frau, die im achten Monat schwanger war. »Dieses menschenverachtende Verhalten der Türkei ist ein klarer Völkerrechtsbruch«, beklagt Marie Lucas, die Türkei-Expertin bei Amnesty International in Deutschland.[21]

Bestandteil dieses menschenverachtenden Verhaltens ist, dass Flüchtlinge, die in die Türkei deportiert werden, auf der Fähre von Lesbos in die Türkei wie Schwerverbrecher mit Kabelbindern zusammengebunden werden. Vollkommen aus dem Blick ist dabei geraten, dass die Türkei überhaupt kein staatliches Asylrecht kennt, das zu einem Schutzstatus nach der Genfer Flüchtlingskonvention führt. »Die Türkei«, klagt Günter Burkhardt von Pro Asyl, »ist kein ›sicherer Drittstaat‹ im Sinne des Europa- und Flüchtlingsrechts, weder auf dem Papier noch in der Realität.« Für Flüchtlinge aus dem Iran, Afghanistan oder Pakistan gibt es überhaupt keine Chance mehr, in Europa Schutz zu finden.

Das UN-Flüchtlingshilfswerk UNHCR (Hochkommissar der Vereinten Nationen für Flüchtlinge) wiederum stoppte, wegen des Abkommens der EU mit der Türkei, den Transport von Migranten auf der griechischen Insel Lesbos in ein Auffanglager. »Den Menschen wird nicht mehr erlaubt, die Lager zu verlassen, sie sind eingesperrt«, kritisierte Melissa Fleming, die Sprecherin des UNHCR. »Wenn Leute zurückgeschickt würden, die in der Türkei keinen Schutz genössen, gebe es völkerrechtliche Probleme.« Kritik äußerte auch das Kinderhilfswerk der Vereinten Nationen. So gäbe es im EU-Türkei-Flüchtlingsabkommen keine Aussagen zum Umgang mit Minderjährigen. Völkerrecht hin oder her, niemanden interessiert das noch.

Das Gleiche gilt für die UN-Kinderrechtskonvention. Sie verpflichtet die Vertragsstaaten, zu denen auch Deutschland gehört, dass ein Kind nicht von seinen Eltern getrennt werden darf, es sei denn, die Trennung sei für das Wohl des Kindes notwendig. Das heißt übersetzt, dass der Familiennachzug für unbegleitete minderjährige Flüchtlinge, die hier als subsidiär Schutzberechtigte anerkannt wurden, nicht verboten werden kann. In Deutschland ist genau das geschehen. Die Minderjährigen dürfen erst nach zwei Jahren den Familiennachzug beantragen. Das Recht auf Geborgenheit, Familie, elterliche Fürsorge und ein sicheres Zuhause, wie in der UN-Kinderrechtskonvention festgelegt, gilt natürlich ebenfalls nichts im reichen Deutschland.

Die Aufforderung zur Demolierung des Rechtsstaates und sogenannter europäischer Werte, die Missachtung von Menschenrechten, die Absage an universelle humanitäre Normen, offenes verfassungswidriges Handeln – all das hat es zuvor auch gegeben. Doch im Zusammenhang mit der Flüchtlingskrise wird es besonders deutlich. Es war die bis April 2016 amtierende österreichische Innenministerin Johanna Mikl-Leitner, die sagte, Recht muss Recht bleiben, als es um die Abschiebung eines voll integrierten Kindes aus Österreich ging. Nun weiß man aus Erfahrung, dass das Recht durchaus flexibel umgesetzt werden kann. Der deutsche Kollege dieser Innenministerin ist Thomas de Maizière. Bei seinen Erklärungen im Zusammenhang mit den Flüchtlingen fallen dem Beobachter die gleichen Gesichtszüge wie bei seiner österreichischen Kollegin auf: zusammengepresste Lippen, scharfe Gesichtszüge, kalte Augen. Als er sich im Februar 2016 in Kabul gut gesichert in der deutschen Botschaft verschanzte, monierte er, dass es nicht sein könne, dass junge Afghanen ihr Land verlassen, nur um in

Deutschland ein besseres Leben zu suchen. »Wir haben auch Anschläge anderswo in der Welt. Der internationale Terrorismus bedroht nicht nur Afghanistan, sondern uns alle.«[22]

Dass in Afghanistan rund eine Million Menschen auf der Flucht vor dem Terror der Taliban oder blutbesudelter Clanchefs sind, rührt den deutschen Innenminister nicht. Und sichere Gebiete gibt es im Prinzip nur für die Wohlhabenden in Kabul, die in einer militärisch gesicherten Trutzburg leben. Nein, ganz so sei es nicht, ließ das Innenministerium auf eine Anfrage der Linken-Abgeordneten Ulla Jelpke ausrichten. Die Taliban-Führung habe ja erklärt, dass sie Zivilisten schützen würde. »In ihrer Anfrage wollte die Linken-Abgeordnete Jelpke wissen, welche Regionen das konkret sind. Das Innenministerium antwortete: Die Lage in den ›meisten urbanen Zentren‹ gelte als ›ausreichend kontrollierbar‹. Für das gesamte Land bestehe aber ›eine mindestens abstrakte Gefahr von Kampfhandlungen oder Attentaten‹, denen auch Zivilisten zum Opfer fallen könnten.«[23]

Nachdem Österreich die Grenzen geschlossen hatte und im Februar 2016 eine Obergrenze für ankommende Flüchtlinge diktierte, meldete sich SPÖ-Bundeskanzler Werner Faymann zu Wort. »Um das Recht sollen sich die Juristen kümmern. Wir bleiben dabei.« Alle Verweise auf das Völkerrecht, das europäische Recht, auf die eigene Verfassung, ja auf das Strafrecht werden hinweggewischt, der Präsident des Verfassungsgerichtshofes öffentlich abgekanzelt, konstatierte der ehemalige Europaabgeordnete der Grünen, Johannes Voggenhuber. »Nun bestätigen auch die eigenen, handverlesenen Rechtsgutachter der Regierung: ›Asylwerber ohne Verfahren an der Grenze abzuweisen, ist eindeutig völker-, menschen- und verfassungsrechtswidrig‹.«

Die EU-Kommission wies ebenfalls darauf hin, dass die angekündigten Asylhöchstzahlen gegen europäisches und internationales Recht verstoßen. »Wir brauchen keine Belehrung aus Brüssel«, tönte es als Reaktion aus Wien. »Die Genfer Flüchtlingskonvention ist nicht irgendeine nebulose Sozialidee«, kritisierte Heinz Patzelt, der Generalsekretär von Amnesty International Österreich, den Plan der Wiener Regierung, »sondern Völkerrecht, EU-Recht und in Österreich verbindliche gesetzliche Grundlage. Sie kennt keinen Begriff ›Obergrenze‹, Tagesquoten, sicheres Herkunftsland, und sie kennt auch nicht den Begriff sicherer Drittstaat, mit dem man Ping-Pong spielen kann mit den Menschen.« Wer als Regierungsmitglied grundlegende Spielregeln derart flagrant infrage stellt und als lächerlich und irrelevant bezeichnet, der rüttelt an den Festen unseres Staates, die Rechtsstaatlichkeit heißen, klagte Patzelt.

Natürlich nimmt kein führender Politiker oder gar Politikerin in der Wiener Regierung solche mahnenden Worte zur Kenntnis. Als Ausgleich darf Amnesty International aber bei offiziellen Feierlichkeiten, wenn es um Menschenrechte in der Dritten Welt geht, schon einmal eine aufrüttelnde Rede halten. Wenn es um konkrete österreichische Realpolitik geht – dann möge man bitte den Mund halten. Stolz verkündete hingegen Christine Muttonen, sie ist stellvertretende Vorsitzende der SPÖ im österreichischen Parlament: »Die österreichische Bundesregierung wird nach wie vor einer der größten Fürsprecher einer solidarischen, europäischen Vorgehensweise bleiben.«[24] Wenn es Auszeichnungen für politische sinn- und inhaltsleere Sprechblasen gäbe, sie würde einen Preis dafür einheimsen können. Nicht viel besser als Amnesty International erging es in Deutschland Bärbel Kofler, der Menschenrechtsbeauftragten der Bundesregierung. Sie widersprach dem Vorschlag der Bundesregierung, die Länder Marokko, Tunesien und Algerien zu sicheren Herkunftsländern zu erklären, weil es nachgewiesene Verletzungen der Menschenrechte gibt.

Doch am 13. Mai 2016 stimmte der Bundestag dem Vorschlag der Bundesregierung zu. Menschenrechtsbeauftragte hin, Menschenrechtsbeauftragte her.

Wer nun glaubt, es gäbe keine Steigerung der Zertrümmerung zentraler europäischer Werte, der irrt. Das ARD-Magazin »Monitor« enthüllte am 15. April 2016 einen besonders perversen Plan. So wie mit der Türkei soll nun auch mit Libyen ein entsprechender »Rückführungsplan« in Angriff genommen werden. Außerdem schlugen die Europäische Kommission und der Auswärtige Dienst der EU konkrete Kooperationen mit den Machthabern in Eritrea, Sudan, Äthiopien und Somalia vor. Die türkische Regierung hat Milliarden Euro erhalten, diesen diktatorisch regierten Staaten bietet man als Gegenleistung Wirtschaftshilfen und Visa-Erleichterungen für Diplomaten an. Demnach wurden in einer Sitzung der Botschafter der EU-Staaten vom 23. März 2016 Vorschläge besprochen, die »unter keinen Umständen an die Öffentlichkeit gelangen dürften«. Eine Zusammenarbeit in den Bereichen Migration, Mobilität und Rückübernahme strebt die EU-Kommission diesem Bericht zufolge auch mit dem Sudan an. Man könne sich hier sogar eine »Streichung von der Liste terrorunterstützender Staaten« vorstellen, sollte der Sudan kooperieren. Gleichzeitig warnt der Europäische Auswärtige Dienst laut Protokoll davor, »der Ruf der EU stehe auf dem Spiel«, wenn diese sich zu stark im Sudan engagiere. Sudans Präsident Omar al-Baschir wird vom Internationalen Strafgerichtshof wegen Völkermordes und Verbrechen gegen die Menschlichkeit per internationalen Haftbefehl gesucht. Die EU-Direktorin von Human Rights Watch, Lotte Leicht, kritisierte in dem »Monitor«-Bericht diese EU-Politik: »Es ist unglaublich zynisch, wenn die Europäische Union, die auf Werten basiert, und die europäischen Regierungen, die sagen, dass ihnen die Menschenrechte etwas bedeuten, mit menschenverachtenden

Regierungen zusammenarbeiten, nur mit dem Ziel, Menschen davon abzuhalten, nach Europa zu kommen.« Die Europäische Kommission und der Auswärtige Dienst antworteten auf »Monitor«-Anfrage, man halte Zusammenarbeit und Dialog mit den Ursprungs- und Transitländern afrikanischer Flüchtlinge für äußerst wichtig. Im Zentrum der Beziehungen zu diesen Ländern stünden »der Schutz und die Förderung der Menschenrechte«.

# Die unheiligen Bruderschaften oder Gauner im Frack

Gebannt schauen viele auf einige der Balkanstaaten, die sich mit Händen und Füßen dagegen wehren, Flüchtlinge aufzunehmen und gleichzeitig in autoritär-nationalistischer Vergangenheit erstarren. Es sind die eher jungen Mitglieder der EU, die häufig mit einer nicht verarbeiteten Vergangenheit aus den Zeiten der kommunistischen Herrschaft belastet sind. Denn bei vielen von ihnen gelang der Transformationsprozess nur unvollständig. Netzwerke sind häufig die bestimmende Kraft, die für eine demokratische Kultur Gift sind. Zu diesen Netzwerken gehören ehemalige Angehörige der kommunistischen Nomenklatura, die obligatorischen Wendegewinnler, Top-Kriminelle oder skrupellose Oligarchen, wobei hier die Unterschiede zwischen allen lediglich marginal sind. Die personelle Deckungsgleichheit zwischen staatlichen Funktionsträgern in den Transformationsländern und führenden Akteuren des organisierten Verbrechens ist noch heute offensichtlich. Dazu gehören insbesondere jene Parteien, die sich als Anwälte der Bevölkerung oder als Verfechter moralischer Integrität präsentieren. Hier trifft das zu, was der Philosoph Karl Popper mit folgenden Worten beschrieb: »Der Versuch, den Himmel auf Erden einzurichten, erzeugt stets die Hölle. Dieser Versuch führt zu Intoleranz, zu religiösen Kriegen und zur Rettung der Seelen durch die Inquisition.«[25]

# Viktor Orbán aus Budapest – ein Fallbeispiel über die Wertegemeinschaft Europa oder Einblicke in einen autoritären Führerstaat

Der ungarische Premierminister Viktor Orbán ist ein Politiker, der sich nicht nur in Deutschland, sowohl bei den Konservativen als auch den Rechtsradikalen und Rechtspopulisten, ungewöhnlich großer Beliebtheit erfreut. Horst Seehofer, der CSU-Vorsitzende, empfängt ihn freudestrahlend in Bayern. Ex-Bundeskanzler Helmut Kohl öffnete ihm am 19. April 2016 in seiner Trutzburg in Oggersheim die Tür. Als Gastgeschenk überreichte Orbán ungarische Salami und ungarischen Rotwein. Diesmal wurde von Helmut Kohl kein Pfälzer Saumagen angeboten, sondern feines Wildlachs-Konfekt und Forellen-Tatar. Beide sprachen, sofern das mit dem Sprechen beim eingeschränkten Gesundheitszustand des Ex-Bundeskanzlers überhaupt möglich war, über die Sorge um Europa. Immerhin ist Viktor Orbán Vizepräsident der Europäischen Volkspartei (in der sowohl die CDU/CSU als auch die ÖVP Mitglied sind) und einer der Vizepräsidenten der Christlich Demokratischen Internationalen. In den deutschen Medien wird er gerne als national-konservativer Politiker beschrieben. Das ist wahrlich eine extrem verharmlosende Einordnung. Tatsächlich ist er ein gefährlicher nationalistisch-autoritärer Rechtspopulist. Die Osteuropaexperten Gregor Mayer und Bernhard Odehnal beschreiben ihn so: »Tabubrüche, die dem Rechtsextremismus den Boden bereiteten und rechtextremes Gedankengut salonfähig machten, hatten die gesamte Regierungszeit Orbáns gekennzeichnet. Er und seine Partei legten eine ziemlich offene Verachtung für demokratische Institutionen und Verfahren an den Tag.«[26] Seltsam genug, dass er und seine Partei, die Allianz der jungen Demokraten (Fidesz), immer noch Mitglied der Europäischen Volkspartei sind.

Die Alternative für Deutschland (AfD) feiert übrigens Orbán wie die rechtsradikale Pegida-Bewegung oder die österreichische FPÖ. Pegida huldigt ihn mit folgenden Worten: »Viktor Orbán, ein Ministerpräsident, der für sein Volk, sowie für die Werte und den Erhalt eines aufgeklärten Europas eintritt, Respekt!« Frauke Petry, die Chefin der AfD, erklärte: »Orbán hat Recht, wenn er darauf hinweist, dass die Eskalation des aktuellen Asyl-Chaos sehr viel mit deutscher Asyl-Politik zu tun hat. Durch falsche Anreize habe sich Deutschland zum größten Flüchtlingsmagneten innerhalb Europas entwickelt.«[27] FPÖ-Chef Strache lobt ihn besonders: »Orbán ist der einzige Regierungschef, der noch nicht den Verstand verloren hat.«[28] Besonders angetan ist der russische Präsident Wladimir Putin von Viktor Orbán und der wiederum von Wladimir Putin. Allen gemeinsam ist, ob Pegida, AfD oder FPÖ, dass sie wiederum von Wladimir Putin sehr angetan sind, also eine inzestuöse Beziehung vorhanden ist.

Wahrscheinlich ist Orbáns spezielle Vorstellung von Demokratie besonders attraktiv – zumal er seine Vorstellungen einer illiberalen Demokratie rigoros umsetzt. Und dazu gehört, dass er seinen Freunden viel Gutes tut, den Mittellosen durch sozialen Kahlschlag eher nimmt. Das Budget im Gesundheitswesen wurde radikal gekürzt und die allgemeine Pflegehilfe beendet. Wohnkostenhilfen für sozial Schwache wurden ebenfalls gekürzt beziehungsweise abgeschafft. Davon betroffen sind eine halbe Million Ungarn. »Allgegenwärtig sind Existenzangst, die Furcht vor Verschuldung und Pfändung. Die allgemeine Verunsicherung wird dadurch noch gesteigert, dass der Erhalt des Arbeitsplatzes nicht von Leistung, sondern vom Grad der politischen Loyalität abhängt«.[29]

Etwas verstörend ist dabei, dass in Deutschland hochangesehene Persönlichkeiten und Institute Viktor Orbán in einem ganz anderen Licht sehen als seine Kritiker. Demnach sei der antidemokratische Abweg, auf den sich Ungarn unter Orbán begeben habe, größtenteils eine Erfindung der Medien. Dieser Unsinn ist einer Studie der Deutschen Gesellschaft für Auswärtige Politik (DGAP) aus dem Jahr 2015 zu entnehmen. Die Studie hat den Titel: »Ungarn in den Medien 2010–2014, Kritische Reflexion über die Presseberichterstattung«. Sie ist ein Bericht, kritisiert der Ungarn-Kenner Keno Verneck, »der im Gewand einer ausgewogenen akademischen Untersuchung zu der Schlussfolgerung kommt, dass der antidemokratische Abweg, auf den sich Ungarn unter seinem umstrittenen Ministerpräsidenten Viktor Orbán begeben hat, zu großen Teilen eine Erfindung oder mindestens eine Übertreibung der deutschsprachigen beziehungsweise ausländischen Medien sei.«[30] Verantwortlich zeichnen für die sogenannte Studie die Deutsche Gesellschaft für Auswärtige Politik (DGAP) und die Stiftung Wissenschaft und Politik (SWP), die wichtigsten Thinktanks der deutschen Außenpolitik, sowie der ehemalige Hamburger SPD-Bürgermeister Klaus von Dohnanyi. Folgt man diesem Bericht, so ist Ungarn eine stabile Demokratie, ein Rechtsstaat und fest verankert in der EU. »Orbán provoziere zwar oft, versuche aber lediglich, Antworten auf die Krisen einer globalisierten Welt und auf die Verwerfung des wirtschaftlichen Liberalismus zu geben. Keineswegs stelle der Demokratie und Rechtsstaat in Frage.«[31] Dann schauen wir doch einmal genauer hin, was bei der Studie anscheinend übersehen oder bewusst ausgeblendet wurde, um die guten Beziehungen zwischen der Bundesregierung und Orbán nicht zu belasten.

Dazu ist ein kurzer Rückblick notwendig. Im Jahr 1998 gewann Viktor Orbán als Vorsitzender der Fidesz zum ersten Mal die Parlamentswahlen und bildete eine Koalitionsregierung mit zwei weiteren kleinen Parteien. Damit wurde die alte, korrupte postkommunistisch-sozialistische Regierung abgelöst. Im Jahr 2002 verlor seine Partei die Wahl gegen die oppositionellen Sozialisten. Orbán musste als Premierminister zurücktreten. Die postkommunistischen Sozialisten wiederum verloren bei den Parlamentswahlen 2010. Zwar waren nur 44 Prozent der Wähler an die Wahlurne gegangen – aber Orbán konnte regieren. Sein Siegeszug setzte sich bei den Parlamentswahlen am 6. April 2014 fort. Erneut erreichte er eine satte Mehrheit im Parlament. Der ungarische Soziologe Mihály Andor hat, was diese Wahl angeht, große Bedenken: »Beim Urnengang von 2014 gewann Orbáns Fidesz-Partei nicht dank der Unterstützung der mit kostenlosem Brennholz oder Gulasch bestochenen Armen – sondern dank der Trostlosen, die um ihre Stütze oder gemeinnützige Arbeit fürchteten und anzweifelten, dass die Wahlen wirklich geheim waren. Und je kleiner die Ortschaft, umso schwerer kann man glauben, dass die dortigen Statthalter der Fidesz nicht wissen, wie der Einzelne abgestimmt hat.«[32]

Seitdem fühlen sich jene abgestraft, die nicht die Fidesz gewählt haben. Das geschah in Òbarok mit seinen 800 Einwohnern, knapp 45 Kilometer westlich von Budapest. Hier gab der unabhängige Bürgermeister im Januar 2016 entnervt auf. In seinem Dorf hatte die Fidesz bei den Wahlen keine Mehrheit gefunden. Grund für seinen Rücktritt war, dass ihm die Regierung von der EU zugewiesene Zuschüsse verwehrte. So beantragte er knapp 33.000 Euro, um unter anderem den Kindergarten zu renovieren, und 48.000 Euro für den Ausbau der Straßen. Doch ihm wurde kein Forint genehmigt. Dem Nachbarort Felcsút hingegen, mit insgesamt 1 700 Einwohnern und Geburtsort von Viktor Orbán, wurden in den Jahren 2009 bis 2015 ungewöhnlich hohe Geldsummen aus der EU von der Regierung zugeteilt, als Zuschüsse für kommunale Projekte. Der Bürgermeister von Felcsút ist ein reicher Mann geworden.[33] Ein Grund könnte ja sein, dass Felcsút der Geburtsort von Viktor Orbán ist. »Der Bürgermeister ist ein Orbán-Freund

und brachte es in den letzten Jahren zu sagenhaftem Reichtum. Gottes Wille, Glück und die Person von Viktor Orbán hätten ihm zu Reichtum verholfen, sagt er selber.«[34]

## Orbáns Kreuzzug gegen die liberale Demokratie

Seine Machtposition im Parlament benutzte Viktor Orbán, um seine demokratische Ordnung umzusetzen, die von ihm illiberale Demokratie genannt wird. Sie soll den Machtanspruch seiner Partei mit einem überirdischen Auftrag ausstatten. Ein liberales aufgeklärtes Bürgertum ist da des Teufels. Schließlich wollen diese liberalen Europäer, konstatierte Viktor Orbán bereits zu Ostern 1992 in einem Interview mit der katholischen Wochenzeitung *Neuer Mensch*, »das im Zeichen der Schöpfung entstandene Familienmodell in eine für uns chaotisch scheinende Welt verschieben. Anders gesagt: Sie verschieben die Ordnung des Glaubens, der Religion und der Schöpfung in Richtung Religionslosigkeit und wissenschaftlicher Weltauffassung – in Richtung des gottlosen Kosmos.«

Er ist davon überzeugt, das sich »jetzt entscheiden wird, ob ein Land außerhalb der säkularisierten, familienfeindlichen und die Nation als überholt betrachtenden europäischen geistigen Bestrebungen weiter existieren darf, ob es seine Zukunft auf Interessen aufbauen darf, die im Gegensatz zu diesen Bestrebungen stehen«.[35]

Die Reaktion in den wenigen noch unabhängigen ungarischen Medien war eindeutig: »Nicht genug, dass Ungarn von Finanz- und Wirtschaftskrisen geplagt wird, sich im ›Krieg gegen die Schulden, die Spekulanten und die internationale Linke befindet‹, nun muss sich das gebeutelte Land womöglich auch noch für einen Kreuzzug rüsten und neben sich ganz Europa retten. Wie weit geht die erwünschte Umkehr? Orbáns Kritiker meinen, reichlich entnervt, geradewegs ins Mittelalter.«[36]

In seinem religiös-völkischen Fanatismus verfangen hielt Viktor Orbán zwei Jahre später, am 26. Juli 2014, an der Freien Sommeruniversität in Băile Tușnad (Rumänien) eine Art Grundsatzrede über die Notwendigkeit der illiberalen Demokratie. »Wir müssen uns von den liberalen Prinzipien und Methoden der Gesellschaftsorganisation lossagen, und überhaupt vom liberalen Verständnis der Gesellschaft.«[37] Als Vorbild für seine Vision eines illiberalen Staates dienen ihm China, Russland, Indien, Singapur oder die Türkei.[38] Brüssel wiederum beschreibt er als »neues Moskau«, das Ungarn »kolonialisieren« will.[39]

Fugenlos fügt sich in Orbáns Ideologie ein, dass er seine großen Gegner in den regierungskritischen Nichtregierungsorganisationen (NGO) sieht. Amnesty International beklagte deshalb, dass Polizei, Finanzamt und regierungsnahe Medien eine Kriminalisierungskampagne gegen die Nichtregierungsorganisationen starteten. Für Viktor Orbán sind »diese bezahlten politischen Aktivisten zudem vom Ausland bezahlte politische Aktivisten. Aktivisten, die von bestimmten ausländischen Interessengruppen bezahlt werden, von denen man sich nur schwer vorstellen kann, dass sie dies als soziale Investition betrachten. Viel begründeter ist die Auffassung, dass sie durch diese Strukturen zu gegebener Zeit und in bestimmten Fragen Einfluss auf das ungarische Staatsleben ausüben wollen.«[40] Dafür entwickelte seine Regierung Netze zivilgesellschaftlicher Organisationen, die der Regierung verbunden sind, »bevorzugt aus öffentlichen Mitteln gefördert werden und für die Regierungsparteien in die Gesellschaft hinein wirken sollen. Eine Aufgabe dieser Organisationen besteht darin, Demonstrationen zur Unterstützung der Regierung zu veranstalten, um regierungskritischen Protesten öffentlichkeitswirksam entgegenzutreten. Auch diese Strategien scheinen inspiriert durch die russische Politik zur Prävention einer

›Orangenen Revolution‹, die in der Ukraine eine Demokratisierung auslöste.«[41]

Zur Durchsetzung seiner illiberalen Demokratie passt, dass in die Verfassung eine neue Präambel eingefügt wurde, die unter anderem die Entmachtung des Verfassungsgerichts zur Folge hatte. Eine letzte Kontrollinstanz gegen vom Parlament abgesegnete Gesetze gibt es seitdem nicht mehr.

Wer Macht und Geld seiner Klientel sichern will, den stören die kritischen Medien. Zwei Wochen nach Orbáns Wahl zum Premierminister im Oktober 2010 wurden nicht nur die öffentlich-rechtlichen Medien – Fernsehen, Rundfunk sowie die Nachrichtenagentur MTI – sondern auch die privaten Fernseh- und Rundfunksender sowie Zeitungen und Internetportale der Aufsicht einer nationalen Medienbehörde unterstellt.

Ungarische Journalisten nennen die neue Medienbehörde eine Zensurinstitution. Vorsitzende der neuen Medienbehörde ist nach Annamária Szalais Tod 2013 Monika Karas, eine loyale Anhängerin der Fidesz. Ihre Stellvertreter sind linientreue Fidesz-Kader. Karas wurde für neun Jahre ernannt, das heißt, über eine Regierungsperiode hinaus. Konsequent landete daher Ungarn im Ranking der Pressefreiheit von »Reporter ohne Grenzen« im Jahr 2016 auf Platz 67, noch hinter dem Senegal und Georgien.[42]

Entsprechend eindeutig menschenfeindlich sind dann die Meldungen der staatlichen ungarischen Nachrichtenagentur. Zum Beispiel, als am 20. April 2016 laut der UNHCR im Mittelmeer mindestens 500 Flüchtlinge ertrunken sind. »Die Migranten sind nach Italien aufgebrochen, die Reise endete aber nicht, wie sie sich das gewünscht hätten.«

Autoritäre Systeme zeichnen sich bekanntlich dadurch aus, dass eine bislang lebendige und bunte Kulturszene auf ideologische Parteilinie getrimmt wird. Im Herbst 2011 ernannte der Budapester Oberbürgermeister (Fidesz), entgegen den Empfehlungen der ungarischen Kulturszene, György Dörner zum neuen Direktor des Budapester Neuen Theaters. Dörner bezeichnete sich selbst als »nationalradikal«. Sein Stellvertreter erklärte, »national verpflichtet« zu sein, und er werde nun mit der »krankhaften liberalen Hegemonie« aufräumen sowie »der liberalen Anspruchslosigkeit der Unterhaltungsindustrie den Krieg« erklären.[43] Der Journalist und Autor Paul Lendvai, einer der besten Kenner der ungarischen Szene, schreibt in einem Kommentar in der Tageszeitung *Die Welt*: »Kürzlich ist eine auch international Empörung auslösende, gehässige und kaum verhüllte antisemitische Kampagne gegen herausragende ungarische Künstler, Schriftsteller und Wissenschaftler angelaufen. Der weltberühmte Pianist András Schiff, der Dirigent Ádám Fischer, die Philosophin Ágnes Heller, der Schriftsteller György Konrád werden als vaterlandslose, kosmopolitisch-liberale Nestbeschmutzer angegriffen und sogar bedroht, weil sie die Nation, die sie und ihre Vorfahren aufgenommen habe, durch verlogene und grundlose Vorwürfe des Rassismus, Nationalismus und Antisemitismus diskreditieren wollen.«[44]

Scharfe Kritik an Orbáns Politik war in der Vergangenheit und ist auch heute von seinen konservativen Freunden, ob in Deutschland oder Österreich, nicht zu vernehmen. Das US-Außenministerium in Washington hingegen kritisierte im Menschenrechtsbericht 2015 die ungarische Politik besonders heftig. Kritisiert wird nicht nur die menschenunwürdige Behandlung von Migranten und Asylbewerbern. Der Bericht beklagt außerdem die überfüllten Gefängnisse, die lange Untersuchungshaft, die politischen Prozesse, die Korruption der Regierung, die Medienkonzentration, die eine redaktionelle Unabhängigkeit einschränkt, den Druck der Regierung auf Nichtregierungsorganisationen und die Einschüchterung der Zivilgesellschaft wie die Diskriminierung von Roma und den Menschenhandel.[45]

## Orbáns Enthumanisierungspolitik

Sein völkisch-religiös-autoritäres Menschenbild erklärt, warum er und seine Regierung nicht bereit sind, den nach Europa geflüchteten Menschen aus Syrien oder anderen islamisch geprägten Ländern fundamentale humanitäre Hilfe zu gewähren. Berüchtigt ist, wie seine Sicherheitsbehörden Anfang September 2015 die ins demokratische Europa flüchtenden Menschen aus Syrien, dem Irak oder Afghanistan behandelte, als Invasoren brandmarkte, die keine Hilfe zu erwarten haben. Tausende Flüchtlinge ließ seine Regierung Anfang September 2015 am Budapester Keleti-Bahnhof ausharren, ohne jegliche staatliche Hilfe. Ein nach Österreich geflüchteter Syrer berichtete über die »ungarischen Verhältnisse«: »Wir waren in Käfigen untergebracht und wurden unmenschlich behandelt. Wir durften nicht auf die Toilette gehen und bekamen in dieser Zeit weder etwas zu essen noch zu trinken. Danach kam ein Dolmetscher und fragte uns, ob wir um internationalen Schutz in Ungarn ansuchen möchten, und als wir das verneinten, sagte der Dolmetscher, dass wir dann in diesem Zustand eine Woche lang ausharren müssen. Als wir dann gesehen haben, dass einige Leute geschlagen wurden, haben wir uns bereit erklärt, um Asyl anzusuchen.« Der Ausschuss gegen Rassismus und Intoleranz des Europarats wiederum kritisierte in einem aktuellen Bericht die ungarische Regierung. Mehr als ein Fünftel aller Schutzsuchenden sei in Haftlagern untergebracht und dort der physischen und verbalen Angriffe durch Sicherheitskräfte ausgesetzt, der Zugang zu Anwältinnen und Anwälten sowie zu Hilfsorganisationen werde kaum gewährt. Gleichzeitig forderte der Europarat von der Regierung in Budapest, gegen antisemitische und rassistische Hetze mit aller Deutlichkeit vorzugehen.[46]

Es waren seinerzeit die deutsche Bundeskanzlerin Angela Merkel und der österreichische Bundeskanzler Werner Faymann, die deshalb aus humanitären Gründen die Grenzen öffneten, weil sie die schreckliche Situation der Flüchtlinge, damals zumindest, nicht ertragen konnten. Die Reaktion auf die besonders in Deutschland aufgenommenen Flüchtlinge wurde weltweit als »Willkommenskultur« zumindest für einige Wochen gelobt.

Ganz anders sieht das natürlich Viktor Orbán: »Die deutsche Willkommenspolitik ist nicht nur gescheitert, sondern hat Terrorismus geschaffen und Angst geschürt«. Und beim Kongress der Europäischen Volkspartei (EVP) verstieg er sich zu der Behauptung, dass es keine Flüchtlingskrise gebe, sondern dass es sich bei den Flüchtlingen um eine Migrationsbewegung handele, die aus Wirtschaftsimmigranten, Flüchtlingen und ausländischen Kämpfern bestehe. 70 Prozent der Ankömmlinge seien Männer, »die den Anschein einer Armee haben«, erklärte er – natürlich wieder ohne jeglichen konkreten Beweis. Nach dem Angriff islamistischer Terroristen am 22. März 2016 in Brüssel verkündete Orbáns Außenminister, nun gebe es kaum noch einen vernünftigen Menschen in Europa, der infrage stellen würde, dass die Terrorismusgefahr wegen der unkontrollierten illegalen Einwanderung gestiegen sei.[47] Geradezu politisch obszön waren Orbáns Aussagen Mitte März 2016 anlässlich des ungarischen Nationalfeiertags. Da kritisierte er Menschenrechtler als »Rotten unverbesserlicher Kämpfer für die Menschenrechte«. Migranten würden »Jagd auf unsere Frauen und Mädchen machen« und »zündelnden Antisemitismus« verbreiten. Und Europa werde »von einer Zig-Millionen-Masse« und von einer »finalen Gefahr« bedroht. Die »Völkerwanderung« werde als humanitär ausgegeben, es gehe aber »um eine Gebietsbesetzung, die Raumverlust für uns bedeutet«. Schließlich verstieg er sich zu der Aussage, Europa sei nicht frei, weil »die Wahrheit nicht ausgesprochen werden darf«. Früher habe die Sowjetunion als Feind der Freiheit ihren Willen mit Gefängnissen, Lagern und Panzern anderen aufgezwungen. Heute genüge den Freiheitsverächtern das »Mündungsfeuer der internationalen Presse, Verleumdungen, Drohungen und Erpressung«.[48]

Das ist entweder ganz große Verschwörungstheorie oder Ausdruck psychischer Defizite. Inzwischen warnt seine Regierung auf einer Internetseite vor 900 angeblichen No-go-Areas in Europa. In Städten wie Berlin, Paris, London und Stockholm gäbe es Gebiete, über die die Behörden wegen einer hohen Einwanderungsdichte wenig oder gar keine Kontrolle hätten, heißt es auf der Seite. Denn neben der Panikmache im Zusammenhang mit islamistischen Terroristen kämpfen Orbán und seine Freunde gegen die Gefahr, die angeblich generell von Muslimen ausgeht. Und das fällt nicht nur in Ungarn auf fruchtbaren Boden. Wie in keinem anderen Land, abgesehen vielleicht von Deutschland, Österreich oder der Schweiz, trifft die Erkenntnis des syrischen Schriftstellers Rafik Schami zu, dass die Islamphobie der salonfähige Antisemitismus ist.[49] Und es war ein bekannter ungarischer Rabbi, der sagte: »Die Roma erleben heute am eigenen Leib, was den Juden hier zukünftig droht.«

Viktor Orbán lieferte die Vorlagen, mit der sowohl die Neonazis in Deutschland als auch die Rechtspopulisten der AfD oder die FPÖ erfolgreich auf Stimmenfang gehen und nicht nur das politische Klima vergiften, weil sie eine kulturelle und politische rechte Kulturrevolution erfolgreich umsetzen wollen.

Der stellvertretende Fidesz-Vorsitzende Lajos Kósa argumentierte, dass 95 Prozent der Einreisenden eine »islamische Identität« hätten, also ohnehin suspekt wären, und der Fidesz-Fraktionschef im Parlament verkündete, Ungarn schadeten diese »artfremden Kulturen«. Dazu passt, dass Viktor Orbán Nothilfen für Krisenländer ausschließlich für »christliche Gemeinden« leistet. Seine Aufforderung, die internierten Flüchtlinge für die Kosten ihrer Unterbringung und für ihr Asylverfahren notfalls zur Arbeit zu zwingen, sei »schändlich«, kritisierte daraufhin das Helsinki-Komitee, während sowohl aus Österreich als auch aus Deutschland keinerlei Kritik von Politikern zu vernehmen war. Immerhin haben deutsche Verwaltungsgerichte in Berlin und München Abschiebungen nach Ungarn gestoppt, weil in Ungarn »systemische Mängel« herrschen und Ungarn permanent gegen das in Artikel 6 der EU-Grundrechtecharta kodifizierte Recht auf Freiheit verstößt.[50]

Viktor Orbán setzt nicht nur die Hetze gegen Flüchtlinge aus muslimisch geprägten Ländern für seine reaktionäre Politikvorstellung ein, sondern in gleichem Umfang gegen die in Ungarn lebenden Roma. Anfang September 2015, mitten in der Flüchtlingskrise, begründete er seine totale Blockade gegen die Aufnahme von Flüchtlingen damit, dass er ja auch niemals ungarische Roma auf Westeuropa verteilen würde.[51] Ungarn hat übrigens den geringsten Anteil von Menschen mit Migrationshintergrund in der gesamten EU.

Wahrscheinlich will Viktor Orbán nicht an die ungarische Geschichte während der Naziherrschaft erinnert werden und würde jeden Vergleich mit seiner heutigen Politik brüsk von sich weisen. Auffällige Übereinstimmungen sind jedoch offensichtlich. 1939 wurde ein Gesetz in Kraft gesetzt, das die damalige Regierung in Budapest ermächtigte, die Auswanderung der Juden voranzutreiben. »In der Begründung hieß es, ›die Judenfrage‹ sei ihrem Wesen nach international und verlange ein internationales Herangehen. Ungarn habe den Fehler gemacht, das Problem mit westlichen Methoden lösen zu wollen, während die meisten jüdischen Einwanderer osteuropäischer

59

Herkunft seien. Bereits zwei Jahre später leistete Ungarn seinen ersten Beitrag zur deutschen Endlösung. Die Opfer waren ›ausländische‹ Juden: in erster Linie Flüchtlinge aus Polen, der Slowakei u. a., außerdem in den letzten Jahren Eingewanderte, aber auch ungarische Juden, deren Papiere nicht in Ordnung waren.«[52] Und heute? Die ungarische Bevölkerung belegt bei vergleichenden Länderstudien zur Verbreitung von Fremdenfeindlichkeit und Antisemitismus regelmäßig Spitzenplätze: »62 Prozent der Magyaren glauben, Roma seien kriminell veranlagt und über zwei Drittel halten Homosexualität für unmoralisch. 46 Prozent machen ›die Juden‹ für die aktuelle Finanzkrise verantwortlich. Rund 59 Prozent finden den Ausländeranteil von 3,1 Prozent in Ungarn zu hoch und knapp 45 Prozent fühlen sich angesichts solch einer imaginierten Masseneinwanderung als ›Fremde im eigenen Land‹.«[53]

Was an Hass gegen Juden heute in der Bevölkerung schwelt, insofern stimmt die Aussage des Rabbi, ist bei den in Ungarn lebenden Roma unübersehbar.

Zsolt Bayer, ein prominenter Journalist und Mitbegründer der Fidesz, veröffentlichte im Januar 2013 in der Zeitung *Magyar Hírlap* einen Artikel, in dem er schreibt: »Die meisten Roma sind unfähig zum Zusammenleben, nicht fähig, unter Menschen zu leben. Diese Leute sind Tiere und haben das Verhalten wie Tiere. Wenn sie Widerstand erfahren, töten sie … Das Einzige, was sie verstehen, ist brutale Gewalt. Diese Tiere dürfen nicht existieren. Auf keinen Fall. Das muss gelöst werden, sofort und auf jede mögliche Art und Weise.«[54] Protest vonseiten Orbáns oder seiner Partei gegen diesen Hetzartikel gab es nicht, auch keine Strafverfahren wegen Volksverhetzung. Im Gegenteil. Zsolt Bayer wurde mit einer Ehrenmedaille ausgezeichnet. Er gilt als guter Bekannter, ja sogar Freund von Premier Orbán, schreibt die unabhängige Tageszeitung *Pester Lloyd* am 16. September 2011. »Er profiliert sich in seinen Kolumnen regelmäßig als Hassprediger und verbreitet dort primitivsten Antisemitismus und Rassismus, schürt Vorurteile und hetzt in einer Art und Weise, wie es einst ›Der Stürmer‹ kaum heftiger getan hatte. Kürzlich beschimpfte er einen ausländischen Journalisten in Fäkalsprache und bedauerte angesichts von einigen Zeitgenossen, dass bei einem Massaker nach der Räterepublik in Ungarn nicht genügend Genickschüsse gefallen sind.«[55]

Viktor Orbáns zweitwichtigster Mann in der Regierung ist Zoltán Balog, der Minister für menschliche Kraftquellen – ein Begriff, der sehr an Orwellsche Sprachfindung erinnert. Der Minister, zuständig für die Bereiche Soziales, Gesundheit, Kultur, Familie, Bildung und Minderheiten, ist in Deutschland hoch angesehen. Bundespräsident Gauck überreichte ihm im Jahr 2013 das Große Verdienstkreuz mit Stern und Schulterband. Und zwar, es ist kein Witz, für die »Bemühungen um die Stärkung der deutsch-ungarischen Beziehungen und seinen Einsatz für Minderheiten«. Balogs Ministerium ist unter anderem für die Politik gegen die Roma verantwortlich, die auf Diskriminierung und Ausgrenzung setzt. Glimpflich hingegen geht die Justiz aus guten Gründen mit den Rechtsextremen um, die in Ungarn eine zentrale politische Macht darstellen.

Ein Beispiel: Im Januar 2013 wurden der Neonazi Árpád Kiss und sein Bruder wegen sechs Morden an Roma und Angriffen auf 25 Roma, die zum Teil lebensgefährlich verletzt wurden, zu einer lebenslangen Freiheitsstrafe verurteilt. Meistens zündeten sie die Häuser der Opfer an und schossen dann auf die Flüchtenden. Im Januar 2014 klagte der rechtsextreme Killer gegen eine Schweizer Zeitung, und zwar wegen Rufschädigung. Prompt wurden ihm 4.900 Euro Schadenersatz zugesprochen. Eine Schweizer Boulevardzeitung bezeichnete ihn im Januar 2012, also noch vor seiner Verurteilung, als »brutalen Serienmörder, auf dessen Rechnung ein Dutzend Anschläge auf Roma gehen, bei denen sechs unschuldige Menschen, darunter ein Kind, ihr Leben verloren haben.«[56]

Árpád Kiss und sein Bruder waren in der ostungarischen Großstadt Debrecen in rechtsextreme und neonazistische Netzwerke eingebunden. Sie selbst verstanden sich als Vorhut einer Bewegung, die sich die »Lösung des Zigeunerproblems« zum Ziel gesetzt hatte. Im Ort Tatárszentgyörgy beispielsweise, in dem die »Roma-Mörder« im Februar 2009 einen Vater und seinen vierjährigen Sohn erschossen, als diese aus ihrem brennenden Haus flüchteten, waren nur Wochen vor dem Mord hunderte Mitglieder der paramilitärischen rechtsextremen »Ungarischen Garde« eingefallen, um die dort lebenden Roma zu bedrohen und einzuschüchtern. Ähnlich wie bei den NSU-Morden in Deutschland wurden nach den Morden zunächst die Roma und ihre Familien verdächtigt und ausschließlich gegen sie ermittelt. Tatsächlich waren die Täter der Polizei bereits vor den Anschlägen bekannt und ein Informant der ungarischen Polizei war sogar ein Komplize der rassistischen Killer.

Eine öffentliche Gedenkfeier für die Opfer der rechtsradikalen Killer in Anwesenheit des Regierungschefs Orbán hat es bis heute nicht gegeben. Ein Grund dürfte sein, dass der Unterschied zwischen Orbáns Partei Fidesz und der Neonazi-Partei »Bewegung für ein besseres Ungarn« (Jobbik) so groß wieder nicht ist. »Es ist notwendig«, analysierte Stephan Grigat, Gastprofessor für Israel Studien am Moses Mendelssohn Zentrum für europäisch-jüdische Studien an der Universität Wien, »Fidesz und die ungarischen Nazis in ihrer Wechselwirkung zu begreifen, bei der die Jobbik die Regierung in vielen Punkten vor sich hertreibt und als Stichwortgeber für die nationalistisch-völkische Formierung fungiert, während Fidesz sich freut, dass eine Partei existiert, die das ausspricht, was man selbst allein schon aus einer gewissen Rücksichtnahme gegenüber den europäischen Partnern nicht offen artikulieren mag.«[57]

Die Ungarische Garde, als die paramilitärische Bürgerwehr der rechtsradikalen Jobbik-Partei, wurde zwar im Jahr 2009 verboten. Sie erlebte aber eine Wiederauferstehung unter dem Namen »Magyarische Selbstverteidigungsbewegung«.[58] Die Jobbik-Partei, die sich dieser Milizen bediente, erreichte bei den letzten Parlamentswahlen 20,4 Prozent der Stimmen und ist mit 23 Abgeordneten im Parlament vertreten. Bei Veranstaltungen der Jobbik-Bewegungen wie der am 5. August 2012 wurde unter anderem zum Rassenkrieg der Ungarn gegen die Roma aufgerufen. So sagte László Toroczkai, Anführer der rechtsextremen »Jugendbewegung der 64 Burgkomitate« HVIM, die Jobbik sehr nahesteht, die Zigeuner wollten die Magyaren vernichten, es gäbe keine andere Möglichkeit, als den Kampf mit ihnen aufzunehmen; Attila László, der Vorsitzende der Jobbik-Bürgerwehr »Schönere Zukunft«, sagte, man müsse »einen Aufstand machen und den ganzen Müll, die ganzen kriminellen Parasiten aus dem Land hinausfegen«. Zsolt Tyirityán, Anführer der Jobbik-nahen Neonazi-Miliz Betyársereg, sprach von Rassenkrieg und ethnischen Säuberungen. Die Kriminalität sei »der Zigeunerrasse genetisch eincodiert«, man müsse »den genetischen Abfall aus dem öffentlichen Leben vernichten, aus unserem Lebensraum ausrotten«.[59] Előd Novák, der schon einmal auf einer Kundgebung eine EU-Flagge öffentlich verbrannte, soll angeblich das Internetportal »kuruc.info« steuern, das offene Neonazi-Propaganda betreibt. Bei den letzten Parlamentswahlen wählten tatsächlich über 20 Prozent der Ungarn diese rechtsradikale Jobbik ins Parlament.

Auffällig ist, dass es zu den hasserfüllten Aussagen der Jobbik-Repräsentanten keinen Protest vonseiten Viktor Orbáns gab. Eigentlich ist das kein Wunder. Eine Erklärung dafür führt zu einem mythischen Vogel. Wer kennt hier schon den Turul, diese Mischung aus Falke und Adler mit einer Krone auf dem Kopf, ein Fabelwesen, das die Vorfahren der Magyaren aus Asien in das Karpatengebiet geführt haben soll?

Während der Naziherrschaft unter dem rechtsautoritären Reichsverweser und Hitler-Verbündeten Miklós Horthy und ab Oktober 1944 unter dem faschistischen Regime der Pfeilkreuzler, einer nationalsozialistischen Partei, die sich an Hitlers NSDAP orientierte, erfuhr dieser Vogel eine hohe symbolische Bedeutung. Die Todesschwadronen der Pfeilkreuzler richteten in den letzten Kriegsmonaten tausende Juden, Sinti und Roma hin. »Die Jobbik-Partei erinnert stark an die nationalistisch/faschistischen Pfeilkreuzler, die sich voll und ganz in den Dienst Hitler-Deutschlands stellten. Wie die Pfeilkreuzler (auch Hungaristen genannt) propagiert Jobbik die Wiederherstellung eines Großungarns in den Grenzen vor dem Friedensschluss von Trianon (1920), auf dem es sämtliche um das ungarische Kernland arrondierte Gebiete abtreten musste.«[60]

Im Jahr 2009 gründete sich in Budapest die Europäische Allianz nationaler Bewegungen. Neben der Jobbik gehören ihr der Front National (Frankreich), die British National Party, die Nationaldemokratische Partei Bulgariens und die italienische Fiamma Tricolore an. Assoziierte Einzelmitglieder sind führende Exponenten des separatistischen belgischen Vlaams Belang und der polnischen Prawo i Sprawiedliwość (Recht und Gerechtigkeit).

Nicht nur für die rechtsradikale Jobbik, die überall Turul-Denkmäler errichtete, ist dieser Vogel bis zum heutigen Tag ein wichtiges Symbol der mythischen ungarischen Vergangenheit. Ein großes Denkmal, ein Turul mit einem Schwert in den Klauen auf einer zwölf Meter hohen Säule, wurde am 29. September 2012 in Ópusztaszer im Süden Ungarns eingeweiht.

Aus Budapest eilte zu diesem Anlass auch Viktor Orbán nach Ópusztaszer. Er hielt die Einweihungsrede, in der er unter anderem Folgendes referierte: »Der Turul ist ein Urbild, das Urbild der Ungarn … Das Urbild gehört zum Blut und zum Heimatboden … der Turul ist das Symbol der nationalen Identität der jetzt lebenden, der schon gestorbenen und der erst noch auf die Welt kommenden Ungarn«. Und am Ende seiner Rede, geradezu drohend: »Wer die Zeichen der Zeit zu lesen vermag, der kann sie lesen. Eine Welt neuer Gesetze kommt auf den europäischen Kontinent zu.«

Stephan Löwenstein fragte in der *Frankfurter Allgemeinen Zeitung* vom 16. April 2013 Viktor Orbán, was er mit der »mythisch-heidnischen Rede im vergangenen Jahr über den ›Turul‹ beabsichtigt?« Viktor Orbán, kurz und bündig: »Das war eine hervorragende Rede. Was ist das Problem damit?« Das ist jedoch nur ein Ausschnitt eines politischen Systems, durch das in Ungarn die liberale Demokratie zu Grabe getragen wurde. Damit im Zusammenhang steht die Verbindung mit dem organisierten Verbrechen und der organisierten Wirtschaftskriminalität. Dabei zeigt sich wie in einem Brennglas, wie eng rechtsnationalistische Parteien mit kriminellen Strukturen in den ehemals kommunistisch beherrschten Ostblock-Staaten verbunden sind.

## Die explosiven mafiosen ungarischen Zustände

Die ungarische Wirtschaft wird heute von Vetternwirtschaft und einem Staatskapitalismus dominiert. Das steht unter anderem auch im Länderbericht 2015 des US-Außenministeriums. Beklagt wird zudem »State Capture, aufgrund einer undurchsichtigen Symbiose zwischen der Regierung und ausgewählten Privatunternehmen.«[61] Unter State Capture versteht man die systematische politische Korruption, durch die private Interessen die Entscheidungsprozesse des Staates in erheblichen Umfang zu ihrem eigenen Vorteil beeinflussen. Ihr Einfluss erfolgt in staatlichen Institutionen, einschließlich der Legislative, Exekutive, den Ministerien und der Justiz. »Staatliche Regulierungsbehörden werden als vereinnahmt (captured) bezeichnet, wenn sie im privaten Interesse von bestimmten Personen oder Gruppen handeln und nicht im öffentlichen Interesse, für die sie errichtet wurden.«[62] Seitdem Viktor Orbán die Regierung führt, ist genau das geschehen. Und zwar durch die Stärkung der Fidesz-loyalen Unternehmer mittels entsprechend »zugeschnittener« Vergabe öffentlicher Aufträge. Das heißt, dass die ungarische Wirtschaft den Bedürfnissen von Orbán und seinen Amigos untergeordnet wurde.

András Lőke ist einer der bekanntesten investigativen Journalisten Ungarns. Er verfolgt seit Jahren die undurchsichtigen Zustände im Umfeld von Ministerpräsident Viktor Orbán. Er berichtete mir unter anderem: »Die wichtigste Frage für mich ist: Hat sich das Klima der organisierten Wirtschaftskriminalität und Korruption in der Orbán-Regierung geändert? Auf jeden Fall. Während bei den Vorgängerregierungen Wirtschaftskriminelle das Geld der Steuerzahler aus dem staatlichen System ausgesogen haben, befindet sich jetzt die Mafia in der Regierung selbst.« Diese These ist deshalb aufschlussreich, weil Viktor Orbán im Jahr 2010 seinen erdrutschartigen Sieg unter anderem den Versprechungen verdankte, dass er das alte, korrupte politische System bekämpfen werde. Drei Jahre später urteilten die Bürger, dass sich überhaupt nichts verändert hat. Transparency International Ungarn kam im Jahr 2013 bei seinen Erhebungen zu dem Ergebnis, dass 61 von 100 ungarischen Bürgern glauben, die Korruption sei in den letzten beiden Jahren sogar gewachsen.[63]

Tatsache ist, dass Geld aus EU-Fonds ungewöhnlich häufig bei Geschäftsleuten landet, die eng mit der Regierung verbunden sind. Einige wenige Beispiele sollen das verdeutlichen – etwa das Unternehmen Elios Innovativ Zrt. Die Firma ist auf die Straßenbeleuchtung mit LED-Lampen spezialisiert und Marktführer. Eine Stadt nach der anderen unterzeichnete Verträge mit Elios aus Mitteln, die von der EU kommen. Das Unternehmen gehört dem Schwiegersohn von Viktor Orbán.[64] Ein großer Teil der in Staatsbesitz befindlichen Landwirtschaft wurde privatisiert. Die größten Gewinner der Privatisierung, wen wundert es, waren und sind jene Unternehmen mit engen Beziehungen zur Regierung und Viktor Orbán. Zu ihnen darf sich unter anderen der Unternehmer Lorinc Mészáros zählen. Vom Besitzer einer Ein-Mann-Autoreparaturwerkstatt zu einem Milliardär innerhalb von drei Jahren, das ist in der Tat eine gewaltige Leistung. Seine Erklärung dazu: Er verdankt seinen Erfolg Gott, dem Glück und Viktor Orbán.[65]

Der Tabakhandel wurde 2013 verstaatlicht. Das entsprechende Gesetz wurde von Minister János Lázár durchgesetzt, ein Freund Orbáns. Jetzt profitieren die Amigos jenes Ministers von der Verstaatlichung, indem sie die Lizenzen für den Verkauf erhalten, wie János Sánta.[66] Die ungarische Nationalbank wiederum besitzt zahlreiche Stiftungen, die nach einem neuen Gesetz Milliarden Euro ohne jegliche öffentliche Kontrolle verwalten können. »Die typischste Art und Weise des Diebstahls ist es außerdem, übeteuerte Dienstleistungen von privaten Unternehmen zu kaufen, die den Freunden der Regierung gehören oder auf die eine oder andere Art und Weise von Orbán abhängig sind«, stellt András Lőke fest.

## Billiges Gas und fragwürdige Loyalitäten

Von zentraler wirtschaftlicher Bedeutung – nicht nur in Ungarn – war schon immer der politische Einfluss auf die Energiewirtschaft und insbesondere die preisgünstige Versorgung mit Erdgas. Da hilft es selbstverständlich, gute Verbindungen zum russischen Präsidenten Wladimir Putin zu haben. Moskau liefert rund 60 Prozent des ungarischen Gases. Und Putin kann natürlich für günstige Gaspreise sorgen, wenn Ungarn sich auf seine Seite stellt. Das zeigte sich in den Jahren 2013 und 2014. Bei einem Besuch Orbáns in Moskau Anfang 2014 erhielt der russische Konzern Rosatom den Zuschlag für den Bau zweier Reaktoren für Ungarns einziges Kernkraftwerk Paks. Russland stellte dafür zehn Milliarden Euro zur Verfügung und fesselte Ungarn, wegen der Rückzahlung des Staatskredits, für 30 Jahre an Moskau. »Experten bezweifeln die wirtschaftliche Notwendigkeit dieses recht einseitigen Deals. Kritiker gehen davon aus, dass bei damit verbundenen ungarischen Zulieferaufträgen vor allem Orbáns Umfeld saftige Gewinne einfahren wird.«[67]

Der ungarische Publizist Attila Ara-Kovács kritisierte ebenfalls die Kooperationen zwischen Putin und Orbán. »Bewusst oder unbewusst – Orbán und die ungarische Regierung machen sich auf diese Weise zu Handlangern Putins in der EU. Das ist auch logisch. Der Westen erwartet von Orbán die Einhaltung demokratischer Spielregeln. Diese Erwartungen kann und will Orbán nicht erfüllen, er identifiziert sich mehr mit Putins Modell.«[68] Mit einem Preisnachlass für Gas half Putin, dass die Wiederwahl Orbáns im Jahr 2014 möglich wurde. Bei den darauffolgenden Kommunalwahlen 2014 sah man in allen Gemeinden riesige Plakate, wonach es der Orbán-Regierung zu verdanken sei, dass die Haushalte günstige Gaspreise erhalten.

Am 18. Februar 2015 besuchte Wladimir Putin seinen Freund in Budapest. »Premier Orbán, der Putins Auftritt mit einem fast manischen Dauergrinsen und mit der unterwürfigen Körperhaltung eines dienstfertigen Lakaien genoss, betonte einmal mehr, dass ›Ungarn Russland braucht‹ und

›Europas Ausschluss Russlands unvernünftig‹ wäre, denn ›die Sicherheit in der Region kann nicht ohne Russland etabliert werden‹. Orbán beeilte sich, seinem Gast zu versichern, dass Ungarn unbedingt bei der South-Stream-Ersatzleitung durch die Türkei dabei sein wolle, Putin dankte es ihm mit der Genehmigung, dass die MOL in Westsibirien weitere Ölfelder erschließen darf.«[69] Mit dieser Politik stellt sich Orbán dem Versuch der EU entgegen, die Energiewirtschaft, insbesondere die Versorgung Europas mit Gas transparenter und vor allem unabhängiger zu gestalten.

Gleichzeitig ist es von strategischer Bedeutung, über eigene Energiefirmen zu verfügen, um seine Amigos auf die eine oder andere Art und Weise zu bedienen. Da gibt es zum Beispiel Zsolt Hernádi, den Vorstandsvorsitzenden des teilstaatlichen Öl- und Gaskonzerns MOL. Gegen ihn erließ Interpol, auf Ansuchen von Kroatien, einen Haftbefehl wegen Korruption.[70] Die kroatische Justiz wirft ihm vor, den kroatischen Ex-Ministerpräsidenten Ivo Sanader mit zehn Millionen Euro bestochen zu haben. Dadurch sollte MOL ohne Aktienmehrheit die operative Führung des kroatischen Unternehmens Industrija nafte (INA) erhalten.[71] Der internationale Haftbefehl wird aber in Deutschland und Österreich nicht vollstreckt. Dazu ein MOL-Sprecher: »Ja, es stimmt. Hernádi kann sich in Österreich und Deutschland frei bewegen, war auch schon mehrmals in Berlin oder München zu Gast. Oder jetzt eben in Wien.«[72]

Das große Glück für den MOL-Chef ist wahrscheinlich, dass er über enge Beziehungen zu Viktor Orbán verfügt und in der Vergangenheit großzügig die Partei Fidesz unterstützte. Von besonderer Bedeutung in diesem Zusammenhang ist das Unternehmen MET. MET steht für MOL Energy Trading. Die MET Holding wurde 2012 in Zug registriert und hat seither mehrere Tochterunternehmen bekommen, die an derselben

Adresse in Zug residieren: MET Management, MET Power, MET Marketing, MET International. Der steile Aufstieg des Unternehmens MET ist mit Orbáns Politik verbunden. Nach seinem Wahlsieg 2010 versprach Orbán den Wählern die Senkung der Energiekosten. Um die Preise zu drücken, durfte die staatliche Gasfirma MVM Gasreserven anzapfen und billiges Gas auf dem Weltmarkt kaufen. Das wiederum wurde an MET Ungarn weiterveräußert, die es dann auf dem ungarischen Markt teuer verkaufte. »Wozu überhaupt ein Zwischenhändler notwendig sei, wurde von der Regierung nie beantwortet«, schreibt der Züricher *Tages-Anzeiger*.[73]

In Ungarn hilft die Regierung demnach den ihr genehmen Konzernen, durch entsprechende Unterstützung hohe Gewinne zu garantieren. Genau das dokumentiert der Energiekonzern MET, der seit dem Jahr 2011 große Gewinne durch den Verkauf von Erdgas dank staatlicher Aufträge und besonders günstiger Verträge erwirtschaftete. Selbst als MET hohe Gewinne verbuchte, erhielt das Unternehmen über die staatliche MVM noch finanzielle Unterstützung. In Ungarn wurde MET durch eher undurchsichtige Eigentümerstrukturen bekannt. Ein besonders guter Freund von Orbán ist István Garancsi. Er ist der Besitzer einer Fußballmannschaft. Garancsi besitzt außerdem eine eigene Sparkasse, die den Aufbau einer Fußballakademie in Orbáns Geburtsort Felcsút mitfinanzierte. Als die Regierung im Jahr 2013 die Verstaatlichung der ungarischen Sparkassen beschloss, blieb nur Garancsis Unternehmen verschont. Er ist Mitbegründer eines Investmentkonzerns und besitzt die Firma Ho-Me 2000, über die er mit einem weiteren Protegé Orbáns, dem Bankmanager Sándor Csányi verbunden ist. Außerdem sollen sie zu den größten Empfängern von EU-Förderungen gehören. Eine andere Beteiligung wird von einer Investments Ltd. auf den British Virgin Islands gehalten. Hinter dieser Investments Ltd.

verbirgt sich ein russischer Investor. Ungarische renommierte Internetportale wie »Hungarian Spectrum« fragten sich aufgrund der verworrenen Eigentumsverhältnisse, was Viktor Orbán bei Besuchen in Zürich gemacht habe, als er bei Repräsentanten der Credit Suisse und der Pictet-Bank gesehen wurde.[74]

Merkwürdig ist, dass die Regierung von Viktor Orbán sich öffentlich und offiziell gegen Steuerparadiese wehrt, den Kampf gegen sie als ein zentrales Wahlkampfthema führte. Gleichzeitig haben wichtige Unternehmen, die seinen Freunden gehören, genau dort ihren Sitz. Wie der Kasino-König Andrew Vajna. Er erwirtschaftete sein Vermögen über ein Netz von Offshore-Gesellschaften, die durch staatliche Darlehen mitfinanziert wurden. Zur Erinnerung: Am 1. Oktober 2015 trat in Ungarn die Modifizierung des Glücksspielgesetzes in Kraft, wonach nur derjenige Online-Kasinos betreiben darf, der eine staatliche Kasino-Konzession besitzt. Es gab zwei Profiteure. Der eine war Andrew Vajna. Er ist nicht nur der für das Filmwesen zuständige Regierungsbeauftragte und Präsident des Ungarischen Filmfonds, sondern auch im Gastronomie- und Schmuckgewerbe tätig. Der andere ist Gábor Szima. Er ist Unternehmer und Präsident eines Fußballvereins. Der Orbán-Vertraute Andrew Vajna betreibt fünf Kasinos in Budapest und Gábor Szima zwei in Ostungarn.[75]

Es wurden Gesetze erlassen, wonach die ungarische Regierung keine Geschäfte mit Unternehmen abschließen darf, wenn die Unternehmensstruktur und die Eigentümer nicht transparent sind. Bei dem Unternehmen MET scheint das ebenfalls nicht zu gelten. Die ungarische Zeitung *Népszabadság* äußert in diesem Zusammenhang die Vermutung, dass es sich bei undurchsichtigen Offshore-Geschäften um eine in führenden Kreisen Ungarns weitverbreitete Praxis handele. »Auch die Großen der Politik kennen sich im Offshore-Ge-

71

schäft aus, was bedeutet, dass sie mittlerweile ebenfalls zu den Schwergewichten gehören.«[76]

## Die Mafia und ein ziemlich ungewöhnlicher Innenminister

Die Geschichte könnte folgendermaßen beginnen. Ende Juli 2015 besuchte die damalige Innenministerin Johanna Mikl-Leitner ihren ungarischen Amtskollegen Sándor Pintér, um über die Flüchtlingskrise zu sprechen. Insbesondere ging es ihr um den massiven Anstieg der Grenzübertritte von Flüchtlingen an der serbisch-ungarischen Grenze. Mikl-Leitner sprach sich für eine starke österreichisch-ungarische Allianz aus. Und auch der deutsche Innenminister traf seinen ungarischen Amtskollegen immer wieder, wenn es um die Lösung der Flüchtlingsfrage ging.

Wer aber ist eigentlich dieser so hofierte Innenminister aus Budapest? Auf jeden Fall äußerst umtriebig wie umstritten. Sándor Pintér, ein asketisch wirkender Polizeibeamter in kommunistischer Zeit, gelang es nach dem Systemwechsel, in der Blütezeit des organisierten Verbrechens, also in den Jahren 1991 bis 1996, Chef der Nationalen Polizei zu werden. Im Jahr 1996 wurde die gesamte Polizeiführung ausgewechselt. Auch Pintér musste gehen. Ihm und seiner Behörde sei es nicht gelungen, so die dürftige Erklärung aus dem Innenministerium, die blutigen Machtkämpfe zwischen rivalisierenden Mafiabanden zu beenden. Es war ein offenes Geheimnis, dass Ermittlungen gegen führende Mafiabosse unterdrückt wurden und mehrere Ermittler, die sich als zu neugierig erwiesen, unter fragwürdigen Umständen ums Leben kamen, erzählten mir sowohl österreichische als auch deutsche Kripobeamte. Doch Sándor Pintér hatte vorgesorgt. Nach seinem Ausscheiden aus dem Polizeidienst aktivierte er am 14. März 1997 die Sicherheitsfirma Preventíve Security und wurde zudem Sicherheitsberater der OTP-Bank, deren Besitzer heute einer der reichsten Männer Ungarns und anscheinend immer noch ein guter Freund Pintérs ist. »Immer wieder wurde auch über Pintérs Nähe zur Unterwelt gemunkelt, nie konnte man ihm etwas nachweisen. Verbrieft ist lediglich, dass er sich nach 1996, als bestens vernetzter Unternehmer, mindestens einmal mit dem damals in Ungarn lebenden deutschen Waffenhändler und Bombenbauer Dietmar Clodo traf. Nebenher baute er sich ein Imperium von Sicherheitsfirmen auf, das ihn zu einem der reichsten Männer des Landes machte.«[77] Das meldeten zumindest einige Medien, ohne die genaueren Beziehungssysteme zwischen Pintér und beispielsweise dem erwähnten »Bombenbauer« Clodo zu kennen. Aber wie er zu seinem Vermögen gelangte und ob dabei der »Bombenbauer« Dietmar Clodo eine Rolle spielte, ist bis heute nicht wirklich untersucht worden.

Um seinen Reichtum und gleichzeitig seine ungebrochene politische Macht zu verstehen, ist ein Rückblick hilfreich. Als in Ungarn die russisch-ukrainische Mafia Anfang der neunziger Jahre die Herrschaft in Budapest übernahm, war er ein durchaus engagierter Polizeibeamter, noch aus der kommunistischen Zeit stammend. Der preisgekrönte ungarische Journalist László Bartus, der inzwischen in den USA lebt und dort eine Zeitschrift herausgibt, spricht davon, dass Pintér Ende der neunziger Jahre »Mister zwölf Prozent« genannt wurde. Er bezieht sich dabei auf den Bericht einer geheim tagenden parlamentarischen Untersuchungskommission vom 7. November 2000.[78] Bartus schrieb mir Folgendes: »Jeder in Budapest wusste, dass Pintér gute Beziehungen zu russischen Mafiabossen hatte. Die ungarischen Mafiabosse haben mir das selbst erzählt. Sie kannten sich seit langer Zeit.« Und während seiner Zeit als Chef und Teilhaber von Sicherheitsunternehmen, unterbrochen durch seine Tätigkeit als Innenminister von 1998 bis 2002 und dann ab 2010 bis heute, geriet er unter anderem in den Verdacht, sein Sicherheitsunternehmen als eine Art von Schutzgeld-Beschaffung einzusetzen. Es geht um den chinesischen Markt in Budapest, den Vier-Tiger-Markt, benannt nach den vier Tigerstatuen über dem Eingangstor. 1994 entstand auf dem circa 26 Hektar großen Gelände der ungarischen Eisenbahngesellschaft der größte Schwarzmarkt Europas, auf dem alles zu kaufen war. Die Händler waren alle Chinesen, die damals zu Tausenden nach Ungarn kamen. Ob billige Kleidung, gefälschte CDs, Viagra bis hin zu Waffen und Drogen, alles was irgendwie illegal oder besonders preisgünstig war, konnte hier, unter dem Schutz eines einschlägig bekannten Sicherheitsunternehmens, gekauft werden. In einem Artikel der Wochenzeitung *Die Zeit* schrieb am 31. Dezember 1998 der Journalist Christian Schmidt-Häuer: »Die Sicherheitsaufsicht über den Vier-Tiger-Markt hat heute Péter Tasnádi, der gerade in Untersuchungshaft sitzt. Diese lukrative Quelle hatte zeitweilig auch Sándor Pintér zu Kontakten mit den Chinesen bewogen – den skandalumwitterten Innenminister und Spezi des ungarischen Ministerpräsidenten Orbán.«[79] Pintér war ja nach seiner Entlassung aus dem Polizeidienst Chef eines Sicherheitsunternehmens geworden. Das übernahm unter anderem auch den Schutz des China-Marktes. Ich hatte Sándor Pintér zweimal per E-Mail angeschrieben und gefragt, ob die Behauptung, dass seine Sicherheitsfirma den Auftrag erhielt, den China-Markt zu beschützen, richtig sei. Eine Antwort habe ich nicht erhalten.

Und das wiederum führt zu dem heute 70-jährigen russischen Mafiaboss Semion Mogilevich, auch Sewa genannt. Der lebte in den neunziger Jahren in Budapest und baute sich, geschützt vom Innenministerium und der Polizei, ein einzigartiges kriminelles Imperium auf. Von britischen wie amerikanischen Strafverfolgern, von Europol wie dem Bundeskriminalamt wurde er übereinstimmend als einer der weltweit bedeutendsten Kriminellen beschrieben, geschützt von höchsten ungarischen Kreisen. Im April 2013 fand er sogar als Mafia-Boss Eingang in die Rating-Liste der »500 mächtigsten Persönlichkeiten auf dem Planeten«, zusammengestellt durch das amerikanische Journal *Foreign Policy*.[80] Sein Vermögen wird auf zehn bis zwölf Milliarden US-Dollar geschätzt. Der in Kiew geborene Mogilevich residierte in Budapest in einer prächtigen, von einer hohen Mauer umgebenen Villa, 300 Meter von der russischen Botschaft entfernt. Wenn er seine Residenz verließ, herrschte höchste Alarmstimmung. In einem Fahrzeugpulk raste er in die Stadt. In welchem Wagen er chauffiert wurde, wussten nur seine Sicherheitsleute.

Semion Mogilevich war in der politischen High Society integriert, genauso wie im russischen FSB und der ungarischen Polizeiführung. Problemlos gelang es ihm, im Jahr 1993 das ungarische Stahlunternehmen Digep zu übernehmen. Käufer war das Unternehmen Army Co-Op Kft. in Miskolc. Besitzer war Semion Mogilevich. Das bestätigt auch ein Bericht des FBI aus dem Jahr 1996: »Army Co-Op wurde benutzt, um die staatliche Firma Digep zu privatisieren. Diese Transaktion ermöglichte Mogilevich, direkter Eigentümer der ungarischen Rüstungsindustrie zu werden.«[81] Bekannt und vielfach belegt sind seine Verbindungen zu dem russischen Energiekonzern Gazprom. Durch seine kräftige Unterstützung wurde die Firma Eural Trans Gas in Ungarn gegründet. Mit einem mickrigen Startkapital von 12.000 US-Dollar konnte die neu gegründete Firma Gas aus Turkmenistan im Wert von einer Milliarde Euro auf dem europäischen Markt verkaufen.

Seit Anfang 1999 ermittelte das FBI intensiv gegen Semion Mogilevich. Es ging um Geldwäsche über eine New Yorker Bank in Höhe von zehn Milliarden US-Dollar. Von diesen Ermittlungen erhielt er Mitte Juli 1999 Kenntnis. Wer ihn informierte, ist bis heute nicht bekannt. Alles deutet auf Informanten im Innenministerium hin, zumal er seine Polizeiakte, die eigentlich streng vertraulich war, in Kopie vorliegen hatte. Dann meldete am 27. Juli 1999 die ungarische Tageszeitung *Népszabadság*, die Steuerpolizei habe sein Haus und seine ungarische Firma durchsucht. Inzwischen war Mogilevich jedoch schon untergetaucht. Ende August 1999 meldete er sich aus Moskau erstmals wieder zu Wort. Empört wies er den Vorwurf zurück, er sei an der Geldwäsche über die New Yorker Bank beteiligt gewesen. Für ihn waren die Beschuldigungen »Albtraumfantasien des FBI«. Denn er habe in seinem ganzen Leben erst einmal Geld gewaschen, »als ich einen Fünfdollarschein in der Tasche eines meiner Hemden vergessen und ihn versehentlich in die Waschmaschine gesteckt habe. Ich muss sagen, dass er danach sauberer ausgesehen hat.« Das FBI lobte 100.000 US-Dollar als Belohnung für jegliche Informationen aus, die zu Mogilevichs Verhaftung führen könnten, und begründete den Haftbefehl folgendermaßen: »Der ukrainische Geschäftsmann wird wegen Erpressung, des Betruges, der Geldwäsche und weiterer Wirtschaftskriminalität in mehr als 40 Fällen in Dutzenden von Ländern weltweit gesucht. Er wurde in die Liste der zehn Meistgesuchten aufgenommen.«[82]

FBI-Agent Peter Kowenhoven bezeichnet ihn – immerhin auf der offiziellen FBI-Webseite – als einen skrupellosen Kriminellen. »Durch sein extensives internationales kriminelles Netzwerk kontrolliert Mogilevich Naturgaspipelines in Osteuropa, und er benutzt seinen Reichtum und seine Macht nicht nur für seine kriminellen Unternehmen, sondern auch, um Regierungen und deren Wirtschaft zu beeinflussen.«[83] Der Haftbefehl ist inzwischen aufgehoben, da das US-Justizministerium keine Möglichkeit mehr sah, dass er von Russland ausgeliefert wird, lautete die offizielle Erklärung.[84] Im Umfeld von Mogilevich heißt es jedoch, dass ein Deal zwischen ihm und der Staatsanwaltschaft in Vorbereitung sei.

### Das Geheimnis des Sándor Pintér

Wer über die Nähe der ungarischen Polizei und des damaligen Polizeichefs Pintér zur organisierten Kriminalität zum Mafiapaten Semion Mogilevich recherchiert, der kommt an dem Deutschen Dietmar Clodo nicht vorbei. Er schien Mitte der neunziger Jahre so etwas wie eine Brücke zwischen Pintér und Mogilevich gewesen zu sein. Dafür sprechen einige Indizien. Im Jahr 1998, als Pintér von Viktor Orbán zum Innenminister nominiert wurde, stellte eine Parlamentskommission fest, dass er Verbindungen zu hochrangigen Mitgliedern der ungarischen Unterwelt unterhalten haben soll. Dazu sollte auch der Deutsche Dietmar Clodo, der »Bombenbauer«, gehören.[85] Am 8. Oktober 2013 berichtete die angesehene ungarische Wochenzeitschrift *Heti Világgazdaság* (HVG) von einem Antrag der oppositionellen Partei »Gemeinsam – Dialog für Ungarn« (Együtt-PM) im Zusammenhang mit Innenminister Pintér, wonach es Gerüchte gebe, »dass er in den frühen neunziger Jahren zahlreiche bekannte Kriminelle getroffen habe, wie den als Bombenmacher bekannten Dietmar Clodo.«[86] Eine Zeugin für diese »Gerüchte« sei Clodos Ehefrau. Sie erklärte in der Tat, dass ihr Ehegatte im Jahr 1997 häufiger von Pintér besucht wurde, als dieser Unternehmer war. In der entsprechenden Befragung Pintérs zu den Vorwürfen dementierte er anfangs, Clodo überhaupt zu kennen. »Ich habe gehört, dass wir uns vier, fünf Mal getroffen hätten und wir hätten gemeinsame Geschäfte gemacht. Ich habe mich nicht, weder vier Mal noch fünf Mal, mit Herrn Clodo getroffen und wir haben keine gemeinsamen Geschäfte.«[87]

Dies sagte der Innenminister einige Tage später: »Persönlich kenne ich ihn nicht, aus Unterlagen ja, schließlich war er ja früher auch eine allgemein bekannte Persönlichkeit in der ungarischen Verbrecherwelt. Ich erkannte eine Dame, die während einer Geschäftsverhandlung Kaltgetränke servierte. Die Dame war meiner Meinung nach als Sekretärin in der Geschäftsverhandlung zugegen. Als ich dann erfuhr, dass diese Dame Dietmar Clodos Ehefrau ist, muss ich deshalb erklären: Es kann nicht ausgeschlossen werden, dass ich Dietmar Clodo getroffen habe. Ich muss hinzufügen, dass ich mich während der Geschäftsverhandlung mit einem Produkt seiner Sicherheitsfirma bekannt gemacht habe.«[88]

Dietmar Clodo selbst schildert einen anderen Vorgang. »Ich war damals Eigentümer der Firma SAS mit Sitz in Moskau, die besondere Sicherheitslösungen angeboten hatte. Im Angebot befand sich ein israelisches Produkt, schusssicheres Glas, von dem man von der anderen Seite zurückschießen konnte. Auf einem speziellen Armeegelände habe ich das vorgeführt.« Mit dabei hatte er eine Empfehlung der US-Handelskammer. Seine Geschichte klingt abenteuerlich. »Da kamen Angehörige der Polizei, von der Antiterroreinheit und vom Militär und haben sich das angeschaut. Wie das bei derartigen Anlässen üblich ist, habe ich von Kempinski ein Büfett kommen lassen. In der Mitte des Büfetts standen zwei Dosen Kaviar, auf einem Berg von Eis. Da kam ein ziviler Mann, holte seine Aktentasche raus und steckt sich die zwei Kaviardosen ein. Ich sagte zu meiner Sekretärin: Eva, geh mal da hin. Der soll zu mir kommen.«[89] Es soll Sándor Pintér gewesen sein und den will er bereits aufgrund früherer Begegnungen gesehen haben. Dietmar Clodo behauptet sogar, im Auftrag von Semion Mogilevich, Mitte der neunziger Jahre verschiedenen Personen einen Umschlag mit Geld übergeben zu haben, unter anderem an den damals noch amtierenden Polizeichef

Pintér. Das berichtete auch unwidersprochen die Wochenzeitschrift HVG.[90] Dietmar Clodo zur Person Sándor Pintér, als der noch Polizeichef war: »Für mich war er nur einer von vielen korrupten Personen, denen ich ähnliche Briefumschläge Mitte der neunziger Jahre im Auftrag von Mogilevich übergeben habe.«[91] Wie glaubwürdig ist diese Aussage aber?

Wer ist der im Saarland geborene Dietmar Clodo, der in Ungarn zu einem Kronzeugen gegen den heute amtierenden Innenminister wurde? Eine Spurensuche. Auf jeden Fall ist er eine äußerst schillernde Persönlichkeit, mit engsten Beziehungen zu Top-Kriminellen in Ungarn, zumindest bis zum Jahr 1998. Anfang der achtziger Jahre hielt sich der heute 65-jährige Dietmar Clodo einige Jahre in Afghanistan auf und unterstützte damals, in wessen Auftrag auch immer, die afghanischen Mudschaheddin, insbesondere den Warlord Gulbuddin Hekmatyār im Kampf gegen die sowjetischen Truppen. Als Söldner, der in den frühen siebziger Jahren im damaligen Rhodesien kämpfte, sammelte er vielfältige Erfahrungen. Verschiedene Male traf er sich, das bestätigten mehrere Quellen, unter anderem mit Osama Bin Laden, den er als sehr »ruhige Persönlichkeit« bezeichnet. Weniger positiv urteilt er über Al-Zawahiri, den zweiten Mann von al Quaeda. »Was die mit den Gefangenen gemacht haben, war schon schlimm.« Die Verständigung war kein Problem. Clodo spricht nicht nur Englisch, Französisch, Arabisch, Ungarisch und Deutsch, sondern auch Urdu und Paschtu. Im Jahr 1989 ging er nach Ungarn. Dort gründete er ein Sicherheitsunternehmen und wurde, nach seinen eigenen Worten, Leiter der Internationalen Sektion der »unabhängigen ungarischen Handels- und Industriekammer«. Stimmt das? In der österreichischen Tageszeitung *Die Presse* ist am 6. August 1990 ein Artikel über ihn veröffentlicht worden. »›In Ungarn wimmelt es von guten Ideen‹, sagt Dietmar Clodo, der Leiter der unabhängigen ungarischen Handels- und Industriekammer, im Gespräch mit der *Presse*. ›Leider müssen viele der neuen Firmen rasch wieder zusperren, was aber von den Magyaren locker weggesteckt werde‹, berichtet Clodo, der als internationaler Geschäftsmann in Budapest seine Zelte aufgeschlagen hat und von der neuen Handelskammer ›angeworben‹ wurde.«[92]

In Budapest lernte er dann Semion Mogilevich kennen. Vorausgegangen war ein aufschlussreiches Ereignis am Frankfurter Flughafen. »Ich wollte einchecken, da kam ein Mann auf mich zu, muskelbepackt, mit dicker Goldkette und Rolex, und umarmte mich. Es war Dimitri, der in Afghanistan von meiner Truppe festgenommen wurde und dem ich zur Flucht verholfen hatte. Er war froh, mich wiederzusehen. Nach der Begrüßung sagte er: ›Ich möchte Dir meinen Onkel Michas vorstellen.‹«

Michas ist der Spitzname von Sergei Michailow, Chef der Solnzewskaja, der damals größten russischen Mafia-Organisation. »Er hatte noch zwei Typen dabei. Hoffentlich sieht mein Geschäftspartner die nicht, dachte ich. Sie sahen aus wie die Bilderbuch-Mafia, mit Goldketten und so. Dimitri fragte mich: ›Was machst Du heute. Bist Du noch Kämpfer?‹ Nein, ich bin jetzt in Ungarn. In Budapest. ›Das gehört uns, der Boss von Budapest gehört zu uns. Kennst Du Sewa? Musst Du kennenlernen. Brauchst Du da in Budapest was, kein Problem.‹« Sewa ist der Spitzname von Semion Mogilevich. »Einige Wochen später kommt ein Fahrer in einem Bentley zu mir nach Haus. ›Sewa wartet auf Dich.‹« Gemeinsam fuhren sie ins Budapester Nobelhotel Kempinski. Dort traf Clodo wieder seinen alten Bekannten Dimitri. An einem großen Tisch, abgeschirmt durch bullige Leibwächter, saßen Sergej Michailow, Viktor Averin, ebenfalls ein Führungsmitglied der Solnzewskaja, und Semion Mogilevich. Dazu Clodo: »Ich habe ihm erzählt, was ich so mache und danach haben wir uns häufiger getroffen.«

Nach diesem Treffen im Kempinski schien zwischen Mogilevich und Clodo ein enges Vertrauensverhältnis entstanden zu sein, zumal beide jüdischen Glaubens waren. Und hier kommen jetzt die Vorwürfe im Zusammenhang mit Geldübergaben an bestimmte einflussreiche Personen ins Spiel. »›Hör mal‹, sagte mir Sewa eines Tages, ›ein paar Leute bekommen von mir regelmäßig Geld. Kannst Du das für mich erledigen? Ich will nicht, dass das meine russischen Leute mitkriegen und Leuten, die keine Juden sind, vertraue ich nicht.‹« Dietmar Clodo war einverstanden, schließlich erhielt er für seine Dienstleistung, wie er betont, »richtig gutes Geld«. Die Besucher in seinem Haus in der Meggy utca 19, im 3. Bezirk von Budapest, empfing er immer in seiner Bibliothek im Souterrain. Clodo behauptet auch in einer eidesstattlichen Versicherung: »Da kamen auch T. und Pintér und haben bei mir das Geld in einem Umschlag abgeholt. Das waren immer so etwa 10.000 Mark«. Wie lange gingen die Zahlungen? »Das lief noch bis 1996, dann ging es nicht mehr über mich. Das waren Leute, die für Sewa was machten. Aber wer das war, hat mich damals überhaupt nicht interessiert. Sewa sagte mir, gib ihm Geld, also gebe ich ihm Geld. Ist mir scheißegal, wer das ist. Dass es Personen waren, die Einfluss haben, war mir klar.«

Mogilevich hatte sich auf jeden Fall abgesichert. »Sewa wollte als Beweis für die Übergabe etwas in der Hand haben. Ich hatte in meiner Bibliothek hinter einem Bucheinband eine kleine Kamera versteckt.« Aber nicht nur Sándor Pintér und ein weiterer hoher Polizeibeamter sollen in den Genuss finanzieller Zuwendungen gekommen sein, sofern Clodos Vorwürfe zutreffend sind. Aber er sei bereit, sagt er im Gespräch mit mir, diese Vorwürfe bei jeder Gerichtsverhandlung unter Eid zu wiederholen. Schließlich habe sein Freund Sewa ja noch immer die Aufnahmen von den Geldübergaben auf CDs gebrannt. Ich habe Sándor Pintér zweimal eine E-Mail geschickt und darum gebeten, zu den Vorwürfen von Clodo Stellung zu nehmen. »Clodo behauptet, er habe sich mit Ihnen in den Jahren 1996 und 1997 getroffen. Ist das korrekt und wenn ja, wo fanden diese Treffen statt? Was waren die Gründe für die Treffen? Clodo behauptet, dass er Ihnen zu verschiedenen Zeiten (1995) Geld von Semion Mogilevich in seinem Haus übergeben habe. Ist das korrekt oder eine Lüge? Clodo behauptet, dass Sie ihm einen Vorschlag für gemeinsame Geschäfte gemacht haben. Können Sie etwas zu diesen Beschuldigungen sagen?« Trotz Aufforderung, zu den Vorwürfen von Dietmar Clodo Stellung zu nehmen, antwortete Innenminister Sándor Pintér nicht. Auch eine zweite Bitte um Stellungnahme blieb unbeantwortet. Dietmar Clodo hingegen belegt seine Anschuldigungen in einer mir vorliegenden eidesstattlichen Versicherung.

Spannend wird es bei einem anderen Vorwurf. Ein Empfänger von Zahlungen im Frühjahr 1994, kurz vor den Parlamentswahlen, sei ein damals noch junger und heute besonders einflussreicher ungarischer Politiker gewesen, behauptete mir gegenüber Dietmar Clodo. »Einmal brachte mir Sewas Dolmetscher einen Koffer mit etwa einer Million Mark. Das sei, sagte mir Sewa, eine Wahlkampfhilfe. Das bekam ein junger Kerl. Der wollte aber anfangs nicht in mein Haus kommen. Da habe ich ihm gesagt: ›Hör zu. Ich habe hier einen Koffer mit Scheißgeld. Und ich laufe ganz sicher nicht mit dem Koffer da rum. Also wenn Du das nicht haben willst, dann sage ich Sewa Bescheid und er soll den Koffer wieder abholen. Mir ist das egal.‹ Und dann kam er mit einem älteren Herrn zu mir und hat den Koffer geholt. Wer das war, interessierte mich damals nicht.« Später wusste er, um wen es sich handelte. In einem Interview mit der Zeitung HVG nannte er im September 2013 auch den Namen des hochrangigen Regierungspolitikers. Doch die Zeitung entschloss sich, aus juristischen Gründen, den Namen des Politikers nicht abzudrucken.[93] Die Anfrage bei dem hohen ungarischen Regierungspolitiker, was er zu den Vorwürfen von Dietmar Clodo sagt, blieb unbeantwortet. Auch eine zweite Anfrage mit letzter Fristsetzung beantworteten weder er noch das entsprechende Regierungsbüro.

Dafür erzählte mir Clodo noch eine abenteuerliche Geschichte, die er jedoch in einer eidesstattlichen Versicherung folgendermaßen schilderte: »Im Frühjahr 1998 erhielt ich in meiner Wohnung in Budapest Besuch von Sándor Pintér und seinem Mitarbeiter, ein ehemaliger Oberstleutnant der Polizei. Es war am frühen Abend. In dem Gespräch forderte Pintér, dass er sich mit 51 Prozent an meinem Unternehmen beteiligt. Ich war empört. Wie kommt er dazu, obwohl er doch weiß, dass ich mit Sewa zusammenarbeite. Dabei kam es zu einer Auseinandersetzung, in deren Verlauf ich Pintér eine Ohrfeige gab und ihn aus meiner Wohnung herauswarf. Meine Ehefrau hatte das alles mitverfolgt.«

Dietmar Clodos Aufstieg in der Budapester Halbwelt war am 3. Juni 1998 schlagartig zu Ende. Die Polizei stürmte sein Haus, um seine Handgelenke schlossen sich Handschellen, und danach saß er hinter Gittern. Bei seinen Mitbeschuldigten wurden unter anderem zehn Kilogramm Sprengstoff sowie weitere 42 Kilogramm zur Sprengstoffherstellung erforderliche Chemikalien, elektronische Zündvorrichtungen und Fernsteuerungen beschlagnahmt. Die Geschichte vom großen Schlag gegen die Mafia machte die Runde. Doch war es tatsächlich so?

Verurteilt wurde Clodo auf jeden Fall zu einer zehnjährigen Haftstrafe, und zwar wegen des Besitzes von Sprengstoff und Waffen. In den Medien nannte man ihn den »Bombenbauer«. Kronzeuge war Leonid Stecura, ein V-Mann der Polizei und Sicherheitsberater des Mafiapaten Semion Mogilevich. »Sie suchten Zünder in meiner Bibliothek, in meiner Vitrine. Man hat einen Zünder gefunden. Und Bomben? Ich brauchte keine zu bauen. Wenn ich das wollte, ich hatte Zugang zum Militärarsenal gehabt, ich hätte mir alles holen können. Warum sollte ich so blöde sein, das bei mir im Haus zu haben?« Das Gericht überzeugten seine Aussagen jedenfalls nicht, der durchaus hochkriminelle Kronzeuge war für die Richter glaubwürdiger. Für den Journalisten László Bartus war es eine Falle. Er hält deshalb Dietmar Clodo für unschuldig. »Wer war der Auftraggeber«, fragten noch Jahre später, im August 2012, sogar Journalisten der regierungsnahen ungarischen Zeitung *Heti Válasz*, »für die Bombe, die als Grund für die Festnahme von Clodo diente? Offensichtlich hat nämlich dieser Jemand im Hintergrund die Ereignisse gesteuert.«[94]

Ein Mann, der es wissen muss, ist der heute 70-jährige József Bódis. Er leitete in den neunziger Jahren eine Sonderkommission gegen organisierte Kriminalität, ermittelte den größten Privatisierungsbetrug, den Bankrott der Agrobank, und war im Jahr 1998 leitender Ermittler der Budapester Staatsanwaltschaft. Bis zum heutigen Tag ist er davon überzeugt, dass der schwere Vorwurf, Clodo sei der gefährliche Bombenbauer der Budapester Unterwelt gewesen, nicht nur haltlos war, sondern Clodo schlichtweg in eine Falle gelaufen sei. »In Wirklichkeit«, so Bódis, »stand hinter vielen Bombenattentaten und der Herstellung der Bomben ein ganz anderer Mann, nämlich Leonid Stecura«, also der Kronzeuge gegen Dietmar Clodo. »Er war nicht nur der Sicherheitschef von Semion Mogilevich, sondern hatte gleichzeitig intime Verbindungen zu dem Polizeioffizier mit Spitznamen Papa.« Der war bis 1997 ein hoher Kriminalist im ungarischen Bundeskriminalamt, der übrigens auch zu den Geldempfängern von Mogilevich gehörte, so Dietmar Clodo. Gegen »Papa« führte József Bódis im Jahr 1998 Ermittlungen wegen Korruption. Bódis lässt keinen Zweifel daran aufkommen, dass der mit der Polizeiführung so eng verknüpfte Leonid Stecura nicht nur die zahlreiche Bombenattentate organisierte, sondern auch das Lager mit Sprengstoff und Zündern angelegt hatte. Nach Angaben von Bódis hatte er mindestens 25 Mordaufträge allein in Ungarn vergeben und sei gefährlicher als der Pate Mogilevich selbst gewesen, der von den tödlichen Machenschaften seines Sicherheitschefs nichts wusste. »Ich verhörte Dietmar Clodo nach seiner Verhaftung und versuchte, die tatsächlichen Zusammenhänge und die wahren Bombenbauer offenzulegen. Aber die Gegenkräfte waren stärker als ich. Sie wollten verhindern, dass die tatsächlichen Verantwortlichen belastet werden.«

Ich halte ihm die Beschuldigungen Clodos gegen den heutigen Innenminister wie den hohen Politiker vor, der eine Million Mark von Mogilevich kassiert haben soll. »Ich habe ja die ganze Angelegenheit mituntersucht und mehrmals mit Clodo gesprochen. Er hatte damals genau diese Beschuldigungen gegen Pintér und T., im Zusammenhang mit der Geldübergabe im Auftrag von Semion Mogilevich, der Staatsanwaltschaft offiziell zu Protokoll gegeben. Dietmar Clodo nannte mir damals auch den noch heute führenden ungarischen Politiker und die Geldübergabe von einer Million Mark im Jahr 1994. Diese Aussage wurde jedoch nicht schriftlich protokolliert. Er war für mich auf jeden Fall glaubwürdig.«

József Bódis wollte deshalb nicht nur gegen István Sándor ermitteln, sondern auch gegen Pintér und T. Doch ihm wurde kurzerhand der Fall entzogen. Begründet wurde das nach seinen Worten damit, dass er den deutschen Geschäftsmann K. W. erpresst hätte, der selbst mit kriminellen Paten in Verbindung stand.[95] Die Beschuldigungen entpuppten sich später als haltlos. Bódis ging daraufhin frustriert in den Ruhestand und arbeitet seitdem als Sicherheitsberater.

K. W. lebt seit einigen Jahren in einer kleinen Stadt in Baden-Württemberg. Im Gespräch mit mir nannte er den

Vorwurf, von Bódis erpresst worden zu sein, »eine schlichte Lüge«. Der Mann, inzwischen schwer krank, blickt auf eine – man würde diplomatisch sagen – bewegte Vergangenheit zurück. In den neunziger Jahren war er nach eigenen Aussagen unter anderem mit József Prisztás befreundet, einer mächtigen Figur der ungarischen Unterwelt. K. W. behauptet auch, einen hohen Polizeichef zu kennen, den er wiederum aufgrund seiner ebenfalls langjährigen Freundschaft mit dem ungarischen Mafiaboss Szlávy Bulcsú kannte. K. W. war so etwas wie dessen Finanz- und Investmentberater. Als Gegenleistung erhielt er Schutz bei seinen Geschäften. »Mir hatte Szlávy Bulcsú gesagt, solange Freunde bei der Polizei da sind, gibt es keine Probleme. Doch dann hatte er sich mit einem hohen Polizeioffizier überworfen und mir gesagt, ›wenn ich auspacke, ist er weg‹.« Szlávy Bulcsú hingegen verschwand von einem Tag auf den anderen im Jahr 1997. Sieben Jahre später tauchte er wieder auf, als einbetonierte Leiche in einer Garage.

Anscheinend wusste noch ein weiterer ungarischer Mafiaboss etwas zu viel, und er drohte, Belastendes über die personellen Verbindungen zwischen der ungarischen Polizeiführung und der Mafia auszusagen.[96] Boross Tamás wurde am 2. Juli 1998 im 12. Bezirk von Budapest durch eine Autobombe getötet. Der Sprengstoff für die Bombe stammte aus der Asservatenkammer der Polizei.

Während seines Gefängnisaufenthaltes in Ungarn erhielt Dietmar Clodo unerwarteten Besuch von zwei Beamten des Landeskriminalamts (LKA) aus Stuttgart. Im Rahmen eines internationalen Rechtshilfeersuchens wollten sie wegen eines korrupten LKA-Beamten und dessen Verbindungen zur Cosa Nostra mit ihm reden. Anwesend waren ein Beamter des ungarischen Innenministeriums, die beiden LKA-Beamten und eine Dolmetscherin. »Als ich anfing, über meinen Fall zu reden, wurde das Gespräch abgebrochen. Die Beamten durften keine einzige Frage mehr stellen, Rechtshilfeersuchen hin, Rechtshilfeersuchen her. Über Staatsgeheimnisse wird nicht geredet, sagte der Mann vom Innenministerium. Sie mussten unverrichteter Dinge wieder nach Deutschland zurückfahren.« Die Kripobeamten aus Deutschland, die ihn damals besuchten, bestätigten die Aussagen von Clodo. Sie sagten auch, dass er durchaus glaubwürdig gewesen sei. Sogar ein ungarisches Fernsehteam konnte ihn im Jahr 1999 im Gefängnis besuchen und ihn interviewen. Aber, so schrieb der Fernsehsender Tv2 in einem »Tagebuch«: »Das Interview fand statt. Als sich jedoch herausstellte, dass Clodo Amtsträger der Korruption und anderer Straftaten bezichtigte, verbot der Gefängnisdirektor General István Bökönyi im letzten Moment die bereits erstellte Zusammenfassung für die Sendung ›Tények‹ (›Tatsachen‹). In der Sendung ›Jó estét Magyarország!‹ (›Guten Abend Ungarn!‹) konnten die Zuschauer eine abgestimmte Variante sehen. Strittige Teile wurden weggelassen. Die Produzenten der Sendung verstanden nicht, weshalb der Deutsche nicht den Namen des Innenministers aussprechen darf. Vielleicht deshalb, weil Herrn Sándor Pintér die Gerüchte über ihr Treffen peinliche Tage verursacht hätten.«[97]

Ein Staatsgeheimnis bis zum heutigen Tag ist übrigens auch der Skandal um die Ölmafia, die Anfang der neunziger Jahre ihr kriminelles Unwesen trieb, ein Netzwerk der Korruption und des organisierten Verbrechens, ein geradezu typisches postkommunistisches Handlungsmuster. Billiges Heizöl wurde Anfang der neunziger Jahre als teurer Diesel verkauft und entwickelte sich bis 1993 zum profitabelsten Geschäftszweig der ungarischen Unterwelt. Fast alle Mitglieder der politischen Parteien und der Polizeiführung waren darin verstrickt. Das sagte Zsolt Nógrádi, selbst ein Mitglied dieser Ölmafia, im Februar 2000 vor einem parlamentarischen Ausschuss aus. Er erklärte vor dem Ausschuss, dass führende Politiker, drei Parlamentsparteien, das Zollamt, die Steuerbehörde und die Polizei in die Aktivitäten der Ölmafia verstrickt waren. Die 80 000 Seiten der Sitzungsprotokolle, die Details über die Namen enthalten, wurden auf 85 Jahre zu einem streng geheimen Staatsdokument erklärt. Angeordnet hatte das die Fidesz-Partei. Als die ungarische Journalistin Irén Kármán Ende Juni 2007 krankenhausreif geprügelt wurde, erklärte der frühere Ermittlungschef in Sachen Ölmafia: »Wenn ich rede, könnte morgen mein Auto in die Luft fliegen.« Die Journalistin hatte ein Buch über diese Ölmafia veröffentlicht.

»Es gab verschiedene Beschuldigungen gegen Pintér wegen seiner Beziehungen zur organisierten Kriminalität, aber bisher keine Untersuchungen gegen ihn«, schrieb mir Ágnes Vadai, die Vizechefin der oppositionellen Demokratischen Koalition (DK). Und sie weist mich auf einen geradezu typischen Vorgang im Zusammenhang mit Innenminister Pintér hin. Im Sommer 2013 wurde die ungarische Öffentlichkeit damit überrascht, dass jener plötzlich die 20 Jahre zurückliegenden Fälle der Ölmafia und die vielen Morde zur damaligen Zeit aufklären wollte. Das forderte zwar schon am 30. November 2000 ein Parlamentsausschuss[98], doch seitdem herrschte Ruhe. Auch die Staatsanwaltschaft ermittelte unter Leitung von Sonderstaatsanwalt András Turi. Mindestens 10 000 Seiten Zeugenaussagen wurden aufgenommen, wichtige Informationen gesammelt und die Daten elektronisch aufgearbeitet. Doch niemand wurde als Verdächtiger vernommen. Der von Pintér ausgewählte Experte war András Horváth. Er war in den neunziger Jahren Vizepolizeipräsident des Regierungsbezirks Pest und Pintérs engster Vertrauter.[99] Seinen Lebenslauf verschwieg das Innenministerium seltsamerweise. Ungarische Journalisten fanden jedoch heraus, dass er bereits im Jahr 1997 Vorstandsmitglied von Preventíve Security war, das damals von Pintér nach seiner Entlassung aus dem Polizeidienst gegründete Sicherheitsunternehmen. Ab 2002 wurde er Berater von Innenminister Pintér. Von Unabhängigkeit kann also keine Rede sein.

Bis heute sind die Hintermänner der Ölmafia und die vielen Bombenanschläge Mitte der neunziger Jahre nicht wirklich aufgeklärt. Von bedeutenden Ermittlungserfolgen des Ministerialbeauftragten und Ex-Polizeigenerals András Horváth ist seit dessen Ernennung ebenfalls nichts mehr zu hören und zu lesen gewesen. In einem einzigen Fall kam es zu einer Anklage, aufgrund von Aussagen bereits verurteilter Krimineller, denen man für ihre Aussage Strafmilderung oder ihre Freilassung zusagte. Einflussreiche Quellen in Ungarn sind fest davon überzeugt, dass Innenminister Pintér seinen alten Freund András Horváth zum Ministerialbeauftragten ernannte, um belastende Dokumente endgültig verschwinden zu lassen. Doch die konkreten Beweise dafür fehlen. In diesen Zusammenhang passt eine Aussage des ehemaligen Staatssekretärs László Keller von der sozialistischen Partei in einem Gespräch mit mir: »Pintér hatte mich einmal gebeten, in sein Büro zu kommen. Er wollte von mir wissen, ob ich ihn wirklich als Mafioso bezeichnen würde. Ich antwortete ihm mit Ja.«[100] Ob der Innenminister darauf reagiert habe, frage ich Keller. »Nein«, antwortet er.

Im Jahr 2005 wurde Dietmar Clodo nach Deutschland überstellt. Wenige Monate später war er frei. Das hing zum einen mit dem undurchsichtigen Gerichtsverfahren in Ungarn gegen ihn zusammen. Bis heute ist sein Fall, wie bei der Ölmafia, ein »Staatsgeheimnis.« Das andere war ein Erlebnis, das seine Haftrichterin in Deutschland erzürnte. Den Vorgang schildert Clodo folgendermaßen: »Da machte Pintér den Fehler und lässt über das Innenministerium die Richterin anrufen und sagte ihr, sie soll mich auf keinen Fall freilassen. Die Richterin war nach dem Anruf ziemlich verärgert. Sie sei eine deutsche Richterin und niemand sagt ihr, was sie zu tun hat. ›Sie können morgen nach Hause gehen.‹ Ich war baff. Das war an einem Freitag. Am Samstag war ich frei.«

Mit Unterstützung von Semion Mogilevich, den er als seinen guten Freund bezeichnet und heute noch in großer Hochachtung von ihm spricht, führt Dietmar Clodo seitdem nicht nur ein internationales Sicherheitsunternehmen. In Lahore in Pakistan engagiert er sich für die Ausbildung sowohl muslimischer als auch christlicher Kinder, für die er sich auch finanziell einsetzt. Er besucht sie häufig und hilft, wo es ihm möglich ist. Ostern 2016 war er wieder in Lahore und erlebte selbst, dass sich in einem Park ein Selbstmordattentäter in die Luft gesprengt hatte. Es gab 70 Tote und 300 Verletzte, darunter »auch einige meiner Kinder«. Auf Fotos sieht man, wie er die schwer verletzten Kinder im Krankenhaus besucht. Und in seinem Dorf in Bayern betreut er Flüchtlingskinder aus Syrien.

Der ungarische Innenminister Pintér, dem im Zusammenhang mit der Flüchtlingsabwehr in Europa eine Schlüsselrolle zukam, verkaufte im Februar 2010 sein florierendes Sicherheitsunternehmen. Seitdem habe er persönlich keine Gewinne mehr aus den mit der Regierung abgeschlossenen Verträgen seines ehemaligen Unternehmens gezogen. Tatsächlich wurde seine Sicherheitsfirma im Februar 2010 an seine ehemaligen Geschäftspartner überschrieben, die enge Beziehungen zu Pintér und dessen Familie unterhalten.[101]

Semion Mogilevich lebt gesund und sehr abgespeckt in Moskau. Er genießt seine intimen Kontakte im Kreml, insbesondere zu Nikolai Patruschew, dem Chef des russischen Nachrichtendienstes FSB. Er weiß zudem, dass seine Investitionen im dreistelligen Millionenbereich in ungarischen Hotels und Firmen gut angelegt sind.

Und der Hüter des christlichen europäischen Abendlandes und Anwalt der Armen, Viktor Orbán? In seiner Familie soll seine Frau für die Geschäfte zuständig sein. Sein Vater und einige Geschwister kamen zu beachtlichem Wohlstand, seitdem Viktor Orbán die Staatsgeschäfte leitet. »Allein in der Zeit zwischen 1998 und 2002 stieg der Wert der Dolomit Kft, die seinem Vater gehört, von 98 Millionen im Jahr 1998 auf 660 Millionen Forint im Jahr 2002. Das Unternehmen Gánt-Ko Kft., in dem sein älterer Bruder das Sagen hat, steigerte seinen Wert von 16 Millionen Forint auf 167 Millionen Forint«.[102]»Ungarn sei in den letzten Jahren zu einer Art großem Gutshof geworden«, sagt die Budapester Journalistin Krisztina Ferenczi: »Orbán hat eine neofeudale Ordnung mit Herren und Leibeigenen errichtet. Seine armenfeindliche Politik verschleiert er dadurch, dass er nationalistische Stimmungen anheizt.«[103]

Den 66-jährigen László Keller treffe ich in einem Budapester Hotel. Er galt während seiner Amtszeit in der sozialistischen Regierung als erfahrener und nicht korrupter ungarischer Politiker. Vom Dezember 1996 bis Juli 1998 war er Staatsminister im Ministerium für Wohlfahrt und von 2002 bis 2004 Staatsminister für öffentliche Finanzen im Amt des Premierministers. Schwerpunktmäßig befasste er sich mit der Kontrolle öffentlicher Ausgaben. Der Finanzexperte versuchte damals vergeblich, die bestehenden korrupten Strukturen zu zerschlagen. Doch ihm fehlte die politische Unterstützung, wie er selbst einräumt. »Ich bin zurückgetreten, weil die Luft über mir zu dünn wurde. Wir hatten keine Chance.« Und natürlich kennt er daher bestens Viktor Orbán, sowohl als Regierungs- wie Oppositionspolitiker. »Nachdem die Orbán-Regierung 1998 an die Macht kam, wurde die Korruption zentralisiert. Orbán baute die Strukturen auf, die es ermöglichten, die staatlichen Gelder in privaten Schatullen verschwinden zu lassen. Zu den Profiteuren gehörte auch sein Vater.« Auf die Frage, ob Viktor Orbán wie die italienische Mafia agiere, antwortete er: »Das ist nicht übertrieben. Er ist der Capo, der ungarische Don Corleone.«[104]

Vor diesem Hintergrund ist es geradezu pervers, ansehen zu müssen, wie Viktor Orbán von österreichischen oder deutschen politischen Entscheidungsträgern, etwa dem bayerischen Ministerpräsidenten Horst Seehofer oder dem Ex-Ministerpräsidenten Edmund Stoiber, hofiert wird. Wer der Öffentlichkeit die ungarische Regierung als leuchtendes Beispiel für die Wertegemeinschaft Europa verkauft, zerstört die letzten europäischen Ideale, die einer liberalen und sozialen Demokratie.

## Miloš Zeman, die Flüchtlinge und seine Amigos aus Moskau

Ungarn ist mit der Republik Tschechien sowohl in politischer als auch kultureller Beziehung nicht zu vergleichen, obwohl der Mafiapate Semion Mogilevich in Prag ebenfalls einen zentralen Stützpunkt unterhielt. In Tschechien gab und gibt es eine lebendige Zivilgesellschaft, die vom Zauber der einstigen »samtenen Revolution« im November 1989 zehrt. Aber eines verbindet Ungarn mit Tschechien: Es ist die Angst vor muslimischen Flüchtlingen und die daraus entstehende Attraktivität rechtspopulistischer und rechtsextremer Bewegungen. Angefeuert werden sie in Ungarn vom Ministerpräsidenten Viktor Orbán. In Tschechien ist es der inzwischen 75-jährige Präsident Miloš Zeman. Der eine ist religiös-national konservativ und Zeman ist Sozialdemokrat.

Er argumentiert heute übrigens wie sein Vorgänger Václav Klaus, der von 2003 bis 2013 an der Spitze Tschechiens stand. Demnach, so Klaus, rollt auf Europa ein »Migrationstsunami« zu, der »unsere europäische Kultur, Zivilisation und Lebensweise durch Horden von Menschen zerstört, die von anderen Kontinenten zu uns kommen.« In der Flüchtlingsbewegung sieht er eine Verschwörung der EU-Institutionen. Die Zuwanderung diene Brüssel dazu, die Nationalstaaten aufzulösen und einen neuen europäischen Menschen der Zukunft zu schaffen. »Das wollten Diktatoren wie Hitler und Stalin in der Vergangenheit immer erreichen«, wurde Václav Klaus in den Medien zitiert. Dazu passt, dass der selbst ernannte Elder Statesman sich inzwischen als Propagandist der rechtspopulistischen AfD zu erkennen gibt. Auf einer Veranstaltung der AfD in Rheinland-Pfalz zum Wahlkampfabschluss behauptete er: »Die Menschen in Europa sind heutzutage fast so stark reguliert, manipuliert und indoktriniert, wie wir in der späteren kommunistischen Ära gewesen sind.« Auf dem Bundesparteitag der AfD am 1. Mai 2016 war er umjubelter Redner. »Jubel kam außerdem während der Rede des ehemaligen tschechischen Präsidenten Václav Klaus auf. Er sprach (auf Deutsch) von den ›Sitten und Gebräuchen‹, die es, ›von unseren Eltern überliefert‹, zu bewahren gelte (auch die der 68er?) gegen die ›fatale Bedrohung bürgerlicher Freiheit‹ durch ›Entdemokratisierung‹, Europäisierung und Souveränitätsverzicht. Er hätte auch die Globalisierung noch nennen können.«[105]

Und weil alles irgendwie so harmonisch zusammenpasst, gilt er als ein besonderer Freund von Wladimir Putin. Im Jahr 2007 erhielt er daher die Puschkin-Medaille für seine Verdienste um die russische Kultur, schreibt die kundige Journalistin Alexandra Mostýn aus Prag.[106] Sie zitiert die tschechische investigative Journalistin Sabina Slonková, »die sich auf pro-russische Seilschaften in der Tschechischen Republik spezialisiert hat. ›Claus war lange Jahre einer der wichtigen Staatsmänner eines demokratischen Staates und seine Erklärungen werden von Putins Propaganda innerhalb Russlands genutzt.‹«

Wie bereits Václav Klaus scheute sich sein Nachfolger Miloš Zeman im Verlauf seiner Karriere nicht, die Unterstützung des Kremls in Anspruch zu nehmen, wenn es um die Festigung der politischen Macht ging. »Im Prager Rundfunk kommentierte ein Publizist die Wahl mit den Worten: ›Es ist eine Katastrophe für die politische Kultur Tschechiens. Das Ergebnis stärkt die Kommunisten, fördert die Selbstzerfleischung der Regierung und bestärkt jene Grauzonen der Wirtschaft, die bereits Anfang der neunziger Jahre unter einem Regierungschef Klaus viel Schaden angerichtet haben.‹«[107] Damals, im Jahr 1997, musste Klaus unter starkem Druck von Präsident Václav Havel als Regierungschef zurücktreten, nachdem er die Zweifel nicht ausräumen konnte, er habe jahrelang die Identität eines Parteispenders gedeckt, der unter falschen Angaben Millionen in die Parteikasse eingezahlt hatte.

Daher ein kurzer Rückblick, der zeigt, wie sich die tschechische Politik in Gestalt von Präsidenten veränderte – hin zu dem heute zu beobachtenden extremen Nationalismus und zur folgenden Stellungnahme des UN-Hochkommissars für Menschenrechte Said al-Hussein. Der spricht von systematischen Menschenrechtsverletzungen als offenbar integralem Bestandteil der tschechischen Politik. Deren Ziel sei es, Menschen davon abzuhalten, in das Land einzureisen.

## Wie sich Bürgerrechtler verändern können

Am 24. November 1989 stand Miloš Zeman zusammen mit dem Dramatiker und Bürgerrechtler Václav Havel auf dem Prager Wenzelsplatz. Zusammen mit Alexander Dubcek, der Symbolfigur der Reformbewegung des »Prager Frühlings« von 1968, forderten sie den Rücktritt der kommunistischen Führung und geißelten das kommunistische Regime. Vorausgegangen war am 17. November 1989 eine Studentenkundgebung, die zur größten Demonstration für Demokratie und Freiheit in der Tschechoslowakei seit 20 Jahren wurde und der Beginn der »samtenen Revolution« war. Sie wurde von der Polizei brutal niedergeknüppelt. Doch die »samtene Revolution« war nicht mehr aufzuhalten, der Freiheitswille der Menschen zu groß, zumal die Sowjetunion zusammengebrochen war. Der 17. November 1989 war ein historischer Wendepunkt. »Die tschechischen und die slowakischen Historiker gehen davon aus, dass mit dem 17. November – dem Beginn der samtenen Revolution, wie auch den dadurch ausgelösten Regime- und Systemwechsel – die einundvierzigjährige Periode der totalitären Herrschaft der Kommunistischen Partei der Tschechoslowakei zu Ende ging.«[108]

Am 24. November 1989 trat der Generalsekretär der Kommunistischen Partei zurück. Einen Monat später wurde Alexander Dubcek zum Parlamentspräsidenten gewählt und kurz darauf Václav Havel zum Präsidenten der Tschechoslowakei. Drei Jahre später, am 1. Januar 1993, gingen aus der bisherigen Tschechoslowakei die Tschechische und die Slowakische Republik hervor. Chronisten beschreiben Václav Havel als einen kritischen und unbequemen Präsidenten, als einen Idealisten, der sein Land in Richtung Europa führte, aber Europa und den Westen nicht idealisierte. »Die eine globale Zivilisation, die heute die ganze Welt einhüllt, die sie zu den gleichen Produkten zwingt, zu den gleichen Gewohnheiten, zu den gleichen Verhaltensmustern und Kommunikationsformen – dies alles bringt uns zwar näher zusammen, provoziert aber zugleich Gegenreaktionen in Form von wachsendem Nationalismus, Fundamentalismus oder Fanatismus – ethnisch, religiös, sozial oder ideologisch.«[109]

Anfang 2003 endete Václav Havels Amtszeit. Der Politik blieb er trotzdem verbunden. Im Oktober 2009 warnte er vor dem Aufstieg autoritärer Regierungen in Osteuropa. Es gibt

»Tendenzen zu einer neuen Form autoritärer Regierungen, die sehr raffiniert sind«. Formal laufe alles demokratisch ab, mit Parlament, Wahlen und Parteien. »Aber es herrschen auch Seilschaften, in denen sich Nachrichtendienste, Oligarchen und die Polizei miteinander verbinden.«[110] Damals wurde er heftig für seine Aussage kritisiert. Heute, nicht einmal sieben Jahre später, ist genau das, was er befürchtet hatte, in Europa eingetreten. Auch in seinem eigenen Land. Und sein Nachfolger Václav Klaus war daran nicht unschuldig. Der war bis 1997 Ministerpräsident – und damals schon der politische Gegner von Václav Havel –, musste aber nach einer Parteispendenaffäre zurücktreten. Sechs Jahre später wurde er jedoch, mithilfe der Kommunistischen Partei, Nachfolger von Václav Havel.

Eine weitaus wichtigere Rolle in diesem politischen Drama spielt jedoch zweifellos der heutige Sozialdemokrat und Staatspräsident Miloš Zeman. Er ist seit März 2013 im Amt. Selbst der inzwischen verstorbene Václav Havel hätte sich diesen radikalen Wandel, den schon sein Nachfolger Klaus umsetzte und Zeman jetzt verstärkte, niemals vorstellen können.

Das demonstriert ein Ereignis im November 2015. Da entschloss sich Miloš Zeman, den Jahrestag der »samtenen Revolution« damit zu verbringen, rechtspopulistische Kräfte des »Blocks gegen den Islam« bei einer Kundgebung in Prag zu unterstützen. Der Ort der Kundgebung wurde von einem massiven Polizeiaufgebot abgeriegelt, um den Präsidenten vor protestierenden Bürgern zu schützen. Sie hatten ihn bereits ein Jahr zuvor, bei der damaligen Feierlichkeit zum Jahrestag der Revolution, mit Eiern beworfen. Ihnen antwortete er: »Ich habe keine Angst vor euch, genauso wie ich vor 25 Jahren keine Angst hatte«, und bezog sich dabei auf sein Auftreten auf dem Prager Wenzelsplatz, zusammen mit Václav Havel. Er erinnerte sich vielleicht an die Feiern zum zehnten Jahrestag im

Jahr 1999. Da gingen mehr als 80 000 Bürger auf den Prager Wenzelsplatz. Ihr Motto: »Wir danken, tretet ab« und verlangten den Rücktritt des damaligen Ministerpräsidenten Miloš Zeman. Nur ausgesuchte Gäste durften diesmal in die Nähe des Podiums: seine Fans und die Mitglieder des »Blocks gegen den Islam«. Auf dem Podium prangte die Losung »Lang lebe Zeman«. Davor stand der Präsident mit Martin Konvička, dem Führer des »Blocks gegen den Islam«. »In seiner Rede setzte Zeman Flüchtlinge mit Terroristen gleich und erklärte all diejenigen, die nicht mit ihm konform gingen, zu einer ›brüllenden Herde‹. Mit im Publikum saßen auch Mitglieder der Führungsriege von Pegida.«[111] Heute wird Miloš Zeman nicht müde, bei jeder Gelegenheit vor einer Islamisierung Tschechiens zu warnen. Und das bei einem Bevölkerungsanteil der Muslime in Tschechien von 0,2 Prozent.

Ein entlarvendes Interview gewährte Zeman am 15. Januar 2016 einem Journalisten der Onlineausgabe der Zeitung *Blesk*. Da antwortet er dem Journalisten unter anderem: »Warum gibt es so einen hohen Anteil junger Männer unter den Flüchtlingen? Wenn sie für ihr Land kämpfen wollen, dann sollten sie zu Haus bleiben und kämpfen. Wenn sie Familien haben, so ist es völlig absurd, dass sie ihre Familien in einem Land mitten im Kriegsgebiet zurücklassen und selbst die Flucht ergriffen haben. Das zeugt nicht von Mut.«

Dann fragt der Journalist: »Bei einem Treffen mit Angestellten eines Fleischereibetriebes im Kreis Zlín sagten Sie, dass es hierzulande in Tschechien die Scharia geben wird? Man wirft Ihnen vor, Angst und Radikalismus zu verbreiten. Tun Sie das zielgerichtet?«

Die Antwort des Präsidenten: »Herr Redakteur, alles was ein Mensch tut, tut er zu einem bestimmten Zweck. Der Zweck ist, seine eigene Meinung zu sagen. Zuerst muss ich Sie jedoch korrigieren – es ging nicht um die Einführung des Scharia-

Rechts für die tschechischen Bürger, auf solche Ideen kommt nicht mal ein Irrer. So habe ich es nicht gemeint.«

Darauf wirft der Journalist ein, dass er es nicht so gemeint, aber genauso gesagt hat.

»Auf jeden Fall ging es darum, dass manche islamische Gemeinden in Westeuropa Forderungen stellen, das Scharia-Recht einzuführen und fordern die Höherrangigkeit der Scharia gegenüber staatlichem Recht und der Verfassung. Dass dieses Recht Steinigung von untreuen Ehefrauen, Hand abhacken bei Dieben und ähnliche drakonische Strafen umfasst, ist auch allgemein erkannt. Ob ich es in einem Fleischereibetrieb oder in Wasserwerken behaupte, ich werde gerne das Gleiche sagen.«

Und später fügt er hinzu, dass die Flüchtlinge doch nur nach Europa fliehen, »um von dem Sozialsystem zu profitieren und nicht, um zu arbeiten.«[112]

Auffällig ist, dass er Argumente benutzt, die zwar nicht durch Fakten zu erhärten, die jedoch anscheinend bei den Rechtspopulisten und Rechtsradikalen in Europa überall zu finden sind. Entweder schreibt der tschechische Präsident irgendwo ab, oder er hat nur ein Ziel – bestehende Ressentiments zu bedienen, um durch solche Äußerungen Zustimmung zu erheischen.

Am 12. Februar 2016 war er Gast bei den slowakischen Sozialdemokraten in Bratislava. An seiner Seite saß der slowakische Premierminister Robert Fico, der ihm immer wieder zustimmend nickend zuhörte. »Wir haben es den Rechtsextremisten erlaubt, Themen zu stehlen, die historisch den Sozialdemokratischen gehören. Und das ist das Thema: die Sicherung der Grenzen und die Verteidigung der europäischen Werte. Es geht um die islamische Integration. Political correctness, meine Freunde, ist ein Synonym der Lüge, und zwar für die unausgesprochene Wahrheit, dass eine islamische Migration nicht zu integrieren ist. Sie ist nicht fähig, sich in der europäischen Kultur zu assimilieren und führt dann dazu, dass im Islam Frauen geschlagen werden dürfen.«[113]

In seiner Weihnachtsansprache 2015 hatte Zeman zuvor von der Flüchtlingsbewegung als einer »organisierten Invasion der Muslimbrüder« gewarnt. Er meinte, den genauen Ursprung der Flüchtlingswelle zu kennen – Ägypten. »Ich glaube, die Invasion wird von der Muslimbruderschaft organisiert – mit finanziellen Mitteln aus einer Reihe von Staaten.« Die Information über die ägyptischen Muslimbrüder habe er aus zwei Quellen: »Muslime und führende arabische Politiker«. Zeman fügte hinzu, dass die Muslimbruderschaft keinen »Krieg gegen Europa« beginnen werde. Dazu sei sie zu schwach. Sie könne aber »eine zunehmende Migrationswelle vorbereiten und schrittweise Europa kontrollieren«. Ähnlich argumentierte in einem Interview Weihnachten 2015 der Prager Kardinal Dominik Duka: »Mitgefühl und Emotion ohne vernünftiges Verhalten führen in die Hölle.«[114]

Wer jedoch ist Miloš Zeman, der gegen Flüchtlinge genauso wie gegen Muslime hetzt?

Vor einem Vierteljahrhundert demonstrierte er für die Befreiung der Tschechoslowakei von der kommunistischen Herrschaft und zählte zu einem der heftigsten Kritiker der UdSSR. Von 1998 bis 2002 war er bereits Ministerpräsident für die Sozialdemokraten (ČSSD) und kein Freund von Václav Havel. Es ist die Zeit, in der nicht nur die Korruption blühte. Im April 2000 wurden die Bürger in Tschechien befragt, welchen Einfluss die Mafia in ihrem Land hat. Mehr als die Hälfte waren der Meinung, dass verschiedene Mafia-Organisationen Einfluss auf das Leben der tschechischen Gesellschaft nehmen und die Demokratie bedrohen. 70 Prozent behaupteten darüber hinaus, dass die Mafia schon bis in die höchsten politischen Kreise vorgedrungen sei. Vorausgegangen war eine

Rede ihres Staatspräsidenten Václav Havel. Er beschuldigte Zeman und Klaus, zur Herausbildung beziehungsweise zum Schutz eines »Mafia-Kapitalismus in der Tschechischen Republik beizutragen.«[115]

2003 wollte Miloš Zeman Präsident werden, verlor jedoch gegen Václav Klaus. Daraufhin zog er sich, glauben politische Beobachter zu wissen, enttäuscht von der Niederlage, für sieben Jahre in ein Schloss aus dem 16. Jahrhundert zurück. Als 2013 endlich sein Wunsch in Erfüllung ging und er zum Präsidenten gewählt wurde, zeigen viele Bilder, wie er taumelnd durch die Gegend läuft und anscheinend immer noch stark dem Alkohol zugetan ist. Das brachte ihm den Spitznamen »Mister drei Prozent« ein.

Zwischenzeitlich boomte das legale und im Besonderen das kriminelle Business. Bestes Beispiel dafür ist Karlovy Vary (Karlsbad), das einstige Lieblingsbad von Johann Wolfgang von Goethe. Zwölf Mal weilte er hier, der heilsamen Quellen wegen und um geologische Exkursionen in die Umgebung zu machen. Zarin Katharina die Große errichtete im 18. Jahrhundert eine prächtige russisch-orthodoxe Kirche. Heute ist Karlsbad so etwas wie der westliche Vorposten für diverse Aktivitäten von Millionären und Mafiosi aus den GUS-Staaten. Zahllose Hotels, Kasinos, Luxusgeschäfte, Boutiquen, Restaurants, Cafés, Bars und Disko-Klubs werden von dubiosen russischen Investoren kontrolliert. Eines der luxuriösesten Hotels, das Hotel Imperial, gehört dem Unternehmer Alexander Rebjonok. In den siebziger Jahren kam er nach Westböhmen und übernahm eine führende Funktion in den dortigen Uranminen, die auch als Straflager für politische Häftlinge genutzt wurden. Er ist bis heute ein Vertrauter des Ex-Präsidenten Václav Klaus, mit dem er sich öfter in Karlsbad trifft. Nachdem die USA Sanktionen gegen zahlreiche russische Oligarchen beschlossen haben, ist es in Karlsbad inzwischen etwas ruhiger geworden, und einige Hoteliers klagen bereits über erheblichen Rückgang der ansonsten so spendablen russischen Gäste.

Auch die Prager Altstadt erlebte, was die Bausubstanz anbelangt, einen gewaltigen Aufschwung. Mit den Milliardeninvestitionen aus kriminell erwirtschafteten Geldern verwandelte sie sich von einem grauen, zerbröckelnden in einen lebendigen Stadtteil. Aber nicht nur Prag selbst. Gerade die russische organisierte Kriminalität ist an strategischen Industriebetrieben wie jenen der Petrochemie und der Energie beteiligt. Polizeiinformationen zufolge sind sowohl im nationalen als auch im regionalen Bereich Infiltrationen durch die russische organisierte Kriminalität festzustellen. Anscheinend scheint es dieser gelungen zu sein, »zahlreiche Politiker« zu kaufen. Nach Recherchen von Journalisten des serbischen »Crime and Corruption Reporting Network« (KRIK) haben sich in Prag außerdem mächtige Gruppen der organisierten Kriminalität aus dem Balkan festgesetzt, die ihr Geld durch Drogenhandel, Auftragsmorde und Zigarettenschmuggel erwirtschaften. Einige dieser Firmen sind im Glücksspiel aktiv und unterhalten Spielkasinos.[116] Dazu gehört auch ein bekannter Hamburger Familienclan. Er besitzt Kasinos, Nachtklubs und Spielhallen in ganz Europa. Sein Vermögen wird auf 400 Millionen Euro geschätzt.[117]

Von anderem Kaliber ist hingegen Zdeněk Zbytek. Er war einer von Miloš Zemans Freunden, die ihm in seiner Zeit der Einsamkeit beistanden. Nach dem Zusammenbruch des kommunistischen Systems Ende 1989 war es mit der Karriere des an der Militärakademie der UdSSR ausgebildeten Kommandanten einer Panzerdivision zu Ende. Er soll zuvor der damaligen kommunistischen Regierung während der »samtenen Revolution« seine Dienste zur Niederschlagung des Aufstandes angeboten haben. Dem widerspricht er jedoch. »Ich habe mit dem Kommandeur der 1. Panzerbrigade gesprochen und den Befehl gegeben, in den Kasernen zu bleiben«, erklärte er halbalkoholisiert im Jahr 2015 der ukrainischen Journalistin Olga Malchevska in einem Fernsehinterview.[118] Nach der Unabhängigkeit der Tschechoslowakei war er im Russlandgeschäft tätig und übernahm später die Leitung des Russischen Klubs in Prag. Luboš Dobrovský, der ehemalige tschechische Verteidigungsminister und Botschafter in Moskau, sagt über ihn: »Zbytek macht jetzt Geschäfte mit Russland.«[119]

Heute sagt Zbytek, ein finanzieller Förderer des Präsidentenwahlkampfes von Zeman: »Ich bin stolz, sein Freund zu sein. Und ich bin stolz darauf, auch ein guter Freund von Wladimir Jakunin zu sein. Und beide, Zeman und Jakunin, sind in meinen Augen gute Freunde.«

Miloš Zeman war auch Gast des Rhodos-Forums, auch »Internationales Forum Dialog der Zivilisationen« genannt. Das ist eine Wiener Nichtregierungsorganisation mit starken russischen Wurzeln. Präsident und Gründer des »Internationalen Forums Dialog der Zivilisationen« ist Wladimir Jakunin. Am 1. Juli 2016 wurde der Sitz des »Dialogs der Zivilisationen« nach Berlin verlegt. Von hier aus soll von nun an ein Netzwerk weiterer russischer Denkfabriken entstehen, mit dem Ziel, die russische Sicht auf die Welt zu verkünden. Anwesend bei der Eröffnungsfeier war der ehemalige Brandenburger Ministerpräsident Matthias Platzeck. Auf einem Foto sieht man, wie er Wladimir Jakunin herzlich umarmt. Die Bundestagsabgeordnete Marieluise Beck (Grüne) hingegen äußert starke Vorbehalte gegen diese russische Denkfabrik. »Wer von unterschiedlichen Zivilisationen spricht, drückt damit aus, dass er die Universalität der Menschenrechte und auch die in der Europäischen Menschenrechtskonvention gemeinsam formulierten Grundlagen infrage stellt. Das passt zu den Fantasien einer Eurasischen Union, die mit westlichen Werten nichts mehr zu tun haben möchte.«[120]

Besucher des Rhodos-Forums sind hochkarätige Unternehmer und Politiker, besser gesagt Ex-Politiker. Dem 13. Rhodos-Forum gaben Václav Klaus, der Ex-Präsident der Tschechischen Republik, und Alfred Gusenbauer, der Ex-Bundeskanzler aus Österreich, die Ehre der Anwesenheit. Gusenbauer ist zugleich seit 2009 Co-Vorsitzender des »World Public Forum Dialog of Civilizations«. Jakunin formulierte interessante Sätze wie: »In einer konsumorientierten Welt wird Menschen beigebracht, sich nur um die Erfüllung der eigenen Bedürfnisse zu kümmern. Dies geschieht auf Kosten der kulturellen Werte, die verschiedene Zivilisationen ausmachen. Wenn wir nicht versuchen, dies in den Griff zu bekommen, werden die Grundsätze und moralischen Standards der Gesellschaft verloren gehen.«[121] Sein Jahresgehalt betrug während seiner Zeit als Chef der Russischen Eisenbahnen, laut *Forbes*-Liste der Reichsten weltweit, im Jahr 2014 insgesamt 15 Millionen US-Dollar.

Zemans Nähe zum Kreml wurde während des 10. Rhodos-Forums im September 2014 auf der griechischen Insel Rhodos deutlich. Mit dabei war ein hoher Gast aus Deutschland, Matthias Platzeck. In seiner Rede kritisierte Miloš Zeman die westlichen Sanktionen gegen Russland, sprach davon, dass Russland ein Recht auf die Krim habe, und behauptete, dass es in der Ukraine schlichtweg um nichts anderes als um einen »normalen Bürgerkrieg« gehe, wie seinerzeit in Spanien. Deshalb seien die westlichen Sanktionen gegen Moskau ungerecht und zudem schädlich für alle Seiten. Wegen solcher Aussagen wurde er in Moskau gefeiert, weil »er solche Ansichten im russischen Staatsfernsehen auch noch auf Russisch zum Besten gab.«[122] Das alles war wohl Grund genug, ihn mit dem internationalen Preis »Dialog der Zivilisationen« zu würdigen. Alfred Gusenbauer wurde übrigens kurz vor seinem Rücktritt im Herbst 2008 ebenfalls mit diesem Preis ausgezeichnet. Seine Verbundenheit zu dem einstigen Gegner zeigte sich später erneut, genau gesagt am 9. Mai 2015. Er nahm zwar nicht an der Siegesparade teil, sondern traf sich mit dem slowakischen Ministerpräsidenten Robert Fico. Am Abend war es dann so weit. Wladimir Putin empfing den hohen Gast aus Prag.

Dabei steht die Bevölkerung in Tschechien dem Kreml sehr skeptisch gegenüber. Aus einer im Mai 2015 veröffentlichten Umfrage geht hervor, dass 63 Prozent die Beschwichtigungspolitik ihres Präsidenten gegenüber Putin ablehnen. »68 Prozent fürchten die Umtriebe des russischen Geheimdienstes in ihrem Land und 61 Prozent einen Angriff Russlands auf die baltischen Republiken. 54 Prozent halten Russland für nicht besser als die frühere Sowjetunion, und 71 Prozent geben Putin die schlechteste Note unter neun Staatsmännern der Gegenwart und der Vergangenheit. Nur Stalin schnitt in der Umfrage mit 77 Prozent noch schlechter ab.«[123]

Nun kommt bei Miloš Zeman neben dem Ideellen auch das Business ins Spiel. In der Vergangenheit fanden, das ermittelten Journalisten, regelmäßige Treffen von Zeman mit eben diesem Wladimir Jakunin statt. Bei einem dieser Treffen unterzeichnete die Russische Eisenbahn sogar einen Kontrakt über 60 Millionen Dollar mit dem tschechischen Unternehmen PSG-International získaly, und zwar acht Monate, nachdem die USA und die Europäer gemeinsam Sanktionen gegen Russland verhängten. Sie wurden übrigens auch gegen Jakunin verhängt. Mit dabei in Rhodos war Martin Nejedlý, der Chef von Lukoil Aviation Czech, ein Tochterunternehmen von Lukoil Moskau. Der professionelle Volleyballspieler Martin Nejedlý begann seine Karriere im Autohandel mit Russland und baute dabei seine engen Beziehungen zu Mitarbeitern von Lukoil auf. Nach Aussage von Luboš Dobrovský, des tschechoslowakischen Ex-Verteidigungsministers von 1990 bis 1992, wurde Martin Nejedlý Berater des Präsidenten Zeman und einer der wichtigsten Financiers des Präsidentschaftswahl-kampfes von Miloš Zeman.

Der tschechische Schriftsteller Jaroslav Rudiš beurteilt die Politik der Abschottung und Fremdenangst in Osteuropa fol-gendermaßen: »Wir erleben allerdings eine starke Rückwen-dung zum Nationalismus. Wenn Sie Miloš Zeman meinen: Der lebt in der Welt der Prager Burg, angeblich die größte Burganlage Europas, und sie macht ihre Insassen verrückt. Václav Havel ist dort einsam geworden, seinem Nachfolger Václav Klaus konnte man beim Verrücktwerden zusehen. Und jetzt sitzt dort Zeman, einst ein EU-Föderalist, heute pro-rus-sisch. Für mich ist er eine komische und traurige Gestalt. Karl Kraus, der ja in Jičín geboren wurde, oder Jaroslav Hašek wür-den tolle Geschichten über ihn schreiben.«[124] Tatsächlich geht es um eine brandgefährliche Entwicklung in Osteuropa mit verhängnisvollen Konsequenzen für die demokratische Kultur in Westeuropa. Es geht darum, ob das liberale demokratische System durch ein nationalistisch-autoritäres System ersetzt wird, in dem Bürgerrechte und soziale Gerechtigkeit ausgehe-belt werden.

## Robert Fico und das Land, in dem die Korruption zur politischen Alltagskultur gehört

Während es in Tschechien Präsident Miloš Zeman ist, der ge-gen Flüchtlinge hetzt, ganz im Gegensatz zur sozialdemokrati-schen Regierung, sind es in der Slowakei die Regierung und die Opposition, die die Flüchtlingsfrage populistisch aufladen. Das ist deshalb grotesk, weil die Slowakei von der Flüchtlings-route nicht betroffen ist und im Jahr 2015 gerade einmal 15 Flüchtlinge überhaupt Asyl erhielten. Dennoch spricht der

amtierende »sozialdemokratische« Regierungschef Robert
Fico im Brustton der Überzeugung davon, dass die Slowakei
mit seinen fünfeinhalb Millionen Einwohnern kurz vor einer
Besetzung durch Islamisten stehe, er deshalb die Slowakei ver-
teidigen müsse. Wortgewaltig kündigte er als Reaktion auf die
Terroranschläge in Paris an, jeden Muslim innerhalb seines
Landes überwachen zu wollen.[125] Medien und die islamische
Gemeinschaft der Slowakei warfen ihm daraufhin vor, Islamo-
phobie zu schüren und Muslime zu diskriminieren.

Dabei hat er vergleichsweise harmlos das formuliert, was
beim Nachbarn Österreich der FPÖ-Vorsitzende H. C. Strache
auf die Spitze trieb. Er forderte als Konsequenz aus der An-
schlagsserie von Paris nicht nur ein härteres Vorgehen gegen
radikale Islamisten und Dschihadisten. Für sie solle außerdem
eine gemeinsame europäische Haftanstalt errichtet werden.
Als Ort könne sich der FPÖ-Chef die italienische Insel Lampe-
dusa oder eine griechische Insel vorstellen. »Straches Vorstellung nach solle der Standort der ›Haftanstaltsinsel‹ ein außer-
staatliches Territorium sein, verwaltet von der Europäischen
Union oder ›vielleicht sogar mit Selbstverwaltung‹.«[126]

Nach den sexuellen Übergriffen zu Silvester 2016 in Köln
forderte Robert Fico die Einberufung eines Sondergipfels der
EU. Heftige Kritik übte damals Aydan Özoğuz (SPD): »Ich bin
entsetzt, dass ein EU-Mitgliedsstaat die Übergriffe in Köln
dazu nutzt, pauschal gegen eine Religionsgemeinschaft zu het-
zen. Die Regierung der Slowakei macht nichts anderes als die
rechten Populisten in unserem Land.«

In krassem Gegensatz zu solchen Aussagen steht, dass
kaum Proteste von Robert Fico zu vernehmen sind, wenn es
um den Neofaschisten Marian Kotleba geht. Der Führer der
rechtsextremen Volkspartei »Unsere Slowakei« wurde 2013
zum Gouverneur der Provinz Banská Bystrica mit knapp
660 000 Einwohnern gewählt. Bekannt wurde er unter ande-

rem dadurch, dass er sich ein Hakenkreuz auf die Brust tätowieren ließ. Im Parlament ist seine Neonazi-Partei mit 14 Abgeordneten vertreten und hetzt gegen Roma und Flüchtlinge.

Robert Fico, 1964 geboren, ist Jurist und trat 1987 in der damaligen ČSSR der Kommunistischen Partei bei. Heute ist er Vorsitzender der Partei Smer (Richtung), die sich als eine sozialdemokratische Partei versteht. »Aber der Name täuscht: Obwohl der Ministerpräsident und unangefochtene Parteichef Robert Fico gerne von sozialen Sicherheiten spricht, verhält er sich nicht wie ein Sozialdemokrat. Fico pflegt enge Beziehungen zu Oligarchen, denen der Staat anbietet, sich zu bereichern. Und er kokettiert mit dem Nationalismus. Während der Flüchtlingskrise hat sich diese Haltung erneut bestätigt.«[127]

Nun gehört der slowakische Regierungschef der europäischen Sozialdemokratie an. Und Kritik gegen seine Politik in der Slowakei, die für Sozialdemokraten wahrlich Anlass genug wäre, war von der SPD in der Vergangenheit nicht zu vernehmen. Im Gegenteil. Im Jahr 2013 wurde Fico im thüringischen Gotha mit dem Wilhelm-Bock-Preis ausgezeichnet. Namensgeber ist der deutsche Sozialdemokrat Wilhelm Bock aus Gotha. Die Laudatio hielt Ex-Bundeskanzler Gerhard Schröder. Er erinnerte daran, dass Fico 1999 eine sozialdemokratische Partei gegründet hat, mit der es ihm gelungen sei, die zersplitterten linken Gruppierungen in der Slowakei in einer Partei zu sammeln und damit die Grundlage für eine stabile Entwicklung der Sozialdemokratie und deren Regierungsfähigkeit in seinem Land geschaffen zu haben. »Aus Gesprächen mit ihm kann man viele neue Ideen mitnehmen, weiß der ehemalige deutsche Bundeskanzler aus vielen Begegnungen mit dem slowakischen Freund. Auf sein Wort sei Verlass. Besonders aber imponiere ihm die klare und verständliche Sprache Robert Ficos in der Kommunikation mit den Wählern, so Schröder.«[128]

So gesehen verwundert es auch hier wieder nicht, dass Robert Fico die Politik von Wladimir Putin verteidigt, genauso wie Ex-Bundeskanzler Schröder. Und noch etwas verbindet beide. Was bei Gerhard Schröder die Agenda 2010 war, mit den tiefen sozialen Einschnitten, ist bei Robert Fico die rigide Sparpolitik zulasten der arbeitenden Bevölkerung. Deshalb fehlt es an finanziellen Mitteln für die Schulen, die Universitäten oder die Gesundheitsversorgung. Junge Lehrer verdienen höchstens 600 Euro und müssen Zweitjobs annehmen, um sich und ihre Familien überhaupt ernähren zu können.

Repräsentant dieser neoliberalen Politik ist jedoch noch ein anderer slowakischer Politiker, Richard Sulík, Europa-Abgeordneter, Unternehmer und Vorsitzender der rechtsliberalen Partei Freiheit und Solidarität (SaS), vergleichbar mit der AfD in Deutschland. In Bratislava ist er im Parlament inzwischen Oppositionsführer.

Er verbindet die Idee der absolut freien Marktwirtschaft mit dem Rechtspopulismus – und steht damit geradezu typisch für alle europäischen rechtspopulistischen Parteien, die sich für die »kleinen Leute« einsetzen. Für sie bedeutet das eine von sozialen Verpflichtungen befreite Marktwirtschaft und damit die Zementierung des sozialen und wirtschaftlichen Elends der »kleinen Leute«. Der marktradikale Neoliberale Richard Sulík erhielt im Jahr 2012 die Hayek-Medaille für seinen konzeptionell-politischen Widerstand gegen den Euro-Rettungsschirm. Verliehen wird sie von der Friedrich-August-von-Hayek-Gesellschaft. Sie spielt eine führende Rolle bei der ideologischen Ausrichtung und Koordinierung einer Vielzahl neoliberaler Denkfabriken und Netzwerke. »Partner der Hayek-Gesellschaft ist das Atlas Network. Dieses Netzwerk gründet, fördert und koordiniert weltweit neoliberale und libertäre Organisationen. Zu den Sponsoren gehören ExxonMobile, Philip

Morris und die Stiftungen der US-Milliardäre Charles G. Koch und David H. Koch.«[129]

Enge Beziehungen gibt es sowohl zur AfD wie zur FPÖ. »Die selbst ernannte ›soziale Heimatpartei‹ und Nummer eins bei den Arbeitern stützt sich auf eine Expertin, die das Gedankengut des Vorzeige-Liberalen Hayeks propagiert. Das wirkt auf den ersten Blick, als ließen sich die Grünen von einem Atom-Experten vertreten. Hayek steht als wichtigster Vertreter der österreichischen Schule für Nationalökonomie für alles, wofür klassische Arbeiterparteien nicht stehen: möglichst große Freiheit des Kapitals und möglichst kleiner Staat.«[130] Übrigens ist auch der ehemalige tschechische Präsident Václav Klaus sowohl glühender Anhänger als auch Gast bei der Friedrich-August-von-Hayek-Gesellschaft. Im deutschen wie im österreichischen Fernsehen präsentierte sich Richard Sulík bei Flüchtlingsfragen, wie zuvor bei der Euro-Krise, als rüder populistischer Scharfmacher. Im Zusammenhang mit der Schuldenkrise in Griechenland plädierte er verbissen dafür, alle Hilfszahlungen der EU nach Griechenland zu stoppen. Im Zusammenhang mit der Flüchtlingsfrage sieht er sein Heil in der Null-Obergrenze und bedient dabei die gängigen Vorurteile gegen die in Europa schutzsuchenden Muslime. Was daran liegt, dass für ihn Europa keine Wertegemeinschaft ist, sondern eine Vertragsgemeinschaft. »Für Werte und Menschlichkeit sei da in seinen Augen kein Platz.«[131]

In Deutschland würde ihn kaum jemand kennen, würde er nicht immer wieder Gast bei Talkshows sein. Selbst die *Bild-Zeitung* fragte: »Warum ist der Merkel-Hasser so oft im TV?«[132] Das dürfte wohl daran liegen, dass er gut Deutsch spricht und Talkshows irgendeinen politischen Provokateur benötigen. Bei Richard Sulík passt beides. Wobei die Zuschauer zur Einordnung des Eiferers aus der Slowakei schon das Recht hätten zu erfahren, wo er eigentlich politisch steht. Zum

Beispiel, dass er bei der AfD als Vortragender zu finden war, wie im September 2013. Oder am 24. Oktober 2015 Referent bei der »4. Konferenz für Souveränität 2015 – Freiheit für Deutschland« in Berlin des rechten Verschwörungsmagazins *Compact* war. Mitveranstalter war das Kreml-treue russische Institut für Demokratie und Zusammenarbeit. Am 13. Februar 2016 wurde er als Stargast, zusammen mit dem FPÖ-Führer Heinz-Christian Strache, bei einer Veranstaltung der AfD angekündigt. Kurzfristig, aus welchen Motiven auch immer, kam er nicht zu der Veranstaltung.

Glaubt man seiner Argumentation, ging es ihm immer nur um das Geld, das die slowakischen Steuerzahler zahlen müssen – sowohl für Griechenland als auch für die Flüchtlinge. Das ist deshalb bemerkenswert, weil die Korruption in der Slowakei Milliarden Euro Schaden hervorruft, ohne dass es entscheidende Maßnahmen der Regierung dagegen gibt und die Opposition sich ebenfalls nicht besonders aktiv gegen das korrupte System positioniert. Rund 89 Prozent der Slowaken sind der Ansicht, ermittelte die EU-Kommission in einer Untersuchung, dass Bestechungen und Beziehungen häufig die einfachste Art und Weise sind, im eigenen Land an bestimmte öffentliche Dienstleistungen zu gelangen.[133]

In der Vergangenheit jedenfalls war der Wille nur dürftig, Korruption zu bekämpfen, und daran hat sich bis zum heutigen Tag nichts Sensationelles verändert. Die Slowakei war im Bereich Korruption »seit 1998 fast immer unter den zwei am schlechtesten bewerteten Ländern in Europa.«[134] Ein Grund war unter anderem, dass die Herrschaft der Oligarchen und ihre Verbindungen zu einflussreichen Politikern ungebrochen blieben. Nach dem Wahlsieg des Sozialdemokraten Robert Fico im Jahr 2006 verstärkte sich die blühende Korruption. Sie wurde so etwas wie der Modus Operandi der slowakischen Regierungspolitik. Gleichzeitig griff der neu gewählte Regierungschef kritische Medien an, bezeichnete sie als Hyänen und Huren, die für die Opposition arbeiten und korrupt wären. »In seiner Regierungszeit wurden alle wichtigen Institutionen des Staates mit seinen Freunden und loyalen Parteimitgliedern besetzt. Das reichte vom Generalstaatsanwalt, der ein ehemaliger Mitschüler von Fico war, über die Richter, den Rechnungshof, die Regulierungsbehörden bis zum Präsidenten der Zentralbank und den öffentlich-rechtlichen Sendern.«[135]

Die beschimpften Medien berichteten immer wieder über die Korruption, auch im Gesundheitswesen. Ein Beispiel: Da kaufte ein regionales Krankenhaus technische Ausrüstung für das Dreifache des tatsächlichen Wertes. Die begünstigte Verkäuferfirma soll Medienberichten zufolge enge Verbindungen zu Politikern der Partei Smer haben. Korruption und Klientelpolitik betreffen selbst die Justiz. In einer aufsehenerregenden Dokumentation enthüllte die Journalistin Zuzana Piussi, dass die slowakische Justiz von »einer Gruppe von Richtern beherrscht« werde, »die das Rechtssystem zu ihrer Milchkuh gemacht haben, indem sie Urteile zugunsten von ›mafiösen Organisationen‹ fällen. 70 Prozent der Bevölkerung hat kein Vertrauen in die slowakische Justiz.«[136]

Besondere Empörung löste im November 2011 die »Affäre Gorilla« in der Slowakei aus. Bei dem Korruptionsskandal ging es um die slowakische Investorengruppe Penta. Begonnen hatte ihre Erfolgsgeschichte 1990, als die beiden jungen Studenten Marek Dospiva und Jaroslav Haščák Textilien aus China in die ČSSR importierten. Drei Jahre später gründeten die beiden jungen Männer Penta. Heute ist Penta eine mächtige, international agierende Unternehmensgruppe. Chefberater von Penta war lange Jahre Alojz Lorenc, der ehemalige stellvertretende Innenminister und Chef der kommunistischen Staatssicherheit (StB), der nach der »samtenen Revolution« in der Tschechoslowakei Dossiers der gefürchteten Geheimpolizei vernichtete. Er selbst sagte in einem Interview: »Vor dem November 1989 war ich bereit, Premierminister oder Leiter der Kommunistischen Partei der Tschechoslowakei zu werden, denn ich konnte mich auf mächtige Freunde in der KGB-Zentrale verlassen.«[137] Er fiel nach der Wende trotzdem nicht tief, ging nach Bratislava und wurde in der Firmengruppe Penta zuständig für »Sicherheitsrisiken, Informationstechnologie, interne Revision und Business Intelligence«. Inzwischen besitzt er die Sicherheitsfirma RISC Consulting in Bratislava und bietet, wie er selbst sagt, jetzt seine Dienste dem ehemaligen Arbeitgeber Penta an.[138]

Die Penta-Gruppe habe, so wurde im Zusammenhang mit der Gorilla-Affäre behauptet, unter anderem Mitglieder der staatlichen Privatisierungskommission sowie den damaligen Verkehrsminister bestochen. »Dokumentiert sind Gespräche zur Vorbereitung von Privatisierungen vor allem von Energie- und Verkehrsunternehmen. Dabei ging es um Vorgänge vor dem Jahr 2006. Belastet wurden darüber hinaus führende Politiker der Regierungsparteien sowie der Oppositionspartei Smer und der frühere Wirtschaftsminister Jirko Malchárek. Dieser soll sich, laut einem Bericht des slowakischen Wirtschaftsblatts *Hospodárske Noviny*, inzwischen ins Ausland abgesetzt haben.«[139]

Die slowakische Investoren-Gruppe wehrte sich gegen die Vorwürfe, bestritt alle Korruptionsvorwürfe und bezeichnete die sie belastenden Dokumente als gefälscht. Anfang 2012 wurde die Publikation eines Buches des Journalisten Tom Nicholson über die Gorilla-Affäre auf Antrag der Penta-Gruppe durch ein Gericht in Bratislava gestoppt.

Vollkommen aufgeklärt ist die gesamte Gorilla-Affäre bis heute nicht. »Da es die slowakischen Behörden und Gerichte in fast drei Jahren nicht einmal schafften, die Authentizität der

Gorilla-Protokolle zu bestätigen oder zu dementieren, steht praktisch die gesamte politische Klasse des Landes unter dem Pauschalverdacht des Amtsmissbrauchs und der Vorteilsnahme.«[140] Das war im Jahr 2014. Ein Jahr später, am 15. Juni 2015, beantragten 40 Abgeordnete der Opposition eine außerordentliche Sitzung des Parlaments. Dabei sollte eine Resolution verabschiedet werden. In ihr wurde das Parlament aufgefordert, die Gorilla-Affäre zu untersuchen, insbesondere die schleppende juristische Bearbeitung durch einen Sonderstaatsanwalt. Der Antrag wurde von der Mehrheit der Smer-Abgeordneten abgebürstet. »Bis September 2015«, moniert der Menschenrechtsbericht 2015 des US-Außenministeriums, »gab es keine juristische Strafverfolgung dieser Gorilla-Affäre.«[141]

Im Oktober 2014 kaufte die umstrittene Investorengruppe Penta Invest Anteile der Mediengruppe Petit Press, die bislang von der deutschen Rheinisch-Bergischen Verlagsgesellschaft gehalten wurden. Eine Sprecherin der Mediengruppe Rheinisch-Bergische Verlagsgesellschaft wunderte sich über den Protest der Journalisten und erklärte am 16. Oktober 2014, dass es überhaupt keine Verhandlungen mit Penta gegeben habe. Tatsächlich gab es jedoch die Verhandlungen mit der Mediengruppe Petit Press. Und deren Pressesprecher Alexej Fulmek »bestätigte den Verkauf und die Beteiligung von Penta an der Transaktion«, meldete das internationale Finanzportal »Bloomberg« zwei Tage zuvor.[142]

Aus Protest gegen die Übernahme ihrer Zeitung durch die Penta-Gruppe kündigte der angesehene Chefredakteur Matúš Kostolný. »Penta versucht unsere Reputation zu kaufen und ich bin nicht bereit, für ihn zu arbeiten.« Mit ihm verließen 60 weitere Journalisten die Zeitung, bekannt für ihre investigativen Berichte.

Die Slowakei heute: Anscheinend läuft ohne die Penta-Gruppe – Demokratie hin, Demokratie her – nur wenig. Denn

»in der Slowakei setzt sich die Penta-Gruppe des Milliardärs Jaroslaw Hascak und seiner Partner dem politischen Wettbewerb gar nicht erst aus, sondern lenkt die Regierung aus dem Hintergrund.«[143] Das schrieb der FAZ-Korrespondent Karl-Peter Schwarz im November 2014 in der doch eher konservativen *Frankfurter Allgemeinen Zeitung*. Und dann fürchtet sich die Fico-Regierung vor einigen Flüchtlingen, anstatt ein lebendiges demokratisches Leben zu ermöglichen, und zwar für alle Bürger in der Slowakei.

## Herr Erdoğan – der Erlöser, der Retter der europäischen Wertegemeinschaft

Die Grenze zwischen Bulgarien und der Türkei ist inzwischen sehr gut geschützt. Flüchtlinge dürften es schwer haben, sie noch zu überwinden, und wenn, dann nur unter Lebensgefahr. Dabei gäbe es viele Gründe, dass sogar Türken und Kurden nach Europa flüchten, aufgrund der massiven Menschenrechtsverletzungen in der Türkei. Sowohl in seiner Zeit als Premierminister als auch als Präsident herrscht unter Recep Erdoğan eine Kultur der Straflosigkeit bei Verhaftungen, in der Haft, bei Verhören, bei Personenkontrollen oder anderen staatlichen Maßnahmen. Folter, wie das Aufhängen an den Armen, Schläge auf die Fußsohlen, Elektroschocks, Scheinhinrichtungen, Ausdrücken von Zigaretten am Körper, Vergewaltigungen, Quetschen oder Schlagen der Genitalien, Überstülpen von Plastiktüten, ist bei Polizei und Militär allgegenwärtig. Das Recht auf Versammlungsfreiheit ist genauso wie das Recht auf freie Meinungsäußerung ausgehebelt. Als zum Beispiel Mitglieder eines Kinderchors aus Diyarbakır in San Francisco eine kurdische Hymne sangen, wurden sie wegen des bestehenden Antiterrorgesetzes angeklagt und mussten sich vor

Gericht verantworten. Von Einschränkung der Presse- und Meinungsfreiheit will der türkische Präsident natürlich nichts wissen. »In den türkischen Gefängnissen sitzen keine Journalisten, die aufgrund ihres Berufes oder dem Recht auf Meinungsfreiheit verurteilt wurden«. Sie säßen im Gefängnis, weil sie Mitglieder einer terroristischen Vereinigung seien.

Der Begriff terroristische Vereinigung beinhaltet für den türkischen Präsidenten all das, was ihm gefährlich werden könnte: bohrende Kritik, Demonstrationen für Frieden, seine kurdischen politischen Gegner, die linke Opposition. Mitglieder einer terroristischen Vereinigung waren für Erdoğan deshalb logischerweise die prominenten Unterzeichner eines offenen Briefes aus Großbritannien gewesen, die bereits im Jahr 2013 die Einschränkung der Pressefreiheit in der Türkei angeprangert hatten. Der Aufruf wurde in der *Times* veröffentlicht. »In Ihren Gefängnissen sitzen mehr Journalisten ein als in China und dem Iran zusammen«, heißt es. Die Verfasser des offenen Briefes kritisieren, dass Erdoğan Demonstranten im Gezi-Park von Istanbul als »Plünderer«, »Gesindel« und »Terroristen« bezeichnet hatte, dabei seien es lediglich junge Leute, die in der Türkei die säkulare Republik bewahren wollten. Erdoğan warf den Unterzeichnern des Briefes daraufhin vor, sie könnten die Türkei nicht einmal auf einer Landkarte finden, maßten sich aber an, ein Urteil über die Vorgänge in der Türkei fällen zu können. Mit der Veröffentlichung der Anzeige habe die *Times* eine »Verfehlung« begangen. Er werde rechtlich gegen die Zeitung und die Unterzeichner des Briefes vorgehen. Der türkische Europaminister Egemen Bağış sprach gar von »Volksverhetzung« und sagte, der Brief stelle ein »Verbrechen gegen die Menschlichkeit« dar.[144] Doch den starken Worten folgten keine Taten.

Wenn von Verbrechen gegen die Menschlichkeit überhaupt die Rede sein kann, dann sind es beispielsweise die Massaker an den Kurden, die in den achtziger Jahren begannen und bis heute anhalten. Im September 2009 wurden durch türkische Soldaten chemische Kampfstoffe in eine Höhle in der Nähe der Stadt Çukurca in der Provinz Hakkari eingeleitet. Dadurch starben acht Kurden der kurdischen Arbeiterpartei PKK, die von der türkischen Regierung eine terroristische Vereinigung genannt wird. Ein Jahr später hielt sich eine Delegation von Mitarbeitern von Parlamentsabgeordneten und Menschenrechtsaktivisten in der Türkei auf. Augenzeugen berichteten ihnen, dass sie sahen, wie Soldaten gasförmige Stoffe in die Höhle einbrachten und wenige Zeit später die acht Opfer regungslos herausgebracht wurden. Einige der bereits leblosen Körper wurden zusätzlich von Panzerfahrzeugen überfahren, und/oder es wurde auf sie geschossen. Die türkischen Behörden halten die Obduktionsberichte und Akten über diesen Vorgang bis zum heutigen Tag geheim.

Am 6. Juli 2010 wurden nahe der Stadt Hakkari zwölf PKK-Angehörige bei einer militärischen Auseinandersetzung getötet. Die Leichname waren sämtlich aufgequollen wie Wasserleichen, was den Verdacht nahelegt, dass chemische Substanzen zum Einsatz kamen. Bei einem der Toten wurde der Kopf abgetrennt, bei weiteren Toten andere Körperteile verstümmelt. Da ist es schon fast eine Randnotiz, dass das türkische Militär im Kampf gegen die kurdischen Rebellen gezielt Waldbrände legt oder – wie einst im Vietnam-Krieg – Entlaubungsmittel versprüht, wie in den kurdischen Provinzen Hakkari, Diyarbakır oder Dersim. Bereits am 31. Oktober 2011 richteten deshalb die Hamburger Rechtsanwältin Britta Eder und ihr Kollege Heinz Jürgen Schneider eine Strafanzeige auch gegen den damaligen Premierminister Erdoğan. Der Vorwurf war unter anderem Kriegsverbrechen, Verbrechen gegen die Menschlichkeit und Kriegsverbrechen mittels des Einsatzes verbotener Mittel der Kriegsführung. Die damalige

Anzeige wurde aus formalen Gründen mit dem Argument der Immunität des türkischen Präsidenten abgelehnt. Eine inhaltliche Auseinandersetzung fand durch die Generalbundesanwaltschaft überhaupt nicht statt.

Am 27. Juni 2016 erstatteten zahlreiche renommierte Rechtsanwälte, unter anderem die Rechtsanwältinnen Britta Eder und Petra Dervishaj, im Namen von Bundestags- und Landtagsabgeordneten sowie Angehörigen von Opfern erneut eine Strafanzeige gegen den türkischen Staatspräsidenten Erdoğan und weitere Verantwortliche. Der Vorwurf: Kriegsverbrechen und Verbrechen gegen die Menschlichkeit. In ihrer Strafanzeige bei der Generalstaatsanwaltschaft Karlsruhe gehen sie unter anderem auf den Tod von mindestens 178 Zivilisten ein. Die suchten während einer Ausgangssperre vom 14. Dezember 2015 bis 2. März 2016 in der kurdischen Stadt Cizre in drei Kellerräumen Schutz vor den Angriffen des türkischen Militärs, das mit Artillerie, Panzern und weiteren schweren Waffen die Stadt bombardierte. Nach der Aufhebung der totalen Ausgangssperre wurden aus den drei Kellern 178 Leichen geborgen, die größtenteils verbrannt waren. Zeugenaussagen und weitere Beweise legten den Verdacht nahe, dass die Sicherheitskräfte teilweise Benzin in die Keller gegossen und sie dann in Brand gesetzt haben beziehungsweise die Menschen zuerst mit schweren Waffen getötet und die Leichen anschließend verbrannt haben.

In dieser Strafanzeige ist nicht enthalten, dass türkische Militärs junge Frauen in den besetzten kurdischen Dörfern als Strafe vergewaltigen und sie das vollkommen ungestraft tun können. Diese Straflosigkeit schwerer Menschenrechtsverletzungen wurde inzwischen vom türkischen Parlament legalisiert. Demnach sind alle Militärangehörigen, im Zusammenhang mit dem Anti-Terror-Kampf, vor einer unabhängigen Strafverfolgung geschützt. Zivile Gerichte werden daher bei der Verurteilung von Armeeangehörigen keine Rolle mehr spielen. Damit ist es unmöglich geworden, die zahlreichen Menschenrechtsverletzungen durch die türkischen Sicherheitskräfte zu verfolgen.

In diesem Zusammenhang dürfte die Aussage des deutschen Innenministers Thomas de Maizière besonders dreist erscheinen: »Wir sollten nicht die Schiedsrichter beim Thema Menschenrechte für die ganze Welt sein.«[145] Das sagte er mit Blick auf den innenpolitischen Kurs des türkischen Präsidenten im März 2016. Der Kommentar der Linken-Abgeordneten Sevim Dağdelen dazu: »Wenn man dem deutschen Innenminister zuhört, Herrn de Maizière, hat man ja eigentlich schon fast das Gefühl, man hört dem türkischen Innenminister zu, der da meint, dass man sich nicht einmischen möchte beim Thema Menschenrechtsverletzungen.«[146]

## Zwischen Paranoia und Größenwahn – die Welt des Recep Tayyip Erdoğan

Derweil arbeitet der türkische Präsident immer zielgerichteter auf einen autoritären islamisch ausgestalteten Staat hin. Auffällig sind gewisse Parallelen zu seinem nun wieder engen Freund Wladimir Putin in Moskau. Kurz nach dem Zerwürfnis wegen des Abschusses eines russischen Kampfjets auf türkischem Gebiet am 24. November 2015 schrieb das US-amerikanische Magazin *Foreign Policy*: »Sie verachten beide die Demokratie, verachten die Pressefreiheit, können sich nicht vorstellen, dass es Bürger gibt, die aus Überzeugung gegen sie Widerstand leisten, und nicht, weil ihnen dafür Geld geboten wird. Erdoğan und Putin sehen sich jeweils als Fleisch gewordener Staat und geben sich dabei charismatisch, provokativ, konfrontativ ... Ihre Visionen beschränken sich dabei nicht nur auf einen starken Staat, sondern auch auf die Wiedererlangung der Großmachtrolle.«[147] Der eine will sie weltlich, der andere religiös wahrnehmen.

Erinnert sei an Erdoğans Aussage während einer Veranstaltung im Jahr 1997 in der Stadt Siirt. Damals war er seit vier Jahren Istanbuls gefeierter Oberbürgermeister. Er zitierte ein Gedicht von Ziya Gökalp, einem der wichtigsten Vordenker des bereits damals rassistisch geprägten türkischen Nationalismus. Die Umsetzung der Idee eines säkularen Staates in der Türkei, wie von Staatsgründer Mustafa Kemal Atatürk gefordert, geht teilweise auf seine Ideen zurück. Aber die junge türkische Nation sollte nur so weit verwestlicht werden, soweit die westlichen Werte mit dem Islam in Einklang zu bringen sind. Und das gab Erdoğan aus den Werken von Ziya Gökalp in Siirt wieder: »Unsere Minarette sind unsere Bajonette, unsere Kuppeln unsere Helme, unsere Moscheen unsere Baracken. Selbst wenn Himmel und Erde gegen uns sind, wenn Vulkane ausbrechen, werden wir nicht von unserer Mission abrücken. Und das ist der Islam. Wenn ich nicht darüber reden kann, was ist das dann für ein Leben.«[148] Für diese Aussage aus einem Gedicht kassierte er ein lebenslanges Verbot der politischen Betätigung und eine Gefängnisstrafe von zehn Monaten, die er im März 1999 antrat. Doch hier, im Gefängnis Pınarhisar, 190 Kilometer von Istanbul entfernt, war er sehr privilegiert. Ihm wurden Räumlichkeiten außerhalb der Gefängnismauern zur Verfügung gestellt, mit einem Wohn- und Schlafzimmer, Kühlschrank und Fernseher.

Tatsächlich hat Erdoğan sein 1997 in Siirt formuliertes Ziel nie aus den Augen verloren, sondern systematisch umgesetzt. 14 Jahre später besuchte er, inzwischen ist der ehemalige Häftling türkischer Premierminister, erneut sein damaliges Gefängnis. »Wir haben hier im Gefängnis Pınarhisar die AKP gegründet und die ersten Schritte unternommen, um eine neue und große Türkei zu etablieren.«[149]

Quasi in Architektur gegossen wurden seine religiösen und politischen Visionen durch den Bau eines neuen Präsidentenpalastes nahe Ankara. Das ist insofern erwähnenswert, da er als Kind unter ärmlichen Verhältnissen im heruntergekommenen Istanbuler Stadtteil Kasimpaşa aufwuchs. »Erdoğan wächst mit dem Gestank der damals weitgehend ungepflasterten Straßen auf, auf denen häufig Müll vor sich hin verrottet. Unterbrechungen der Strom- und Wasserversorgung sind keine Seltenheit.«[150] Der Umfang und die Ausstattung seines neuen Präsidentenpalastes dürften in der jüngeren türkischen Geschichte einzigartig sein, abgesehen vielleicht von der geschichtlichen Phase, als die osmanischen Sultane vor einigen Jahrhunderten mit großem Prunk herrschten. Das ist zwar Vergangenheit, aber genau in deren Tradition sieht sich bekanntlich Recep Tayyip Erdoğan, quasi als künftiger Nachfolger von Sultan Mehmed II., dem Eroberer. Erdoğans neuer Palast wurde am 30. Oktober 2014 eingeweiht, verfügt über eine Grundfläche von 200 000 Quadratmetern und ist mit osmanischen und seldschukischen Motiven reichhaltig verziert. Die Baukosten betrugen Medienberichten zufolge umgerechnet rund 275 Millionen Euro. »Wir wollten ein Bauwerk schaffen, damit die künftigen Generationen sagen: ›Von dort aus wurde die neue Türkei regiert.‹« Damit meinte er natürlich die Türkei, wie er sie sich vorstellt – diktatorisch, in der fundamentale Menschenrechte Geschichte sind. Als türkische Medien meldeten, der Palast habe ja nur tausend Zimmer, war Präsident Erdoğan schon wieder empört. »Lassen Sie mich Ihnen sagen, er beherbergt mindestens 1 150 Zimmer, nicht nur 1 000«, stellte er vor Geschäftsleuten in Istanbul klar. Im April 2016 fragte ein Bürger in der Nähe des Palastes einen Polizisten, wo der Zoo von Ankara sei. Er wurde auf der Stelle verhaftet und von der Staatsanwaltschaft wegen Beleidigung des Präsidenten angeklagt.[151] Noch mehr empörte ihn, dass der

16-jährige Schüler Amin Altunse aus Konya, kurz vor der Einweihung des Sultan-Palastes, Ungeheuerliches aussprach. Auf einer Schülerdemonstration nannte er den damaligen Ministerpräsidenten Recep Erdoğan einen »Meister des Diebstahls, der Bestechung und Korruption« und »Besitzer eines illegalen Palastes«.[152] Womit er bekanntlich nicht unbedingt falsch lag.

Denn vor der Einweihung des Palastes wurden Korruptionsvorwürfe gegen Erdoğans Regierung laut. Es geht um heimlich aufgenommene Telefongespräche zwischen Erdoğan und seinem Sohn Bilal, einem inzwischen sehr reichen Unternehmer. Am frühen Morgen des 17. Dezember 2013 weckte demnach der damalige Premierminister seinen Sohn und forderte ihn auf, alles »auf null zu bringen«, was im Haus ist. »Aber Daddy«, antwortete Bilal, »es gibt nichts im Haus, was sie interessieren könnte, außer dein Geld im Safe.« Am Ende des Tages meldete Bilal Vollzug und erklärte, dass »nur 30 Millionen Dollar« noch nicht versteckt werden konnten. Nachdem die Tonbandaufnahmen veröffentlicht wurden, es gab damals noch einige unabhängige Medien, dementierte Erdoğan und nannte die Aufnahmen eine Fälschung und Manipulation. Andere Mitschnitte seiner Telefongespräche, die eher harmlosen Charakters waren, bezeichnete er ebenfalls als Fälschungen. Später sagte er aber, sie seien echt gewesen. »Mittlerweile spricht er von ›illegal erlangten Aufnahmen‹ und versucht, die Mitschnitte ihn selbst betreffend aus dem Internet zu verbannen, indem er sich auf sein ›Urheberrecht‹ beruft – womit er sie zugleich aber als echt beglaubigt.«[153]

Die Kritik des Schülers Amin Altunse blieb übrigens nicht folgenlos. Kaum war Erdoğan zum Präsidenten gekürt, verhafteten Polizisten den Teenager aus dem Unterricht heraus. Erdoğan hatte ihn wegen Beleidigung verklagt. Ein folgsames Gericht in Konya verurteilte den Schüler inzwischen zu elf Monaten Gefängnis auf Bewährung. Wie sich Erdoğan die Zukunft der Türkei vorstellt, lässt sich aus einer Rede Ende Mai 2015 bei einer Wahlkundgebung entnehmen. Da zog er eine direkte Linie von den Anfängen des Islams bis zur anstehenden Parlamentswahl im Juni 2015. »Eroberung heißt Mekka. Eroberung heißt Sultan Saladin, heißt, in Jerusalem wieder die Fahne des Islams wehen zu lassen. Eroberung bedeutet, das Erbe Sultan Fatih Mehmeds zu wahren. Eroberung bedeutet, die Türkei wieder auf die Beine zu bringen. Eroberung ist 1994, Eroberung ist der 7. Juni.«[154]

Warum die Erwähnung dieser beiden Jahre? 1994 wurde Erdoğan zum Oberbürgermeister Istanbuls gewählt und am 7. Juni 2015 wurde in der Türkei ein neues Parlament gewählt. Dabei verlor seine seit zwölf Jahren regierende Partei AKP (Gerechtigkeit und Entwicklung) ihre bisherige absolute Mehrheit. Und eine neue Partei wurde zum ersten Mal in der türkischen Geschichte in ein Parlament gewählt, die HDP (Demokratische Partei der Völker), eine demokratisch-sozialistische Partei, die sich insbesondere für die Interessen der Kurden einsetzt. Ihre zentralen Wahlversprechen waren: Wir wollen Frieden zwischen dem türkischen Staat und der PKK und wir werden ein Präsidialsystem verhindern! In vielen Orten wurde versucht, diese Wahlen im Sinne der AKP zu manipulieren. Der Siegeszug der HDP konnte damals trotzdem nicht verhindert werden, und die HDP zog ins Parlament ein. Was darauf folgte, ist bekannt. Weil die AKP ihre absolute Mehrheit verloren hatte, benötigte sie einen Koalitionspartner. Durch gezielte Obstruktion wurde das verhindert mit dem einzigen Ziel, Neuwahlen zu erzwingen, um durch eine Verfassungsänderung endlich zu erreichen, dass Recep Erdoğan die absolute Macht generieren kann. Dazu brauchte man innere Unruhen und die schuf er, indem er einen Krieg gegen die Kurden inszenierte. Bei Bombenanschlägen am 10. Oktober 2015, drei Wochen vor den neuen Parlamentswahlen, starben im Zentrum Ankaras, während einer großen Kundgebung gegen Erdoğan, über hundert junge Menschen, die für Frieden und Demokratie demonstrierten. Zwei Wochen vor den Präsidentschaftswahlen reiste Bundeskanzlerin Merkel in die Türkei und hofierte Erdoğan. Wegen der anhaltenden Flucht von Menschen aus Syrien, Afghanistan, dem Irak und Iran nach Europa versprach sie der türkischen Regierung Hilfen in Milliardenhöhe, Visa-Erleichterungen für türkische Bürger und die Eröffnung neuer Kapitel bei den Verhandlungen der EU mit der Türkei. Erdoğan kam am 6. Oktober 2015 nach Brüssel, um einen Deal abzuschließen und wurde hofiert, wie es einem Sultan gebührt.

Vor allem Kommissionspräsident Jean-Claude Juncker beschwor bewegt seine enge Freundschaft mit Erdoğan und lobte ihn als großen Reformer der Türkei. Das war kein Witz. Wie ist es möglich, fragten sich danach viele Bürger, dass sich dieser Präsident, der seit Jahren wegen schwerer Menschenrechtsverletzungen und seiner antidemokratischen autoritären Politik kritisiert wird, über Nacht in den wichtigsten Partner der Europäer verwandelt? »Mit dem türkischen Staatspräsidenten Recep Tayyip Erdoğan hat die EU mit einem Politiker ihren Frieden geschlossen, der für alles das steht, was Europa angeblich verurteilt. Undemokratisches, autoritatives polizeistaatliches Verhalten, Unterdrückung der Meinungsfreiheit, Korruption und ein islamisches Sendungsbewusstsein, das phasenweise an Islamismus grenzt.«[155] Deshalb verwunderte es kaum jemanden, obwohl es in der europäischen Öffentlichkeit wenig bekannt ist, was am 3. März 2016 in Ankara im Atatürk-Sportpalast zu beobachten war. Eingeladen wurde zu einer Internationalen Kalifatskonferenz. Veranstalter war die dem islamischen Staat eng verbundene Organisation Hizb-ut-Tahrir. Ihr einziges aktuelles Ziel ist die Wiedereinführung des Kalifats, was Mustafa Kemal Atatürk vor 92 Jahren abgeschafft hatte. »Die Hizb-ut-Tahrir heißt zwar übersetzt Partei der Befreiung, es geht aber vornehmlich um die ›Befreiung‹ der Muslime weltweit vom Westen und die Einrichtung eines transnationalen Kalifats, das dem Gebot der Scharia folgt. Die Organisation ist in zahlreichen islamischen Ländern verboten, seit 2003 auch in Deutschland, weil sie zur Vernichtung Israels und zur Tötung von Juden aufgerufen habe und die Anwendung von Gewalt gutheiße. Gewaltanwendung konnte man ihr aber nicht nachweisen.«[156]

Wenig später schien zumindest der türkische Parlamentspräsident İsmail Kahraman die Rufe aus der Sporthalle vernommen zu haben. Er forderte eine »islamische Verfassung«, denn für Säkularisierung, also die Trennung von Staat und Religion, sei in der Türkei kein Platz.[157]

Auf der Webseite von Hizb-ut-Tahrir heißt es: »Ziel von Hizb-ut-Tahrir ist die Wiederaufnahme der islamischen Lebensweise … Dieses Ziel bedeutet, die Muslime wieder zu einer islamischen Lebensweise in *Dar ul-Islam* zurückzuführen, in eine islamische Gesellschaft also, wo alle Angelegenheiten des Lebens gemäß den islamischen Rechtssprüchen entschieden werden.«[158] Tausende kamen zu der Veranstaltung von Hizb-ut-Tahrir, die in der Türkei seit 2008 als Terrororganisation eingestuft wird. Während bei den kleinsten Veranstaltungen demokratischer Bewegungen Sondereinsatzpolizei mit Wasserwerfern vor Ort ist, war sie in Ankara nirgendwo zu sehen. Unbehelligt konnte daher im Sportpalast verkündet werden, dass das Kalifat wieder errichtet und die Türkei eine künftige Provinz im Islamischen Staat werden wird.[159]

In Deutschland ist Hizb-ut-Tahrir verboten. Denn Hizb-ut-Tahrir bestreitet nicht nur das Existenzrecht des Staates Israel, sondern ruft sogar zur Vernichtung Israels und zur Tötung von Juden auf. Damit wendet sich der Verein massiv gegen den Gedanken der Völkerverständigung; ebenso konnte auch nicht hingenommen werden, dass er die Anwendung von Gewalt zur Durchsetzung politischer Ziele gutheißt. Im Verfassungsschutzbericht 2015 des baden-württembergischen Landesamtes für Verfassungsschutz wird Hizb-ut-Tahrir erwähnt, weil die Organisation ihre Propaganda im Internet fortsetzt. »Ihre Anhänger versuchen nach wie vor, insbesondere Jugendliche in Deutschland für die Ideen der Organisation zu begeistern. Bundesweit hatte sie im Jahr 2014 etwa 300 Anhänger.«[160]

Der abgeschlossene Türkei-Deal (die Türkei schließt die Grenzen in Richtung Europa, im Gegenzug gibt es finanzielle Hilfe für die Flüchtlingsunterkünfte in der Türkei) war für die europäischen Regierungen ein idealer Deal. Tatsächlich? »Die Regierung in Ankara hat sich mehr oder weniger mit gewalttätigen ultranationalistischen Gruppierungen eingelassen … Im sicheren Herkunftsland Türkei, wie sich es manche vorstellen, werden die Leichen von getöteten Kurden hinter Panzern gebunden und durch die Städte geschleppt, um die Menschen abzuschrecken, und Städte bombardiert.«[161]

Den Vorwurf, die Regierung und damit Recep Erdoğan habe sich mit gewalttätigen ultranationalistischen Gruppierungen eingelassen, lohnt es näher auf Stichhaltigkeit zu untersuchen. Ebenso ein weiterer schwerer Vorwurf. Im Palast Erdoğans sitzt, in unmittelbarer Nähe zum Präsidenten selbst, ein Insider, der seit geraumer Zeit über Twitter Enthüllungen verbreitet, die durchaus brisant waren und immer noch sind. Er schrieb am 11. Mai 2016 auf Twitter über die Beziehungen der Mafia zum direkten Umfeld von Erdoğan. Der Enthüller nennt sich Fuat Avni und gibt »stichhaltiges Insiderwissen preis«, schrieb der *Spiegel*: »Avni selbst hatte sich in einem Tweet als jemand aus dem ›inneren Zirkel‹ bezeichnet. ›Ich sah deine Augen‹, schrieb er einmal und deutete damit an, wie nahe an Erdoğan er agiert.«[162] Seriöse Zeitungen wie *Cumhuriyet* halten seine Enthüllungen ebenfalls für in aller Regel glaubhaft. »Der Faschist (er meint damit Recep Erdoğan, Anmerkung des Autors) versucht die Mafia zu seinen Befehlsempfänger zu machen und für seine illegalen Machenschaften zu benutzen.« Erdoğans Leute kontaktierten, wie Fuat Avni auf Twitter behauptete, die Mafia und verlangten von ihr Gehorsam. »Die einflussreichsten Teile der Mafia-Banden im Gefängnis sind überzeugt worden, mitzuarbeiten. Für die Fälle, die er nicht im Deckmantel der Gesetze erledigen kann, wird sie beauftragt. Dadurch sollen entstehende Probleme auf kürzestem Weg gelöst werden.« Zum Beispiel, um Grundstücke zu beschlagnahmen, von Unternehmern Kommissionen zu kassieren, um Oppositionelle einzuschüchtern. »Um solche schmutzige Geschäfte wird sich jetzt die Palastmafia kümmern. Von Mafia-Banden ist sein drogenabhängiger Neffe abhängig. Er spricht jede Woche mit diesen Banden und schreibt Berichte für ihn.« Aufschlussreich auch der Hinweis auf den Mafiaboss Çakıcı, »der dem Faschisten nicht gehorchen will. Dem Faschisten wurde berichtet, wonach Çakıcı gesagt habe: ›Dem Unterdrücker zu gehorchen und zu seinem Hund werden, ist gegen die Ehre‹. Sie planen, Çakıcı durch die Erdoğan zu Diensten stehende Mafia töten zu lassen.«[163]

Glaubhaft oder nicht? Jedenfalls hat Fuat Avni in der Vergangenheit häufig über Skandale im Umfeld von Erdoğan berichtet, die durchaus zutreffend waren. Und dass Çakıcı nicht besonders gut auf Erdoğan zu sprechen war, ging bereits aus einem Brief hervor, den Çakıcı am 14. November 2014 aus dem Gefängnis heraus an Erdoğan schrieb.[164] Und aus Istanbul schrieb mir ein bekannter Unternehmer: »Die Mafia genießt den ›heiligen Schutz‹ durch Erdoğan. Solche Personen sind immer notwendig gewesen, um diejenigen zum Schweigen zu bringen, die die Macht stören, wenn legale Mittel nicht ausreichen, aber auch, um wirtschaftliche Interessen im In- und Ausland wie gewünscht durchzusetzen.« Die Spuren führen dabei direkt zu einem der bekanntesten Mafiabosse in der Türkei.

## Recep Erdoğan, die Mafia und die Grauen Wölfe

Bei der Hochzeit des bekanntesten AKP-Twitter-Trolls Taha Ün am 13. Juni 2015 waren prominente Besucher anwesend. Was wohl damit zusammenhing, dass die junge Braut Sema Silkin Privatsekretärin von Erdoğans Ehefrau Emine ist. Anwesend war daher das Ehepaar Erdoğan und man sieht, wie der türkische Präsident herzlich und lange mit Sedat Peker redet.[165] Sedat Peker ist derjenige, der in der türkischen Presse auch als Baba, als ein Mafiaboss, bezeichnet wird. Das sei, schrieb der Journalist Frank Nordhausen, »als ob sich US-Präsident Franklin D. Roosevelt mit Al Capone verbrüdert hätte.«[166] Und Rainer Hermann schrieb am 30. Juli 2016 in der *Frankfurter Allgemeinen Zeitung* über ihn: »Wenn sein Name fällt, gefrieren die Mienen. Alles wird ihm zugetraut, dem führenden Paten der türkischen Unterwelt und dem Oberhaupt der organisierten Kriminalität.«[167] Auf meine Nachfrage bei Rainer Hermann, ob es Reaktionen von Sedat Peker auf seinen Artikel mit der Überschrift »Erdogan und sein Mafiapate« gegeben habe, antwortete er: »Nein.«

Anfang Dezember 2014 fuhr Peker im türkisch besetzten Teil von Zypern zum Grab des verstorbenen Raif Denktaş (ehemaliger Ministerpräsident von Nord-Zypern). Am Straßenrand grüßt ihn eine große Menge mit dem Wolfszeichen der rechtsextremen MHP, den Grauen Wölfen. Einige Monate später, am 30. November 2015, organisierte Sedat Peker in einem Istanbuler Luxushotel einen Kongress über die Karapapak-Türken, einer turksprachigen Ethnie aus dem Kaukasus. Zugegen waren führende AKP-Parlamentarier, unter anderen ein ehemaliger AKP-Minister.[168] In einer feierlichen Zeremonie wurde Sedat Peker mit dem Titel »Herrscher des Türkentums« ausgezeichnet. Der Geehrte ist einerseits glühender Anhänger der rechtsextremen Partei der Nationalistischen Bewegung (MHP) und andererseits wahrscheinlich der am längsten überlebende türkische Mafiapate überhaupt – was in der Türkei kein Widerspruch ist. Wie er sich heute selbst gerne darstellt, sieht man auf seiner Webseite: http://sedatpeker.com/galeriler/. Es lohnt sich, diese Webseite anzusehen, weil sie dokumentiert, in welchem Luxus heute ein hochkarätiger ehemaliger Mafiaboss und Grauer Wolf in der Türkei lebt.

Überhaupt ist er in den Sozialen Medien außerordentlich präsent. Auf Twitter hat er 153 000 Follower und auf Facebook über 161 000 Personen, denen seine Seite gefällt. Und natürlich ist er auf Instagram mit einer ausladenden Fotoserie zu sehen, die einen extrem eitlen und selbstgefälligen Peker zeigt, grundsätzlich sehr chic und teuer gekleidet, ob bei Empfängen, beim Skifahren, in Gesprächen mit noblen Partnern, bei der Einweihung eines Gebäudes, ob an einem Grab oder bei großen Kundgebungen. Selbst Fotos aus seinen jüngeren Jahren, als er im Gefängnis weilte, sind vorhanden, entweder im Freizeitlook oder im Anzug. Unter anderem zeigen Fotos seine Zelle mit ihm, wieder très chic gekleidet, mit zum Siegeszeichen erhobenen Händen. An der Zellenwand hinter ihm hängt ein großes Poster: die türkische Flagge mit dem aufgedruckten Namen Sedat Peker. Sein Spitzname ist übrigens »Köroğlu«. Nach einer anatolischen Legende ist das ein Rebell. Gerne lässt er sich mit »Reis« (Oberhaupt) ansprechen. Das ist der gleiche Beiname, der auch Erdoğan ziert.

Aus seiner politischen Haltung hat Sedat Peker jedenfalls nie ein Hehl gemacht. Um das zu belegen, genügt ein Blick auf seine zahlreichen Facebook-Seiten. Dort wirbt er unter anderem für Alparslan Türkeş, den inzwischen verstorbenen Anführer der MHP. Türkeş ist ein Mann, dem im Jahr 1978 der bayerische Ministerpräsident Franz Josef Strauß eine Audienz gewährte und der sich danach mit deutschen Unternehmern getroffen hat. Lange ist es her. Als am Abend des 4. April 1997 gegen 22:30 Uhr die türkischen Fernsehkanäle die Nachricht verbreiteten, Alparslan Türkeş sei in kritischem Zustand ins Krankenhaus in Ankara eingeliefert worden, eilten Tausende seiner Anhänger dorthin und versammelten sich zum Gebet. Doch Allah erhörte ihre Gebete nicht. Als die Nachricht vom Tod des 80-jährigen Führers der MHP verkündet wurde, er starb an den Folgen eines Herzversagens, lagen sie auf dem Boden, brachen in Tränen aus, sangen nationalistische Lieder und riefen im Chor: »Führer sterben nicht.« Vergessen waren die zahllosen Anschläge und Morde der MHP beziehungsweise deren militanten Sturmtruppen, die Ülkücü, für die Türkeş verantwortlich zeichnete. Der damalige Staatspräsident Demirel sprach von einem großen Verlust für das politische Leben der Türkei, und der damals regierende Ministerpräsident Necmettin Erbakan, ein glühender Islamist, erklärte: »Türkeş hat die jüngere Geschichte der Türkei entscheidend geprägt und für seine treuen Dienste großes Lob verdient.«

In der Bibel der MHP, der Milli-Doktrin von Alparslan Türkeş, steht Folgendes: »Unser Verständnis von Stammeszugehörigkeit hat nicht die geringste Ähnlichkeit mit anthropologischem Rassismus und einem aggressiven Rassenbegriff, der andere Völker herabsetzt. Das Wesentliche ist das Bewusstsein, aus dem gleichen Stamm zu kommen, der gleichen Nation anzugehören. Jeder, der in seinem Herzen nicht den Stolz auf eine andere Rasse trägt, der sich selbst von Herzen als Türke fühlt und sich dem Türkentum verschreibt, ist ein Türke.« Diese Leitsätze könnten auch die deutschen Rechtspopulisten und Rechtsradikalen übernehmen. Sie müssen nur das Wort Türke durch das Wort Deutsche ersetzen. Und im

MHP-Standardwerk *Nationalistische und populistische Doktrin – die allgemeinen Grundlagen der türkischen nationalistischen und populistischen Doktrin* steht auf Seite 31: »Die nationalistische Doktrin nach dem Beispiel Deutschland ist in der Welt zurzeit verpönt. Hitler konnte diese Doktrin nicht verwirklichen und hat sie falsch angewandt. Trotzdem kann man die nationalsozialistische Doktrin nicht ablehnen … Die Demokratie ist eine Erfindung der Juden, damit sie die Bevölkerung leichter ausplündern können.«[169]

Die militanten Einheiten der MHP, die auch Ülkücü (Idealisten) genannt werden, müssen einen Eid ablegen. »Ich schwöre bei Allah, dem Koran, dem Vaterland, bei meiner Flagge. Wir, die idealistische türkische Jugend, werden unseren Kampf gegen Kommunismus, Kapitalismus, Faschismus und jegliche Art von Imperialismus fortführen. Unser Kampf geht bis zum letzten Mann, bis zum letzten Atemzug, bis zum letzten Tropfen Blut. Unser Kampf geht weiter, bis die nationalistische Türkei, bis das Reich Turan erreicht ist.«[170] Sedat Peker war Angehöriger der Ülkücü[171], von deren faschistischer Ideologie er bis heute beseelt ist, glaubt man zumindest seinen Facebook-Einträgen. Der Kämpfer und Unterstützer von Recep Erdoğan organisierte zum Beispiel im Oktober 2015 in der Schwarzmeerstadt Rize eine Kundgebung für den Präsidenten. Rund 4 000 Menschen hörten ihm gebannt zu, als er dazu aufrief, bei der vorgezogenen Parlamentswahl am 1. November 2015 unbedingt die AKP zu wählen. Und da es in den kurdischen Regionen heftigen Widerstand gegen Erdoğan gab, hatte er eine für die MHP klassische Lösung parat: »Wenn Polizei und Armee müde werden sollten, dann werden wir auf die Straße gehen. Dann wird Blut in Strömen fließen.« Seine Einstellung zeigte sich auch, als er im Januar 2016 erklärte: »Wir werden euch bluten lassen und in eurem Blut baden«.[172] Das war seine Reaktion auf eine Petition von 1 128 türkischen

Wissenschaftlerinnen und Wissenschaftlern. Unter anderem hatten sie geschrieben: »Das Recht auf Leben und körperliche Unversehrtheit, auf Freiheit und Sicherheit vor Übergriffen, insbesondere das Verbot von Folter und Misshandlung, praktisch alle Freiheitsrechte, die durch die Verfassung und durch die Türkei unterzeichnete internationale Abkommen unter Schutz stehen, werden verletzt und außer Kraft gesetzt.« Außerdem forderten sie, den Friedensprozess mit den Kurden wiederaufzunehmen.

Das hätten sie besser unterlassen sollen, nicht nur wegen der Drohungen durch Sedat Peker. Präsident Erdoğan bezeichnete die Akademiker als »Kern der Dunkelheit«. In seinen Vorstellungen von Demokratie war die Petition ein »Verrat« und die Unterzeichnerinnen und Unterzeichner die »Fünfte Kolonne« der Terroristinnen und Terroristen. Am 15. Januar 2016 wurden die ersten Unterzeichner der Petition verhaftet. Ihnen wurde »Propaganda für eine terroristische Organisation« und »Verunglimpfung der türkischen Nation« vorgeworfen. Das reichte ihm aber nicht. Drei Monate später verkündete er vor Anwälten bei einer Konferenz in Ankara, dass »alle Maßnahmen« getroffen werden müssen, »den Anhängern der terroristischen Organisation (PKK) die Staatsbürgerschaft abzuerkennen. Auch jene Akademiker, Journalisten und Politiker, die wie ein Wolf im Schafspelz gegen den Staat agieren würden, müssten miteinbezogen werden.« Er forderte zudem, dass deren Vermögen beziehungsweise Grundeigentum beschlagnahmt werden muss. Die faschistische MHP hatte bereits einer entsprechenden Gesetzesvorlage zugestimmt.

Der MHP-Anhänger Sedat Peker verehrt gleichzeitig – und auch das ist kein Widerspruch – Recep Erdoğan. Am 19. März 2016 schrieb er auf seiner Webseite: »Ich bin mir sicher, dass der sehr verehrte Staatspräsident Recep Tayyip Erdoğan und seine Mitstreiter nie die aufs Ziel stürmende Herde der Vollblüter stoppen, und das Feuer, was sie entfacht haben, löschen werden. Diejenigen Kreaturen werden aber getötet werden, die sich dem Kampf unserer großen Nation in den Weg stellen, die unseren sehr verehrten Staatspräsidenten Recep Tayyip Erdoğan töten oder ihn von seinem Amt entfernen wollen, damit er seine Zielsetzung aufgibt. Ihr greift Gottes Sache an und Gottes Sache wird nicht mal durch einen Weltuntergang aufhören.«

## Die Geschichte des »erfolgreichsten« türkischen Geschäftsmannes des Jahres 2016

Sedat Peker wurde am 26. Juni 1971 im westanatolischen Sakarya geboren. Seine Eltern kamen als Gastarbeiter nach München. Hier wuchs Sedat Peker auf. Wann genau er sich zu den faschistischen Grauen Wölfen bekannt hat, ist genauso wenig bekannt wie die Frage, wann und wo genau er tief in die kriminelle Welt eintauchte. In einem Interview mit einer türkischen Tageszeitung antwortete er im Jahr 1999 auf die Frage, was er dazu sagt, dass er als Pate der Mafia bezeichnet wird: »Es wurde ein falsches Image über mich veröffentlicht. Ich bin Unternehmer. Sie können sagen, dass ich Beratungen anbiete.« Und die Frage, ob er sich als Teil der Mafiawelt versteht, beantwortete er folgendermaßen: »Nur Tausendfüßler und Kreaturen mit minderwertigen Qualitäten leben im Untergrund. Mein Lebensstil ähnelt dem eines Löwen, eines Adlers oder eines Grauen Wolfes. Diese Tiere mögen keinen Mord und Verrat. Sie leben und sterben mit stolzem Edelmut.«[173] Anfang der neunziger Jahre tauchte sein Name häufiger in den türkischen Medien auf. Bekannte Namen aus der Welt der Politik, Kunst, des Sports und der Medien waren stolz darauf, zu den Freunden des spendablen Mafiabosses zu gehören.

Im Jahr 1997 wurde er wegen der Ermordung des Schmugglers »Abdullah Topçu« angeklagt und freigesprochen. Zwei weitere Angeklagte, vermutlich Pekers Komplizen, wurden hingegen zu einer lebenslangen Freiheitsstrafe verurteilt. Sicherheitshalber flüchtete er erst einmal nach Rumänien. Denn unterdessen wurde er wegen Schutzgelderpressung, Nötigung und Anstiftung zum Mord gesucht. Besuch soll er in seinem Exil von einem Minister und einem Abgeordneten der damals regierenden Mutterlandspartei erhalten haben. Sie sollen ihm garantiert haben, dass er bei einer Rückkehr in die Türkei nur mit einer kurzen Freiheitsstrafe rechnen muss. Dieses Versprechen dürfte mit der sogenannten Susurluk-Affäre zu tun haben, in die er offensichtlich verstrickt war. Besonders hilfreich waren Pekers Verbindungen zu Arif Doğan, dem Chef des berüchtigten Geheimdienstes der Gendarmerie JITEM, der eine zentrale Rolle bei der Liquidierung Oppositioneller in der damaligen Zeit spielte.[174] Er wird zehn Jahre später, nachdem seine Geheimorganisation aufgedeckt wurde, sagen, dass jenen ihm unterstellten 10 000 Mann für jeden getöteten Kurden oder Oppositionellen 3 000 türkische Lira bezahlt worden sind. Und: »Ich bin JITEM. JITEM ist mein Auge, mein Ohr, mein Mund, alles. Ich habe für JITEM 21 Jahre in den Bergen und Tälern gekämpft.«[175]

Was versteckte sich hinter JITEM und der Susurluk-Gruppe: politische Morde sowie eine von höchsten Regierungsstellen gepflegte Mafia, die wiederum tief in den internationalen Drogenhandel eingebunden war. Das ist nur ein kleiner Teil der kriminellen Machenschaften die durch den Susurluk-Untersuchungsausschuss aufgedeckt wurden.[176]

Das alles kam im NATO-Staat Türkei im November 1996 nur per Zufall ans Licht. Am Abend des 3. November 1996 raste auf einer Landstraße, nahe der westtürkischen Stadt Susurluk, ein Mercedes in einen Lkw. In der gepanzerten

Mercedes-Limousine kamen der von Interpol gesuchte Mafiaboss und MHP-Aktivist Abdullah Çatlı, der Polizeichef Arif Doğan und eine mit der Unterwelt kokettierende Schönheitskönigin ums Leben. Ein weiterer Insasse, der Parlamentsabgeordnete und Chef der sogenannten Dorfschützer Sedat Bucak, wurde schwer verletzt aus dem zertrümmerten Mercedes geborgen. Auf ihr Konto gehen unzählige Morde. Alle im Mercedes verband etwas Gemeinsames: ihre Verstrickung in den seit zwölf Jahren geführten schmutzigen Krieg gegen Kurden und politische Oppositionelle. Der wegen zahlreicher Morde und Bombenanschläge per internationalen Haftbefehl gesuchte Abdullah Çatlı verfügte nicht nur über einen Diplomatenpass und Polizeiausweis, sondern über weitere zwölf verschiedene Personalausweise, Pässe, Führerscheine. Geschützt wurde er von der türkischen Polizei. Peker gilt als einstiger Gefolgsmann Çatlıs. Die einst enge Beziehung zwischen den beiden Mafiabossen demonstriert heute noch die von Peker initiierte Facebook-Seite »Sedat Peker & Abdullah Çatlı«.[177] Auf seiner eigenen Webseite zeigt Peker ein riesiges rotes Plakat mit dem Foto von Çatlı und einem Zitat von ihm: »Ich zerquetsche alle Lästerer.« Unterschrift Abdullah Çatlı.

Die türkischen Tageszeitungen sprachen nach dem Unfall von einer Dreiecksbeziehung zwischen Mafia, Polizei und Politik. Denn nach dem verhängnisvollen Verkehrsunfall wurden immer mehr Informationen bekannt. Sie belegten, dass der türkische Staat systematisch Todesschwadronen in Anspruch genommen und mit Pässen und Waffen ausgestattet hatte. In der Regel waren es Kriminelle oder Graue Wölfe. Neben staatlicher Förderung bezogen die Mafiabanden ihr Kapital aus Glücksspiel, Schutzgelderpressung, Auftragsmorden, Waffen und Drogenhandel. Alles wurde gedeckt. Teile der Ermittlungen wurden im Zuge der Staatsräson unter

Verschluss gehalten und Verhaftungen immer nur dann vorgenommen, wenn sie im Zuge innerstaatlicher Machtkämpfe dem strategischen Vorteil einer Seite dienten. Zahlreiche Verhaftungen mündeten nie in Anklagen und erst recht nicht in Verurteilungen. Der ehemalige Innenminister Mehmet Ağar selbst gab vor dem ersten Susurluk-Untersuchungsausschuss zu, der aufgrund des öffentlichen Protestes im Parlament eingesetzt wurde: »Wir haben tausend verdeckte Operationen für den Staat durchgeführt.« Aber viel mehr wollte er nicht sagen. »Ein Mann, der für den Staat arbeitet, nimmt seine Geheimnisse mit ins Grab und verpfeift nicht«, erklärte er.[178] Und vielsagend fügte er hinzu: »Würde ich hier eine Aussage machen, müssten Sie auch einen Staatspräsidenten, drei Ministerpräsidenten und fünf Generäle herbestellen.«[179]

Im Jahr 2011 wurde er zu fünf Jahren Gefängnis wegen seiner Verwicklung in die Susurluk-Affäre verurteilt. Die Staatsanwaltschaft hatte eine lebenslange Freiheitsstrafe gefordert. Nach einem Jahr Gefängnisaufenthalt war er wieder in Freiheit und durfte sogar für die erlittene Haft Entschädigung einfordern.

Der erwähnte Untersuchungsausschuss kam zu dem Ergebnis, dass staatliche Institutionen mit der türkischen Mafia zusammengearbeitet hatten und in dieses Netzwerk nicht nur Geheimdienste und Militärs verstrickt waren, sondern auch höchste Politiker des Landes.

Bis zum heutigen Tag sind die rund 5000 Morde an Intellektuellen und insbesondere Kurden in den neunziger Jahren nur bruchstückhaft aufgeklärt worden. Im gleichen Zeitraum ist das Schicksal von mehreren tausend Oppositionellen, vor allem Kurden, ungeklärt. Sie sind einfach verschwunden. Knapp 1080 Fälle haben türkische Betroffenenverbände dokumentiert.[180] Die meisten Beweisstücke wurden von Sicherheitskräften bei den Betroffenenverbänden vernichtet. Was wohl daran liegt, dass die damals Verantwortlichen heute wieder in Amt und Würden sind oder, wie das Beispiel der MHP zeigt, eine zentrale politische Macht wurden und sie die AKP und Erdoğan, trotz vieler Widersprüche, stützen, vornehmlich im Kampf gegen die Kurden.

Am 18. August 1998 flog Sedat Peker von Rumänien nach Istanbul. Eine Woche später wurde er verhaftet. Zuvor telefonierte er noch mit mehreren hohen Politikern, Polizisten und Offizieren. »Ich ziehe es vor, ein ehrenvoller Niemand zu sein als ein Bastard und Kaiser«, wurde er anlässlich seiner Verhaftung zitiert.

Der Prozess gegen ihn wurde einen Monat später eröffnet. Zur allgemeinen Überraschung gestand er die ihm vorgeworfenen Taten ein. Wegen Bildung einer kriminellen Vereinigung wurde er zu einer Haftstrafe verurteilt. Obwohl die Staatsanwaltschaft eine Haftstrafe von über 7,5 Jahren forderte, verurteilte ihn das Gericht zu acht Monaten und 29 Tagen Gefängnis. Während der Gerichtsverhandlung äußerte er, dass ihm ein alter Abgeordneter eine SMS geschrieben und ihm gesagt habe, er solle sich nicht zu arrogant vor Gericht aufführen. »Ich möchte alles erzählen«, sagte er dem Richter, »denn wenn ich es nicht erzähle, dann könnte es sein, dass ich unter zweifelhaften Umständen Selbstmord begehe.«

Er erzählte trotzdem nichts, was andere Mittäter belastete. Schließlich konnte er sicher sein, viele politische Schutzengel zu haben, wie jene, die ihn in Rumänien besucht hatten. Im Mai 1999 durfte er bereits wieder die grenzenlose Freiheit genießen. Aber in den wenigen Monaten im Gefängnis Bayrampaşa ging es ihm auch nicht schlecht. Er wurde nicht gefoltert und misshandelt wie andere Häftlinge. Vielmehr war er Besitzer von neun HiFi-Anlagen, vier Waschmaschinen, sechs Kühlschränken und vier TV-Geräten. Sein Wunsch nach einem Ölgemälde, einem neuen Bett, Blumenarrangements in Vasen und einem Teppich von Wand zu Wand wurde ebenfalls erfüllt.[181]

Geradezu bewundernd sprach man nach seiner Entlassung über ihn, dass zum Beispiel nicht der Staat für Gerechtigkeit sorgt, sondern er, Sedat Peker, der spendable Pate. Das bezog sich insbesondere auf die finanzielle Hilfe, die er den Opfern des schweren Erdbebens in der Region Gölcük, 120 Kilometer südöstlich von Istanbul, am 17. August 1999 gewährte. Bei dem Erdbeben kamen 18 373 Menschen ums Leben. Davon abgesehen widmete er sich offenbar sowohl seinen kriminellen Geschäften als auch seinen politischen Idealen. Er finanzierte eine Webseite der Turanisten. Die politische Vision der Turanisten ist die Einheit aller turksprachigen Völker, die vom Balkan bis zu den Grenzen Chinas reichen. Zur Präsentation dieser Webseite lud er am 22. Mai 2002 zu einem Empfang ein.[182] Und alle seine liebsten Freunde kamen. Unter ihnen war unter anderem Korkut Eken. Er war die rechte Hand von Ex-Innenminister Ağar und Befehlshaber der Todesschwadronen, für die es laut dem parlamentarischen Untersuchungsbericht kein Gesetz, keinen Paragrafen gibt, an die sie sich zu halten hatten. »Es wurde lediglich ein Befehl gegeben: zu vernichten.«[183] Mit dabei war außerdem Veli Küçük. Er war Kommandeur des JITEM, also des Geheimdienstes der Gendarmerie, verantwortlich ebenfalls für die Todeskommandos.[184] Außerdem begrüßte Peker zahlreiche Generäle, Abgeordnete, ehemalige Minister, bekannte Mafiabosse, Sänger und einen TV-Star.

Im Frühjahr 2005 war es mit seiner Freiheit erst einmal für lange Zeit zu Ende. Im Rahmen der »Operation Schmetterling« der Istanbuler Kriminalpolizei wurde er verhaftet und am 31. Januar 2007 wegen Bildung und Leitung einer kriminellen Vereinigung, Urkundenfälschung und Freiheitsberaubung zu 14 Jahren, fünf Monaten und zehn Tagen Gefängnis verurteilt. Im Gefängnis heiratete Sedat Peker im Mai 2008 seine Anwältin.

Im Zusammenhang mit der »Operation Schmetterling« wurden auch Manager und Fußballspieler des Istanbuler Fußballvereins Fenerbahçe wegen Spielmanipulationen festgenommen. Auch hier war der Mafiapate beteiligt. »Immer wieder wurden Verbindungen zwischen der Mafia und dem türkischen Fußball öffentlich. So wurden im Jahre 2005 Telefongespräche abgehört, die der damalige Funktionär des türkischen Fußballverbandes Davut Dişli mit Sedat Peker geführt hatte. Im Jahr 2004 wurde öffentlich, dass Beşiktaş-Manager Sinan Engin Kontakte zu dem Mafiapaten Alaatin Çakıcı pflegte, der auch Ülkücü Mafya Babası genannt wird.«[185]

Dann kam es jedoch zum Ergenekon-Prozess, in dem Peker wieder vor Gericht erscheinen musste. Ergenekon soll ein Geheimbund sein, eine terroristische Vereinigung, die das Ziel verfolgte, die Regierung von Recep Erdoğan zu stürzen. Mehr als 300 Personen wurden in mehreren Verhaftungswellen zwischen 2007 und 2010 festgenommen. Im Laufe der Ermittlungen nahm der angebliche Geheimbund immer monströsere Züge an. Nach und nach standen nicht nur Mitglieder der Armee, der paramilitärischen Gendarmerie und der Polizei im Verdacht, den Sturz der AKP-Regierung geplant zu haben, sondern auch Wissenschaftler, Autoren, Anwälte, Journalisten, linksradikale Politiker und Abgeordnete der oppositionellen Republikanischen Volkspartei (CHP). Außer einem Umsturz sollen sie auch Mordkomplotte gegen Erdoğan geplant haben. Während seines Gerichtsprozesses sagte Sedat Peker immerhin einiges zur zurückliegenden Susurluk-Affäre. Demnach gab es eine Todesliste von kurdischen Unternehmern, die der PKK gespendet haben sollen. Korkut Eken, ein General des türkischen Geheimdienstes MIT, kassierte nicht unbeträchtliche Beträge, um einzelne Namen von der Todesliste zu streichen. Auffällig war auch seine Aussage: »Ich war die sündigste Person im Gerichtssaal, aber ich bin einer, der dem Staat gegenüber seinen Respekt zeigt.«

Im Jahr 2013 wurden 275 Angeklagte »wegen gewaltsamen Umsturzversuches« zu langen Haftstrafen verurteilt, 16 von ihnen erhielten lebenslange Freiheitsstrafen. Unter den Verurteilten waren dutzende ranghohe Militärangehörige. Tatsächlich verbarg sich hinter diesem Mammutprozess etwas ganz anderes. Es ging um eine Hexenjagd gegen kemalistische Kritiker an Erdoğans Kurs hin zum islamischen Staat. »Die Festnahme der Journalisten Nedim Şener und Ahmet Şık, die mit ihren Recherchen selbst zur Aufdeckung von Mordkomplotten beitrugen und die Polizeiarbeit kritisierten, stärkte 2011 den Eindruck, dass mit den Verschwörungsvorwürfen Regierungskritiker mundtot gemacht werden sollten. Darüber hinaus stellten Verteidiger und Menschenrechtler immer wieder Ungereimtheiten in der Beweisführung fest. Mehrmals verschwanden nach Angaben von Verteidigern entlastende Beweismaterialien, unabhängige Gutachter stellten Manipulationen an digitalen Datenträgern fest.«[186]

Sedat Peker wurde im April 2013 von allen Beschuldigungen im Ergenekon-Prozess freigesprochen, denn er passte mit seinem ideologischen Weltbild nun überhaupt nicht zu den anderen Angeklagten. Am 10. März 2014, genau um 21 Uhr, war sein zehnjähriger Gefängnisaufenthalt aufgrund der Verurteilung im Zusammenhang mit der »Operation Schmetterling« zu Ende. Seitdem kämpft er, mit viel Kapital und vielen Bodyguards im Hintergrund, sowohl für das Großtürkische Reich der Grauen Wölfe wie für seinen geliebten Staatspräsidenten Erdoğan.[187]

In der türkischen oppositionellen Tageszeitung *Zaman* wurde in der Vergangenheit häufig kritisch über Sedat Peker berichtet, auch über seine exklusiven Kontakte zu hohen Militärs und Politikern. Am 4. März 2016 stürmte die türkische Polizei das Redaktionsgebäude. Die Journalisten wurden mit Gewalt daran gehindert, ihr Verlagsgebäude zu betreten. Alle Computer wurden beschlagnahmt. Inzwischen wurde die einst kritische Tageszeitung *Zaman* unter Staatsaufsicht gestellt und auf strikten Erdoğan-Kurs getrimmt. Alle Artikel über Sedat Peker sind aus dem Archiv der Zeitung gelöscht worden. Immerhin konnte man in anderen Zeitungen noch eine besondere Nachricht lesen. Jährlich wird ein »Türkiye Gençlik Ödülleri« (Preis der türkischen Jugend) an Persönlichkeiten des öffentlichen Lebens verliehen. In der breiten Öffentlichkeit weiß niemand viel über diesen Preis und den Organisator dieses prachtvollen gesellschaftlichen Events. 14 Millionen Personen hatten über das Internet unter anderem den »besten Geschäftsmann des Jahres 2016« ausgewählt. Die Wahl fiel auf Sedat Peker mit 176 497 Stimmen, was seiner ausgeprägten Eitelkeit durchaus entgegenkam. Gerade einmal zwei Jahre aus dem Gefängnis heraus und bereits »bester Geschäftsmann des Jahres 2016«, das ist eine bemerkenswerte Leistung. Die Anzahl der Stimmen entsprach übrigens in etwa der seiner Follower auf Twitter. Auch aus dem Gefängnis heraus erhielt er große Anerkennung für die Preisverleihung, und zwar von Selahattin Yılmaz, der Peker seinen »ewigen Freund« nennt.[188] Wahrscheinlich kennen sie sich aus dem gemeinsamen Aufenthalt im Gefängnis. Selahattin Yılmaz war einst Chef einer kriminellen Organisation in der Hafenstadt Samsun und sitzt bereits länger hinter türkischen Gittern als sein Freund Sedat Peker. »Ich hoffe Dich zu sehen, wenn ich wieder in Freiheit bin«, wird er zitiert.[189]

Und was den von Erdoğan mitinitiierten Mammut-Prozess Ergenekon angeht? Das höchste türkische Berufungsgericht erklärte im April 2016 die Verurteilung hunderter Militärs, Journalisten und Akademiker wegen der angeblichen

Verschwörung Ergenekon gegen die Regierung Erdoğan für null und nichtig. Das Gericht begründete seine Entscheidung mit einem »Mangel an Beweisen« für die Existenz einer »terroristischen Organisation«, die den damaligen Regierungschef Recep Tayyip Erdoğan habe stürzen wollen.

## Über das Ende einer türkischen Demokratie

Irgendwie passt in diesem Zusammenhang von Mafia und Politik in der Türkei, dass die türkische Regierung Anfang Juli 2016 ein neues Gesetz erlassen hat. Demnach kann jeder sein Geld, ob kriminell oder legal erwirtschaftet, in der Türkei investieren. Es wird nicht nachgefragt, aus welchen schmutzigen Quellen das Geld stammt, und die Investitionen sind sogar noch für fünf Jahre steuerfrei.[190] Paradiesische Zustände also für Mafiosi im NATO-Land Türkei. Aber nicht nur für die Mafiosi, sondern auch für die Islamisten und Erdoğan herrschen seit dem 18. Juli 2016 paradiesische Zustände. In der Nacht zum 16. Juli 2016 putschten einige Militäreinheiten gegen die Regierung. 270 Menschen kamen dabei ums Leben. Der Putsch war schnell beendet, zumal er merkwürdig stümperhaft organisiert war. Nach dem Putsch wurden Hinweise bekannt, dass der türkische Nachrichtendienst MIT schon viele Stunden vor Beginn des Putsches informiert war – ohne etwas zu unternehmen. Bereits wenige Stunden nach der Niederschlagung des Putschversuchs wusste Erdoğan, wer dafür verantwortlich war – die Gülen-Bewegung des islamischen Predigers Fethullah Gülen. Er ist derjenige Islamist, der bis 2013 ein enges Verhältnis zu Erdoğan pflegte und seit 1999 in den USA lebt. Weshalb es zu dem Zerwürfnis kam, ist nicht bekannt. Jedenfalls ist seitdem die Gülen-Bewegung für Erdoğan eine terroristische Vereinigung. Den gescheiterten Militärputsch nutzte Erdoğan für einen Staatsstreich, unterstützt durch einen islamisch-nationalistischen Mob. Um 23 Uhr Ortszeit trat Erdoğan am 20. Juli 2016 vor die Fernsehkameras und verkündete die Verhängung des Ausnahmezustandes für drei Monate.

Jetzt nahm Erdoğan die Gelegenheit wahr – er selbst sagte ja zum gescheiterten Putsch, »es sei ein Geschenk Gottes« –, alles, was er als seine Feinde ansah, in einer Nacht- und Nebelaktion auszuschalten. Es begannen die Nächte der langen Messer. Die »Säuberungsaktion«, die jeder rechtsstaatlichen Doktrin widerspricht, betraf unter anderem viele, die überhaupt nichts mit der Gülen-Bewegung zu tun haben. Es wurden nicht nur 6000 Soldaten, 183 Generäle und Admiräle unter menschenunwürdigen Bedingungen verhaftet und zur Schau gestellt. Gleichzeitig wurden 8777 Angehörige des Innenministeriums und 7850 Polizeioffiziere entlassen, ebenso 2745 Richter und Staatsanwälte. Alle Dekane von privaten wie staatlichen Universitäten, insgesamt 1577, mussten zurücktreten und 1500 Beamte des Finanzministeriums wurden entlassen.[191] Entlassen wurden 22000 Beamte im Bildungsministerium und 21000 Lehrer, die in Privatschulen tätig waren. Ihnen wurden kurzerhand die Lehrbefähigung entzogen und ihre Diplome aberkannt. Jetzt sind im Prinzip nur noch die Imam- und Predigerschulen da, die Bastionen der AKP. Die Betroffenen wissen nicht, wie sie jetzt ihre Familien ernähren oder anstehende Gerichtsverfahren finanzieren sollen. Gegen 370 Mitarbeiter des Fernsehsenders TRT wurden Ermittlungsverfahren eingeleitet, wegen Unterstützung einer terroristischen Organisation. 34 Presseausweise türkischer Journalisten wurden für ungültig erklärt, wegen Bedrohung der inneren Sicherheit, und 24 Fernseh- und Radiostationen geschlossen. Außerdem wurden 47 Distrikt- und 30 Provinzgouverneure entlassen. Und das war nur die Säuberungsliste mit Stand 19. Juli 2016. Gleichzeitig rief das Generalpräsidium der türkischen Polizei die Bevölkerung auf, »provokative« Mitteilungen in den Sozialen Medien den Behörden zu melden. »Die Folge: In dem social-media-begeisterten Land ›säubern‹ Menschen seit gestern ihre Twitter-Facebook-Instagram-Profile von Einträgen, die als regierungskritisch – und damit ›terroristisch‹ oder ›provokativ‹ ausgelegt werden können. Manche posten aus reinem Selbstschutz regierungsfreundliche Mitteilungen, andere legen ihre Accounts still.«[192] Welche Geisteshaltung seitdem in der Türkei herrscht, dokumentiert eine Aussage des türkischen Wirtschaftsministers Nihat Zeybekçi über die verhafteten Gülen-Anhänger: »Wir werden sie so hart bestrafen, dass sie flehen werden: ›Lasst uns sterben, damit wir erlöst werden!‹ Wir werden sie zwingen, uns anzuflehen. Wir werden sie in so tiefe Löcher werfen, dass sie kein Sonnenlicht mehr sehen, solange sie atmen. ›Tötet uns‹, werden sie uns anflehen. Selbst wenn wir sie hinrichteten, fände mein Herz keinen Frieden. Sie werden in zwei Quadratmeter großen Löchern sterben wie Kanalratten.«[193]

Kurz nach dem Militärputsch in der Türkei postet Sedat Peker auf Facebook am 17. Juli 2016 seine Rede in Rize vor einer begeisterten Menge. Diese Rede dokumentiert, worum es wirklich in der Türkei geht – um die absolute Herrschaft der Islamisten. »Die einfachen Soldaten sind unsere Brüder, aber ihre Generäle sind Verräter, sie sind Ungläubige, sie haben dieses Land an die USA und Israel verraten. Sie sind die Hunde der USA und von Israel. Wir werden dieses Land nicht den Zionisten überlassen. Wir werden eine neue türkisch-islamische Welt schaffen. Wir werden mit der türkischen Nation der gesamten islamischen Welt vorstehen. Wir werden mit allen Türken zusammen an das Tor an der Chinesischen Mauer klopfen. Unter der Führung des Korans werden wir die türkisch-islamische Führung ausbauen und den Staat Turan gründen.«[194]

# Wölfe im Schafspelz in Deutschland

Häufig wird nicht nur von den Rechtspopulisten bekanntlich vor »dem Islam« gewarnt. Seltsamerweise wird dabei verdrängt, dass die rechtsradikalen und rechtsnationalistischen Türken, insbesondere die AKP-Anhänger, in Deutschland wie in Österreich nicht weniger gefährlich sind als die radikalen Islamisten. Sie stellen tatsächlich eine akute Bedrohung für die liberale demokratische Gesellschaft dar. Das zeigte sich eindrücklich nach dem gescheiterten Militärputsch am 16. Juli 2016. Da gingen tausende Türken, fast nur Anhänger der AKP oder der Grauen Wölfe, in mehreren deutschen Städten auf die Straße und demonstrierten lautstark für Demokratie, feierten in Wirklichkeit jedoch den autokratischen Herrscher Erdoğan und skandierten »Allahu akbar«. Ein Ruf, der immer öfter in Deutschland bei solchen Massendemonstrationen zu vernehmen ist. In Hamburg wurde sogar die Flagge der Dschihadisten geschwenkt und es herrschte, so ein Augenzeuge, eine aufgeputschte Stimmung. »Die Begeisterung für Erdoğans Säuberungen steht nicht auf dem Boden des Grundgesetzes. Sie ist inakzeptabel«, schreibt Ulf Poschardt, der stellvertretende Chefredakteur der *Welt*.[195] Er hat recht. Denn es zeigt, dass die in Deutschland lebenden Erdoğan-Anhänger (60 Prozent haben bei den letzten Parlamentswahlen in der Türkei für ihn gestimmt) die freiheitliche Demokratie, um es diplomatisch zu formulieren, nicht besonders achten. Was zudem aufgefallen ist: Bei einer Demonstration nach dem Militärputsch, an der knapp 40 000 Türken in Köln am 31. Juli 2016 teilnahmen, waren auch zahlreiche Anhänger des Mafiapaten Sedat Peker zu sehen. Sie posierten in einem kurzen Videobeitrag stolz mit einem Banner, auf dem Sedat Peker zu sehen war, und riefen »Allahu akbar«. Die Demonstration wurde live vom russischen Sender RT Deutschland übertragen.

Während die Erdoğan-Anhänger »Allahu akbar« riefen, wurden im Chat von RT Deutschland massenhaft rassistische Beiträge von Deutschen geschrieben, häufig mit dem Hakenkreuz versehen.

»Viele türkischstämmige Bürger in Deutschland erhielten jedenfalls in den Tagen nach dem gescheiterten Putsch, für den Ankara Gülen verantwortlich macht, über die sozialen Netzwerke die Aufforderung, Anhänger der Gülen-Bewegung zu denunzieren. Die Rufnummer einer Hotline des Präsidialamtes in Ankara wurde gleich mitgeliefert: 0090(312)5255555. Absender des Aufrufs war ein Ableger der türkischen Regierungspartei AKP, die ›Union Europäischer Demokraten‹ (UETD). Über den Internetdienst Whatsapp wurde zudem zum Boykott von bestimmten in Deutschland ansässigen Firmen aufgerufen, denen eine Nähe zur Gülen-Bewegung unterstellt wird.«[196] Nicht weniger bedrohlich ist die Situation für die Anhänger der Gülen-Bewegung in Deutschland. Ercan Karakoyun, der Vorsitzende der Stiftung Dialog und Bildung, sie ist der offizielle Repräsentant der Gülen-Bewegung in Deutschland: »Die Lage ist beängstigend, wir werden bedroht und beschimpft, wir erhalten Morddrohungen«. Einige Absender von Morddrohungen, meldet die *Frankfurter Allgemeine Zeitung*, würden gar ihre Namen oder die ihrer Gruppe nennen, so etwa ein Ortsverband der nationalistischen Grauen Wölfe in Duisburg.[197] All das hat eine Vorgeschichte.

Ende Mai 2015 meldeten einige deutsche Medien, dass es in der CDU Nordrhein-Westfalen Politiker mit türkischem Hintergrund gebe, »die wegen ihrer Gesinnung nicht so recht zu einer ›Partei der Mitte‹ passen: Anhänger der religiösen Gülen-Bewegung, von Millî Görüş oder Sympathisanten der völkisch-nationalistischen Grauen Wölfe.«[198] Tatsache ist, dass die von dem Mafiapaten Sedat Peker hochfavorisierten Grauen Wölfe auch in Deutschland seit den siebziger Jahren außerordentlich aktiv sind. Geschätzt wird, dass es über 20 000 Mitglieder und Anhänger der faschistischen MHP in Deutschland gibt. Hier hielt sich nicht nur der Papst-Attentäter und Graue Wolf Mehmet Ali Ağca auf, sondern auch der Killer Abdullah Çatlı. In der Anklageschrift des italienischen Generalstaatsanwalts gegen die Hintermänner des Attentats auf den Papst ist zu lesen: »Ali Ağca und Oral Çelik, Graue Wölfe, aus denen gedungene Abenteurer und internationale Terroristen geworden sind, benötigten mehr denn je ein organisiertes Netz für Logistik und Einsatzverbindungen. Sie brauchten unabdingbare Helfer, sichere Wohnungen, gefälschte Papiere, Informationsquellen.« Und die wurden ihnen, so die Generalstaatsanwaltschaft in Rom, von den Grauen Wölfen in Deutschland angeboten. Immerhin war es Ali Ağca, der schon im Juli 1980 von Sofia aus einen Telefonanschluss in Hessen angerufen hatte. Der gehörte dem Vizepräsidenten der Türk-Föderation. In einer Presseerklärung der IG Metall Bezirksleitung Stuttgart vom 30. Juni 1980 ist über die Politik der Türk-Föderation, der Dachorganisation der MHP, Folgendes zu lesen: »Neben einer allgemein verleumderischen Hetze gegen den DGB und seine Gewerkschaften werden, unter anderem unter massiver Bedrohung über Unterschriftsaktionen, unsere ausländischen Kolleginnen und Kollegen zum Austritt aus der IG Metall gezwungen, Betriebsversammlungen gestört und Vertreter des DGB bei ihrer Arbeit behindert und bedroht. Einrichtungen ausländischer Gewerkschaftsmitglieder werden über Nacht beschädigt oder zerstört, Roll-Kommandos eingesetzt, die zum Beispiel in Wohnheimen unsere ausländischen Kolleginnen und Kollegen terrorisieren, um besonders aktive Gewerkschaftskollegen nachhaltig einzuschüchtern, Morde verübt und Morddrohungen ausgesprochen.«

Noch im Jahr 1996 antwortete die Bundesregierung auf eine parlamentarische Anfrage der damaligen PDS: »Die

›rechtsextremistische‹ MHP wird in der Türkei nicht als extremistisch eingestuft. Sie gilt als ›normale‹ koalitionsfähige Partei.« Auf die Frage, ob die Bundesregierung wisse, dass sich Alparslan Türkeş in seiner ideologischen Ausrichtung am Nationalsozialismus, der NSDAP und dem Führerprinzip orientiert, antwortete die Bundesregierung immerhin: »Es ist bekannt, dass Türkeş Kompromisslosigkeit in der politischen Auseinandersetzung, Intoleranz gegenüber Andersdenkenden und Elitebewusstsein sowie irrationales völkisches Gedankengut erkennen lässt.«

Diese Einstellung hat sich inzwischen vollkommen verändert. Über die Grauen Wölfe in Deutschland schreibt der hessische Verfassungsschutz: »Die ›Grauen Wölfe‹ sind eine von rassistischen Ideologie-Elementen geprägte, rechtsextremistische Gruppierung unter Migranten in Deutschland. Ihre Ideologie richtet sich gegen die grundgesetzlich garantierte Menschenwürde sowie gegen die Völkerverständigung. Die ›Grauen Wölfe‹ finden unter türkischen Migranten in Deutschland eine bedenklich hohe Resonanz.«

Ende April 2015 versammelten sich in der König-Pilsner-Arena in Oberhausen tausende Mitglieder und Sympathisanten der Grauen Wölfe. Zu Gast war Devlet Bahçeli, der Parteivorsitzende der türkischen MHP, um Wähler für die anstehenden türkischen Parlamentswahlen zu gewinnen. Die Parolen dort waren eindeutig: »Unser Kampf geht bis zum letzten Mann, bis zum letzten Atemzug, bis zum letzten Tropfen Blut.« Bereits auf einem Kongress der Türk-Föderation, dem Dachverband der Grauen Wölfe in Deutschland, im Jahr 1996 in der Essener Grugahalle rief Alparslan Türkeş, der inzwischen verstorbene Führer der MHP, seine Anhänger zum Eintritt in die CDU auf. »In Städten wie Köln, Berlin oder Hamm arbeiten Graue-Wölfe-Freunde in der CDU mit, der [2012 abgewählte] Duisburger Oberbürgermeister Adolf

Sauerland ließ sich schon mal mit MHP-Aktivisten beim freundlichen Plausch ablichten, in Köln suchten Christdemokraten gezielt den Dialog mit Grauen Wölfen.«[199]

Şevket Avci von der Duisburger CDU ist Vorsitzender des Duisburger Integrationsrates und steht den Grauen Wölfen anscheinend ziemlich nahe.[200] Oder Zafer Topak. Er ist Mitglied der CDU, sitzt im Integrationsrat der Stadt Hamm und ist bekennender MHP-Anhänger. In einem Interview mit dem ZDF-Magazin »Frontal« erklärte er freimütig: »In der CDU gibt es jede Menge Sympathisanten oder Mitglieder dieser Organisation. Ich weiß das ganz genau. Wenn man nur mich aus der CDU ausschließt, dann müsste man die ganzen CDU-Mitglieder ja auch aus der Partei ausschließen. Die braucht man aber als Stimmenbringer.«[201] Immerhin gab es ja auch eine Studie der CDU-nahen Konrad-Adenauer-Stiftung aus dem Jahr 2006. Sie empfahl CDU-Politikern, »aus politstrategischen Gesichtspunkten« im Einzelfall abzuwägen, »inwieweit eine zielgerichtete Zusammenarbeit« mit den Rechtsradikalen möglich sei.[202] Selbst der Integrationsbeauftragte der bayerischen Staatsregierung, Martin Neumeyer (CSU), trat Mitte Juli 2016 beim »Internationalen Sommerfest« der Münchner Organisation »Türkisches Kulturzentrum Bizim Ocak e. V.« als Redner auf. »Der Verein wird vom Inlandsgeheimdienst beobachtet und den Grauen Wölfen zugerechnet.«[203] Der Integrationsbeauftragte hingegen erklärte, dass er jede Einladung als Ehre ansehe, auch diese. Denn er wolle ja für Werte wie Rechtsstaatlichkeit oder Demokratie werben. Florian Ritter, SPD-Landtagsabgeordneter, warf Martin Neumeyer hingegen »gefährliche Naivität« vor. In einer Pressemitteilung der Bayerischen SPD-Landtagsfraktion vom 22. Juli 2016 wird eine Aussage des Abgeordneten Ritter zitiert: »»Die Grauen Wölfe sind völlig unbestritten radikale Nationalisten, sie vertreten eine rassistische und antisemitische Ideologie und stehen für Gewalt und Repression gegen die nationalen Minderheiten in der Türkei‹, erklärte der Landtagsabgeordnete.«

Dabei organisieren sich die türkischen Rechtsextremisten schon lange nicht mehr nur in den konservativen Parteien, sondern auch in der SPD und bei den Grünen. Und sie sind deutschlandweit in Ausländerbeiräten, Integrationsräten oder in Schulelternbeiräten vertreten. »Sie versuchen, sich brav und bieder zu geben«, klärt Benno Hafeneger auf, Professor für Erziehungswissenschaft an der Philipps-Universität in Marburg. Denn die »Anhänger und Sympathisanten der Grauen Wölfe verharmlosen sich als ›stolze Verfechter des Türkentums‹. Sie agieren dabei, als stünden sie stellvertretend für alle Türken und Türkischstämmige in Deutschland. Kritik an ihrem rechtsextremen Gedankengut werde geschickt als Angriff auf das Türkentum an sich umgedeutet.«[204]

Serdar Çelebi, der ehemalige Vorsitzende der Türk-Föderation in Deutschland, gründete im Oktober 1987 die »Union der türkisch-islamischen Kulturvereine in Europa e. V.« (ATIB), die er von Köln aus bis 2000 als Vorsitzender leitete. Die ATIB umfasst heute, nach eigenen Angaben, 122 Vereine mit insgesamt 11 000 Mitgliedern. Çelebi, bis heute Ehrenvorsitzender der ATIB, kehrte in die Türkei zurück und ist nun Mitglied der rechtsextremen islamistisch-nationalistischen Büyük Birlik Partisi (BBP). Die versteht sich als die wahre Erbin der faschistischen MHP.

Die ATIB selbst gibt sich lammfromm. Auf einer Webseite des Verbandes sieht man auch die nordrhein-westfälische Ministerpräsidentin Hannelore Kraft mit einem Führungsmitglied der ATIP.

Schließlich ist ATIB ein in jeder Beziehung demokratischer türkischer Dachverband. Das zumindest wird der deutschen Öffentlichkeit gegenüber so vermittelt. Demnach pflegt der »Verband sehr enge und transparente Verbindungen zu anderen nichtstaatlichen Organisationen und der politischen Landschaft in Deutschland. Der Vorwurf des Faschismus und Rassismus ist fern von einem brüderlichen islamischen Verständnis der ATIB ... ATIB geht stets den gemäßigten ›Weg der Mitte‹ im Islam, welcher sich gegen jeglichen Faschismus, Rassismus, Chauvinismus oder religiös motivierten Fundamentalismus ausspricht. ATIB ist zudem Gründungsmitglied des Zentralrats der Muslime und setzt sich auch hier stets für die Vielfalt im Islam ein.«[205]

Etwas anders sehen das deutsche Verfassungsschützer. Das Hessische Landesamt für Verfassungsschutz rechnet sie dem »türkischen Nationalismus der Grauen Wölfe« zu. »Insgesamt kann davon ausgegangen werden, dass die rechtsextremistischen ›Grauen Wölfe‹ bundesweit über ein Potenzial von über 20 000 Anhängern verfügen. Die ›Grauen Wölfe‹ haben Teile der Migrantengesellschaft vereinnahmt.«[206]

Auf eine schriftliche Anfrage des bayerischen SPD-Abgeordneten Florian Ritter an die Landesregierung zur Ülkücü-Bewegung am 7. Oktober 2015 geht aus der Antwort hervor, dass sie, abgesehen von der Türk-Föderation, sowohl den Verband der Türkischen Kulturvereine in Europa (ATB) als auch die ATIP als »weitere Dachverbände der Ülkücü-Bewegung« zuordnet. Auf die Frage, ob die ATIB und ihr zuzurechnende Vereine vom Bayerischen Landesamt für Verfassungsschutz beobachtet werden, lautete die Antwort kurz und bündig: »Die ATIB unterliegt der Beobachtung durch das BayLfV.«[207]

Inzwischen mehren sich die Hinweise, dass in Deutschland in Zukunft die verschiedenen islamistischen, rechtsextremen und Anhänger der Erdoğan-Partei gemeinsame Sache machen. Das birgt erheblichen politischen Konfliktstoff, angeheizt durch Erdoğans Landsleute in Deutschland, und ist Wasser auf den Mühlen der Rechtspopulisten, die mit ihren

Attacken gegen muslimische Migranten und den Islam überhaupt bereits erfolgreich auf Stimmenfang sind. Besonders deutlich wurde diese »gemeinsame Sache«, als verschiedene nationalistische und islamistische türkische Organisationen für den 10. April 2016 zu einem sogenannten »Friedensmarsch für die Türkei und die EU« unter anderem in München, Köln, Hannover, Nürnberg und Frankfurt am Main warben. Veranstalter war ein »Almanya Yeni Turk Komitesi« (AYTK). Es gibt Hinweise, dass die AYTK-Demonstration von DITIB, dem deutschen Ableger der staatlichen türkischen Religionsbehörde Diyanet und besonders der Union Europäisch-Türkischer Demokraten (UETD), der europäischen Organisation der AKP von Erdoğan, mitorganisiert wurde. Mit dabei waren aber auch die rechtsradikalen Grauen Wölfe und die Osmanische Generation.[208] Letztere Organisation islamistischer Prägung wirbt, wie Erdoğan, für die Wiederherstellung des Osmanischen Reiches. Ihr Ziel ist ein Kalifat. Der Weg dorthin, schreiben sie auf Facebook, ist der Islam. »Nationalistisch ist nicht der, der sich für das Volk und seine Religion einsetzt. Nationalistisch ist der, der die Erde als seines statt Allah bezeichnet.« Und zu Erdoğan sagen sie: »Möge Allah ihn beschützen und ihn nicht von seinem Weg abkommen lassen.« Sie zeigen ein Foto, das Erdoğan im Jahr 2012 zusammen mit seinem engen Freund, dem einstigen ägyptischen Präsidenten Mohammed Mursi abbildet, dem Oberhaupt der Muslimbrüder. Über dem Bild steht: »Der Koran ist unsere Verfassung, der Prophet unser Führer, der Dschihad unser Weg. Der Tod für Allah ist unser größter Wunsch.«

Der Personenschutz-Unternehmer Timur Yüksek, der für den Personenschutz von Erdoğan verantwortlich ist, wollte die Protestzüge sogar mit einhundert seiner Personenschützer begleiten und bewachen lassen. Yüksek, der sich gerne zusammen mit Erdoğan auf Fotos zeigt[209], schrieb auf seiner Facebook-Seite am 7. März 2016 unter anderem: »Seien Sie froh, dass unsere Religion für Liebe und Frieden steht. Ansonsten wüssten wir ganz genau, wie man drei Millionen Flüchtlinge von heute auf morgen nach Europa schickt.«

Zwar kamen nicht die angekündigten Tausende, aber einige hundert Türken und ungewöhnlich chic gekleidete Türkinnen. Auffällig waren überall die Präsenz der Grauen Wölfe und ihrer Sympathisanten sowie die hymnische Verehrung von Erdoğan. Viele von ihnen, wie in Frankfurt am Main, hüllten sich mit der türkischen Nationalfahne ein. Bei der Demonstration in Köln riefen sie: »Märtyrer sind unsterblich – Das Vaterland ist unteilbar« und wechselweise »Allahu akbar«. Am 8. Mai 2016 skandierten in Düsseldorf die Grauen Wölfe erneut zu einer Demonstration auf. Angeführt wurde die Kundgebung von einem Türken, der zwei große Türkei-Flaggen schwenkte, einer Marschkapelle sowie einer Gruppe von Männern in den historischen Uniformen der Janitscharen. Bei den Janitscharen handelte es sich um eine Elitetruppe im Osmanischen Reich. Sie waren die Schutztruppen der jeweiligen Sultane. Mehr als eine Stunde lang zogen die fast tausend Demonstranten mit Marschmusik, unzähligen türkischen Flaggen sowie lauten »Allahu akbar«- und »Türkiye«-Rufen durch die vornehme Düsseldorfer Innenstadt. Das politische Ziel derartiger Manifestationen liegt auf der Hand. Mit solchen »Friedensmärschen« sollen der fundamentalistische Islam und die Bewegung von Erdoğan unter den in Deutschland lebenden Türken nicht nur propagiert, sondern hier in der türkischen Gesellschaft verankert werden. Vermutungen liegen nahe, dass der berüchtigte Türkische Geheimdienst MIT bei derartigen Aktionen nicht weit entfernt ist.

Nachdem der Bundestag am 2. Juni 2016 den Völkermord des Osmanischen Reiches vor einhundert Jahren an den Armeniern nahezu einstimmig verurteilte, meldeten sich nicht nur die türkische faschistische MHP und die Vertreter der AKP zu Wort, um zu protestieren. Abgeordnete türkischer Abstammung, die für diese Resolution gestimmt hatten, erhielten massenhafte Morddrohungen. Auch die Türkische Gemeinde (TGD) in Deutschland meldete sich zu Wort. Sie behauptete, laut *Spiegel Online*, dass durch diese Resolution für die türkischen Mitbürgerinnen und Mitbürger das Vertrauen »gegenüber dem deutschen Staat, dem deutschen Parlament und den etablierten Parteien … erheblichen Schaden genommen« habe. Es seien »heftige Reaktionen« von den mehr als drei Millionen Deutschlandtürken zu erwarten, wenn etwa in den Schulen das Thema »einseitig behandelt« werde[210]. Das ist pure Erpressung. Ende Juni 2016 gründete ein türkischer IT-Unternehmer und Fan des Despoten Erdoğan eine Türken-Partei in Deutschland, die »Allianz Deutscher Demokraten«, mit einem vorläufigen Programm, das im Grunde genommen nur aus nichtssagendem Geschwafel besteht. Ausschlaggebend für die Parteigründung war die Armenien-Resolution des Bundestags. Denn den Abgeordneten sei es doch nur darum gegangen, schreibt der Parteigründer, »Erdoğan eins auszuwischen.« Auf seiner Webseite war zu lesen: »Türken werden systematisch als Sündenböcke aufgebaut – einhergehend mit einer perfiden Entmenschlichung, gleichzeitig werden stalinistische Massenmörder und Verbrecher von Abgeordneten, Journalisten und anderen Meinungsführern verteidigt und verherrlicht. Terrorismus wird, solange er sich gegen Türken und nicht gegen Europäer richtet, gleichsam als eine Art Folklore verharmlost.«[211]

# Politische Geisterjäger
## auf dem Weg an die Macht

### Vom krankhaften Wahnsinn zur politischen Tollwut – über den Einfluss von Verschwörungstheorien auf die Politik

»Ich habe Ihren Namen im Zusammenhang mit Enthüllungsjournalismus gelesen, da meine Beweise hinsichtlich in Deutschland durchgeführter Bewusstseins- und Gedankenkontrolle ignoriert, von den Justizbehörden zurückgewiesen und meine Strafanzeigen nicht verfolgt werden. Ich werde rund um die Uhr in meinen eigenen vier Wänden, aber auch unterwegs mit elektromagnetischen und Solarwellen gefoltert und langsam zu Tode gebracht! Es geht um die Kontrolle und Überwachung unwissender Menschen mit Mikrowellen über Mobilfunk und Satellit!«

Was verbindet jene Frau, von der diese Äußerung stammt, zum Beispiel mit dem Politiker Björn Höcke, dem Thüringer Landesvorsitzenden der Alternative für Deutschland (AfD), oder mit dem österreichischen FPÖ-Vorsitzenden H. C. Strache? Björn Höcke erklärte am 13. Mai 2016 auf einer AfD-Kundgebung in Paderborn: »Liebe Freunde. Ich bin kein Anhänger von Verschwörungstheorien. Aber mich beschleicht immer öfter das Gefühl, dass führende Politiker dieses Landes fremdbestimmt sind. Ich habe dieses Gefühl – habt ihr das manchmal auch?« – »Ja!«, brüllt es ihm entgegen. »Und ich habe das ungute Gefühl, dass Deutschland systematisch kaputt gemacht werden soll. Unser Kampf wird ein langer und harter werden. Darauf möchte ich euch einschwören.« Die Politiker in Nordrhein-Westfalen und Berlin nannte er zuvor »Brut«.

Und was sagte H.C. Strache aus Österreich Ende 2015? »Die Flüchtlinge wollen sich nicht registrieren lassen, weil sie irgendwas im Schilde führen. Der russische Geheimdienst sagt, 1,5 Millionen vorwiegend muslimische Männer sind dieses Jahr nach Deutschland zugewandert. Mindestens zehn Prozent davon sind laut russischem Geheimdienst radikale Islamisten. Das heißt, 150 000 nur dieses Jahr.«[212] Konkrete Belege für diese Behauptung konnte und kann er nicht liefern. Sowohl jene Frau, die sich von elektromagnetischen Wellen verfolgt fühlt, als auch die beiden Politiker aus Deutschland und Österreich leiden unter Verfolgungswahn. Die eine ist eigentlich harmlos. Aber sowohl Björn Höcke als auch H.C. Strache sind politische hochgefährliche Brandstifter.

Zur hoffähig gewordenen Verschwörungstheorie gehören die Meldungen Anfang Februar 2016, als geplante Faschingsumzüge in Köln, Düsseldorf und Mainz aufgrund gefährlicher Sturmwarnungen abgesagt werden mussten. Nein, das kann einfach nicht sein, posteten die politischen Verschwörungstheoretiker wie Pegida-Chef Lutz Bachmann am 7. Februar 2016: »Offensichtlich ist es IM Erika und der Volksverräterbande zu gefährlich, da die Umzugswagen eventuell kurzfristig umdekoriert werden könnten. Das miese Spiel ist zu einfach zu durchschauen.« Auf der offiziellen Pegida-Seite posteten seine Anhänger unter anderem: »Würde mich nicht wundern, wenn im Lauf des Jahres mehrere Umzüge und Veranstaltungen verboten werden. Könnten ja schließlich regierungskritische ›ausländerfeindliche‹ Beiträge dabei sein. Schön verpackt in ›schlechtes Wetter‹.« Soweit wäre es alles harmlos, weil von diesen Leuten nichts anderes zu erwarten war. Danach meldete sich jedoch der Thüringer AfD-Landtagsabgeordnete Thomas Rudy zu Wort: »Wenn man schon die Angst vorm Volk als Wetterwarnung tarnt und erstmalig in der Nachkriegsgeschichte Karnevalsumzüge deswegen absagt, dann ist das System Deutschland am Ende! Die Altparteien fürchten das Volk mehr als der Teufel das Weihwasser.«

Diese kranken Verschwörungstheorien erreichten, etwas verspätet, Österreich. Einer, der sie weiterverbreitete, war Manfred Haimbuchner, der stellvertretende oberösterreichische Landeshauptmann. Am FPÖ-Aschermittwoch am 10. Februar 2016 in Ried im Innkreis, geografisch knapp 42 Kilometer von Adolf Hitlers Geburtsort Braunau entfernt, hielt er vor 2000 Anhängern eine flammende Rede. »Am Aschermittwoch lassen wir uns nicht den Mund verbieten, da sagen wir die Wahrheit, liebe Freunde.« Und er holte zum großen Rundumschlag aus. Demnach sei der ÖVP-Wirtschaftsminister doch ein »fescher Bursch«, für den das ganze Jahr »halt Fasching« sei. Dann folgte das, was in Deutschland bei den Rechtsradikalen seit Tagen verbreitet wurde und längst als besonders dumme Verschwörungstheorie aus den sozialen Netzwerken verschwunden war: »Gott sei Dank dürfen wir hier in Österreich noch Fasching feiern. In Deutschland ist das seit heuer nicht mehr selbstverständlich. Die Deutschen schaffen ihren Karneval ab, angeblich wegen Sturm. Der einzige Sturm, der Faschingsumzüge verhindert, ist der Flüchtlingsansturm. Man fürchtet sich weniger vor Angriffen von Nordafrikanern, sondern dadurch, dass die Bürger ihren Fürsten die Wahrheit sagen. Das ist der Grund, warum Faschingsumzüge verboten werden. Deutschland schafft den Fasching ab.« Als er das unter brausendem Beifall von sich gab, gewannen Beobachter nicht den Eindruck, dass Manfred Haimbuchner zuvor unmäßig viel Alkohol zu sich genommen hatte, obwohl es bereits auf 20 Uhr zuging. Er meinte das wirklich ernst.

In dieser Art von Verschwörungstheorie spielt ein Mann, der sich als Musikproduzent und Medienmacher bezeichnet, eine besonders perfide Rolle. Fotos auf Facebook zeigen einen kahlköpfigen, tätowierten Mann, der finster in die Kamera schaut. Er schreibt gerne Hetzartikel gegen die deutsche Bundeskanzlerin, über angebliche kriminelle Ausländer und natürlich gegen die verdammte Lügenpresse. Zum Beispiel: »Gut fucken? Deutschland bietet jetzt staatliche geförderte Anmachkurse für Flüchtlinge an!«[213] So gesehen ist er geistig im rechten Lager gut aufgehoben. Aber ist er ernst zu nehmen?

Am 9. Mai 2016 erstach im bayerischen Grafing ein Mann mit einem Messer einen 56-jährigen Fahrgast und verletzte durch Messerstiche anschließend drei weitere Männer teilweise schwer. Dabei soll er »Allahu akbar« gerufen haben. Es war zu erwarten, dass es nicht lange dauern kann, bis in den Sozialen Medien die Meldung ihren eigenen Widerhall finden wird, dass es sich bei dem Täter um einen islamistischen Terroristen handelt. Doch noch schneller stellte sich heraus, die seriösen Medien meldeten es entsprechend, dass der Messerstecher ein psychisch schwerkranker Deutscher aus Hessen war. Für die rechten Verschwörungstheoretiker passte das natürlich nicht ins Raster. Daher schrieb der Musikproduzent auf seinem Blog: »Wie bereits schon oft bewiesen verfüge auch ich über sehr gute Kontakte in Polizeikreise und von dort wurde mir auf Rückfrage zum Täter folgendes gesagt: Der Täter ist 27 Jahre alt, Hartz-IV-Empfänger aus dem Raum Gießen und verfügt über einen deutschen Pass. Er hat jedoch einen muslimischen Migrationshintergrund und er heißt nachweislich nicht Paul H. Angeblich soll der Täter Rafik Y. heißen.« Seine Meldung verbreitete sich blitzartig in den Sozialen Medien. Besonders die einschlägigen Verschwörungstheoretiker wie Jürgen Elsässer meldeten sich zu Wort. Er schrieb auf seinem Blog: »Islamischer Terror in Grafing bei München? Davon will die Lügenpresse nichts wissen.«[214] Die AfD sollte da nicht fehlen. Sie bezieht sich wiederum auf das Internetportal »MMnews«. »Der Täter ist 27 Jahre alt, Hartz-IV-Empfänger aus dem Raum Gießen und verfügt über einen

deutschen Pass. Er hat jedoch einen islamnahen Migrationshintergrund und er heißt nachweislich nicht Paul H., sondern
Rafik Youssef.« Und nachdem das bayerische Landeskrimi-
nalamt diese Schauermärchen nachhaltig dementierte, weil sie
schlicht erlogen waren, schrieb die AfD Heidelberg trotzig:
»Zuerst war es ein ›Islamist‹, dann ein Täter mit Migrationshintergrund, danach ein ›Deutscher‹ mit Migrationshintergrund‹ und dann ein ›Deutscher‹? Beim besten Willen …
Welcher Deutscher schreit dabei Allahu Akbar?«

Nicht weniger krankhaft sind jene Verschwörungstheoretiker, die von den unheimlichen Chemtrails sprechen, wonach
Flugzeuge am Himmel Gift versprühen. Das, was wir allent-
halben am Himmel sehen, wären nämlich keine harmlosen
Kondensstreifen, sondern da würden chemische Giftstoffe
über die Bürger gestäubt. Auf der Webseite »Blauer Himmel«,
sie zählt zu den wichtigsten Propagandisten der Chemtrails,
kann man lesen, dass die Menschen im Zuge der künstlichen
Wolkenerzeugung bereits seit vielen Jahren mit einem Mix aus
chemischen Feinstäuben besprüht würden. In einer Pressemitteilung vom 5. Mai 2013 über die Folgen des solaren Geo-
Engineering (Chemtrails) wird tatsächlich gefragt, warum das
Versprühen von chemischen Wolken zum Staatsgeheimnis erklärt wurde. »Warum herrscht in den Medien insoweit fast
völlige Zensur? Warum schweigt sich selbst Greenpeace über
dieses Thema aus? Warum werden diejenigen, die diese tatsächlichen Vorgänge am Himmel bemerkt haben, als ›Verschwörungstheoretiker‹, ›Spinner‹ oder gar völlig absurd als
Rechte diffamiert?«[215]

Vielleicht deshalb, weil ein prominenter Propagandist der
Chemtrails behauptete, dass die US-Regierung die Bevölkerung mit Chemtrails überziehe, um sich die Unterschrift unter
das Kyoto-Protokoll gegen die Klimaerwärmung sparen zu
können. Ein Wortführer der Chemtrails-Bewegung ist Rechts-

anwalt Dominik Storr, der sogar vom Bürgermeister der Südtiroler Gemeinde Eppan zu einem Gastvortrag mit dem Titel »Für einen Himmel ohne chemische Wolken« eingeladen wurde. 500 Zuhörer lauschten gespannt seinen Ausführungen. Danach berichteten Südtiroler Zeitungen, als seien Chemtrails eine Tatsache.[216] Am 6. Juni 2011 verfasste der sehr renommierte Rechtsanwalt Dominik Storr sogar einen Brief an die Bundeskanzlerin Angela Merkel. Darin fordert er sie auf, gegen das »wohl größte Umweltvergehen seit dem Zweiten Weltkrieg« vorzugehen. »Es erhärteten sich in den letzten Jahren die Indizien und Beweise, dass auch im deutschen Luftraum systematisch und gezielt große Mengen von Schadstoffen durch Flugzeuge ausgebracht werden, um das Klima zu manipulieren.« Bis zum 24. Juni sollte die Kanzlerin ihm mitteilen, ob die Bundesregierung die nötigen Schritte unternehmen werde. »Bitte sorgen Sie dafür, dass wir Bürgerinnen und Bürger nicht mehr mit toxischen Stoffen aus der Luft besprüht und vergiftet werden.« Den Brief beantwortet das Bundeskanzleramt mit dem kurzen Hinweis, dass das Schreiben an das Umweltbundesamt weitergeleitet worden sei.[217] Der Anwalt glaubt übrigens auch an die unheimliche Macht der Freimaurer: »Ich hatte viele Jahre unterschätzt, wie allumfassend die Kontrolle der Freimaurerei und des dahintersteckenden Adels ist. Ich habe dies eigentlich erst durch mein eigenes Leben bemerken können.«[218]

Ute Dopke ist AfD-Kandidatin der Bremer Bürgerschaftswahl 2015 gewesen, wurde jedoch – glücklicherweise – nicht in die Bürgerschaft gewählt. Sie postete auf Facebook: »Googelt mal Chemtrails und Geoengeenering. Das sind keine Verschwörungstheorien.« Welch Geistes Kind häufig diejenigen sind, die fest an die Chemtrails glauben, zeigt sich auf der Facebook-Seite von Ute Dopke. Dort veröffentlichte sie einen Bericht über ein Feuer in einem Flüchtlingscamp, in dem es eindeutig heißt, dass die Brandursache noch unklar ist. Sie kommentierte das so: »Selber angezündet und auf Mitleid bauen, ich bin außer mir«. Bei dem Brand wurden drei Asylbewerber, die in einem der Zelte schliefen, in letzter Sekunde vor dem Feuer gerettet. Die Polizei schloss einen fremdenfeindlichen Anschlag nicht aus.

Doch nicht nur in der AfD gibt es besorgte Bürger. Martin Bäumer ist umweltpolitischer Sprecher der CDU im niedersächsischen Landtag. Da immer wieder Briefe und E-Mails bezüglich Chemtrails auf seinem Schreibtisch gelandet seien, richtete er am 4. September 2015 eine Anfrage an die Landesregierung in Hannover. »Diese Chemtrails genannten Streifen am Himmel würden sich physikalisch völlig anders als Wolken verhalten und hätten die Aufgabe, im Wege des ›Geo-Engineering‹ das Wetter zu kontrollieren. Im Internet hat sich eine Bürgerinitiative gebildet, die auf der Seite ›sauberer-Himmel.de‹ über das wahrgenommene Phänomen informiert«. Daher fragte er: »Was hält die Landesregierung von der Theorie, dass über Deutschland ein ›Geo-Engineering‹ stattfinde?«[219] Die niedersächsische Landesregierung musste wohl oder übel antworten. Sie sah keine Hinweise auf die Existenz sogenannter Chemtrails für das am Himmel zu beobachtende Phänomen von zunehmenden Kondensstreifen und deren außergewöhnlichen Formen. Dafür sei der rasant zunehmende Flugverkehr verantwortlich. Der CDU-Politiker war damit nicht zufrieden und wollte die Angelegenheit weiter verfolgen.

## Die geheime Weltregierung – das Monopoly der Rechtspopulisten

Was viele mit der Verschwörungstheorie über Chemtrails verbindet, ist, dass sie auch an eine geheime Weltregierung glauben, an die Herrschaft des jüdischen Großkapitals, die Macht der Freimaurer und Illuminaten. Und sie sind alle politisch weit rechts engagiert. Dafür steht auch das Gatestone Institute, ein in New York ansässiger Thinktank. Es ist mit neokonservativen und rechtsradikalen Netzwerken verbunden[220] und veröffentlichte eine bemerkenswerte Analyse zur Flüchtlingsfrage in Deutschland. Demnach sei Deutschland eindeutig von einer »Organisation seiner Feinde übernommen worden, die darauf aus sind, die deutsche Nation zu vernichten, statt seine Bürger zu schützen.« Veröffentlicht wurde das auf einer Webseite von »Chemtrail.de – die manipulative Macht über das Wetter«. Hier findet man auch Einträge über Bewusstseinskontrolle und den Terroranschlag vom 11. September 2001 in New York. Das waren für die Verschwörungstheoretiker dieser Welt natürlich keine islamistischen Terroristen, sondern Aktionen entweder des jüdischen Weltkapitals, des CIA oder anderer furchterregender Mächte. Für das Organ der türkischen Rechtsextremisten, die Zeitung *Türkiye,* zum Beispiel: »Das Endziel der multinationalen Gesellschaften ist die jüdische Weltherrschaft unter Benutzung von USA und EU. Als die Globalisierung zurückschlug, führten CIA und Mossad den Angriff vom 11. September durch. Und man begann unter der Maske des Kampfes gegen den islamischen Terror das Projekt, die islamische Welt zu besetzen.« Oder nicht islamistische Terroristen haben die Anschläge auf dem Gewissen, sondern die US-Regierung und ihre Helfer. Das World Trade Center etwa sei von innen gesprengt worden. Oder neokonservative Drahtzieher in der US-Regierung haben die Sache angezettelt, um eine neue Weltordnung durchzusetzen.

Wenn einflussreiche Politiker jedoch an solchen oder ähnlichen Verschwörungstheorien festhalten, zum Beispiel was die Chemtrails betrifft, dann wird es brandgefährlich. Jetzt geht es nicht mehr um die Spinnereien irgendwelcher mehr oder weniger harmloser frustrierter Bürger, für die Fakten des Teufels sind. Es geht um Politiker wie unter anderen den im zweiten Wahlgang nur knapp unterlegenen FPÖ-Präsident-schaftskandidaten Norbert Hofer, den immerhin knapp 50 Prozent der Österreicher gewählt hatten, oder den FPÖ-Chef H. C. Strache. Beide glauben irgendwie an die Chemtrails, wollen also nicht wahrhaben, dass Kondensstreifen am Himmel einfach nur Kondensstreifen sind. Beide FPÖ-Politiker sind deshalb von Bedeutung in Deutschland, weil sie hier für rechtsradikale Kreise und insbesondere für die AfD ein großes Vorbild sind, haben sie doch bereits das politisch umgesetzt, was die AfD in Deutschland anstrebt: die schleichende Macht-übernahme. In einer parlamentarischen Anfrage vom 22. März 2007 fragte Norbert Hofer den Bundesminister für Land- und Forstwirtschaft, Umwelt und Wasserwirtschaft: »Können Sie ausschließen, dass über Europa bzw. Österreich bereits Che-mikalien zur Beeinflussung des Klimas freigesetzt wurden? Was werden Sie auf nationaler, europäischer und internationa-ler Ebene tun, um dem Phänomen Chemtrails nachzugehen und zu vermeiden, dass über österreichischem Boden derarti-ge Chemikalien freigesetzt werden?«

In einem Interview mit dem österreichischen Magazin *News* wurde H. C. Strache im Januar 2015 gefragt, ob er an Chemtrails glaube. »Das ist keine Glaubensfrage. Das ist ein Bereich, wo manche diese Dinge kritisch hinterfragen. Ja, wir beschäftigen uns parlamentarisch damit, und ich finde es lus-tig, wenn Kornkreise entstehen. Das kann man auch, ohne eine Meinung zu haben, posten. Ich habe das getan, weil ich mir nicht erklären kann, wie so ein schönes Gebilde entsteht, ohne dass Halme geknickt sind.« Sie wissen also nicht, ob es Chemtrails gibt, hakt der Journalist nach. »Das kann ich nicht beurteilen. Ich höre aber immer wieder von anderen Dingen. Beispielsweise beim Klimawandel, bei dem Wissenschaftler zuletzt wieder zu völlig anderen Schlussfolgerungen als den heute üblichen kamen.« Und Sie können Dinge sehen, die den Medien der ganzen Welt verborgen bleiben? »Nein, man findet ja weltweit immer wieder Medien, die darüber berichten. Nicht nur *Russia Today*, Sie können auch amerikanische oder europäische Medien hernehmen, wo Sie immer wieder interessante Informationen finden. Grundsätzlich ist es gut, zu hinterfragen, ob da was dran ist oder nicht. Bei den Bilderbergern ist es real, dass es die gibt.«[221]

Was die Bilderberger angeht, die er anspricht, sollte er es eigentlich besser wissen – indem er sich bei Parteikolleginnen und -kollegen informiert. Schließlich sitzt die ehemalige FPÖ-Vizekanzlerin Susanne Riess im Beirat der Signa-Holding des milliardenschweren Finanzinvestors René Benko. Und der ehemalige FPÖ-Politiker Michael Passer ist sowohl dessen Freund wie Steuerberater. René Benko ist bekanntlich umstritten, nicht nur wegen eines eher wenig transparenten Firmengeflechts oder seiner Investitionen in Deutschland im Zusammenhang mit Karstadt. Den Warenhauskonzern hatte er 2014 komplett übernommen. Inzwischen wurden 2 400 Beschäftigte entlassen. »Obwohl Benko nach der gescheiterten Übernahme von Kaufhof angekündigt hatte, Karstadt weiter zu betreiben, hat er bisher weder in die Warenhäuser investiert noch innovative Ideen umgesetzt.«[222] Und dann gibt es ja noch den dunklen Fleck in seinem Image, weil er wegen Korruption rechtskräftig verurteilt wurde. Er war auf der Bilderberg-Konferenz Mitte Juni 2015 im Interalpen-Hotel in Tirol anwesend.

Gesellschaftliche Events wie die Bayreuther oder Salzburger Festspiele, den Wiener Opernball oder das Hahnenkammrennen in Kitzbühel, Mitgliedschaften bei den Rotariern und den Lions Clubs, Treffpunkte der wirtschaftlichen und politischen Eliten festigen die Beziehungen sicher viel nachhaltiger und erfolgreicher als bei den Bilderbergern. »Das senkt einfach die Transaktionskosten für die Ausübung von Macht. Ich erhalte dadurch nämlich einen viel leichteren Zugang zu Personen, die für das, was ich umsetzen will, wichtig sind.«[223]

Natürlich gibt es die Bilderberger, die im Juni 2016 in Dresden tagten. Sie sind unbestreitbar für eine transparente demokratische Gesellschaft eine politische Zumutung, wenn sie im abgeschotteten Raum tagen. Eingeladen werden das neoliberale System hofierende Persönlichkeiten aus Politik, Wirtschaft und Militär. Niemand weiß genau, worüber gesprochen wird. Aber ob sie tatsächlich, abgeschieden und in noblem Ambiente, an drei Tagen im Jahr die Geschicke der Welt organisieren, das dürfte eher unwahrscheinlich sein. Was nichts daran ändert, dass die Bilderberger ihre bestehenden Macht- und Einflussstrukturen verfestigen. Politikerinnen und Politiker sollten daher, so die angesehene Nichtregierungsorganisation LobbyControl, »Abstand von solchen vordemokratischen Treffen nehmen.« Denn es sei »durchaus problematisch, wenn sich Spitzenpolitiker an informellen und intransparenten Elitentreffen beteiligen, um weltpolitische Fragen zu diskutieren. Die Unternehmenschefs werden nicht ohne Hintergedanken zu aufwändigen Treffen wie Bilderberg einladen – sie erhoffen sich offene Ohren für ihre politischen Anliegen. Die Interessen anderer gesellschaftlicher Gruppen bleiben dabei unberücksichtigt. Das hat mit Demokratie wenig zu tun.«[224]

Seit Langem gibt es exklusive Zirkel der Vermögenden in Europa, die nicht wollen, dass man hinter ihre Kulissen schaut, Elitenzirkel, wo demokratisch nicht legitimierte Absprachen getroffen werden, die Auswirkungen auf die breite Mehrheit der Bevölkerung haben. Daher ist besonders aufschlussreich, dass die europäischen Rechtspopulisten einen großen Bogen um jene machen, die nun wirklich sehr konkret das Schicksal von Millionen Arbeitnehmern beeinflussen. Beispielhaft dafür ist der Entrepreneur Roundtable, eine exklusive abgeschottete Runde deutscher wie Schweizer Bankiers, Unternehmern und Repräsentanten von Medien. In Deutschland hat er 80 Mitglieder, in der Schweiz knapp über hundert Mitglieder. »Ins Auge sticht der Mix aus Elite-Kapitänen aus Finanz, Wirtschaft, Politik und Medien. Der Roundtable mutiert damit zum Geheimclub der Extraklasse, wo Freundschaften Business-Türen öffnen können.«[225]

## Schweizer Rechtspopulisten – ein Mix aus Medien- und Finanzmacht

Der Entrepreneur Roundtable ist nicht nur deshalb bemerkenswert, weil die Mitglieder eine Geheimhaltungserklärung unterschreiben müssen, sondern weil ein Politiker der Schweizer Volkspartei (SVP) und Eigentümer der Wochenzeitung *Die Weltwoche* Mitglied dieses feudalen Klubs ist. Die Rede ist von dem häufig lächelnden Roger Köppel.[226] Die aggressiv rechtspopulistische SVP ist inzwischen mit fast 30 Prozent die stärkste Partei des Landes geworden. Köppel, ein ehemaliger Eishockeyreporter bei der *Neuen Zürcher Zeitung*, ist häufiger Gast in deutschen Talkshows, was gemeinhin nicht erklärbar ist, denn er nutzt seine Auftritte regelmäßig für rechte Sprüche ohne großartige Erkenntnisgewinnung. »Die in Zürich lebende Schriftstellerin Sibylle Berg bezeichnet die *Weltwoche* auf Twitter sogar als den ›neuen Stürmer‹«.[227] Das mag übertrieben sein. Aber seitdem Roger Köppel die *Weltwoche* im Jahr 2006 übernommen hatte, ist die einst liberale Wochenzeitung auf striktem Kurs der Schweizer Volkspartei (SVP) von Christoph Blocher. »Faktisch sind die *Weltwoche* und die *Basler Zeitung* zu Brutstätten des rechtsnationalen Kampfjournalismus mutiert«, schreibt die Sozialdemokratische Partei (SP) im

Kanton St. Gallen auf ihrem Blog: »Sie funktionieren wie ehedem das Moskauer Politbüro: Wer nicht auf Linie ist, fliegt raus oder geht selber.«[228]

Roger Köppel schreibt schon mal in seiner Zeitung, dass die für ihn erstaunlichste Erkenntnis die Vermutung ist, »dass der Zweite Weltkrieg von Hitlers Clique gar nicht bewusst begonnen, sondern gleichsam hasardierend und planlos in Kauf genommen wurde.«[229] Oder in Bezug auf die Flüchtlingspolitik von Angela Merkel: »Es rächt sich jetzt, dass in Deutschland jeder geköpft wird, der sich öffentlich kritisch über die EU und die von Merkel mitverursachte Völkerwanderung äussert. Die Angst vor den ›Rechten‹ ist so gross, dass sich Merkel und ihre Getreuen in ihrer eigenen Beratungsresistenz regelrecht eingebunkert haben. Sie können sich migrationspolitisch nur noch nach links bewegen, weil rechts eben die ›Dumpfbacken‹ lauern.«[230] Im *Spiegel* verfasste Thomas Hüetlin ein ausführliches Sittenbild dieses Mannes und nannte ihn einen Geisterfahrer: »Die Klimaerwärmung gilt in seiner *Weltwoche* als Erfindung der Linken, Atomkraft als gesund, der Feminismus ist ›der Kommunismus der Frauen, die unter der Tatsache ungleich verteilter Schönheit leiden‹, südamerikanische Juntachefs werden als verkannte Wohltäter gefeiert.«[231] Wer die Köppel-*Weltwoche*-Meinung zu Volksrechten oder zur EU nicht teilt, der ist ein »schäbiger CH-Intellektueller«, ein »Totengräber der Demokratie« oder gleich Teil einer »Verschwörung gegen die Schweiz«. »Was die SVP unter Blocher in die Politik einführte, machen Köppel und seine *Weltwoche* im Journalismus: Tabus brechen im Ton des Besserwissers.«[232] Geradezu charakteristisch für seine skrupellose Geisteshaltung ist folgender Kommentar von ihm: »Es ist vernünftig, kriminelle Ausländer härter anzupacken als Schweizer. Gleiches soll man gleich, Ungleiches aber ungleich behandeln.«[233] Und auf einem Cover der

*Weltwoche* wurden die Roma als Räuberbanden bezeichnet, mit einem Foto, das ein Romakind zeigt, welches dem Fotografen eine Pistole entgegenstreckt. Dass das Foto auf einer giftigen Müllhalde entstand, auf der die Roma-Familien leben müssen, wird in dem Bericht in keiner Zeile erwähnt.

Man liegt sicher nicht falsch, wenn man sagt, dass die *Weltwoche* ein Propagandainstrument der rechtspopulistischen SVP und deren Gründer Christoph Blocher geworden ist. Der milliardenschwere Blocher ist die Leitfigur der SVP und von einer Mission besessen, schreibt die *Frankfurter Allgemeine Zeitung*. »Er sieht sich dazu berufen, die Schweiz vor einer angeblich drohenden Unterjochung durch fremde Mächte zu schützen.«[234] Dafür spricht auch seine Aussage in einem Interview mit Journalisten der *Zürichsee-Zeitung* am 16. April 2016: »Der Kampf gegen die SVP vonseiten der Staatsmedien und von *Blick* bis NZZ hat mich in ihrer Radikalität an die Methoden der Nationalsozialisten den Juden gegenüber erinnert.«[235] Der Vizechef der SVP ist übrigens Walter Frey und ein sehr reicher Unternehmer, dessen Vermögen auf 1750 Millionen Franken geschätzt wird.

Dass Roger Köppel die Wochenzeitung *Weltwoche* im Jahr 2006 kaufen konnte, verdankt er übrigens nicht nur Christoph Blocher, sondern auch einem großzügigen finanziellen Gönner, was dafür spricht, dass Finanzelite und Medienmacht ein Bündnis eingegangen sind. Es ist der durchaus umstrittene Finanzier Tito Tettamanti, der schon mal »Offshore-König«[236] genannt wurde. Er sicherte die notwendigen Bankkredite für Köppel in Höhe von zwölf Millionen Franken ab.[237] In ihrem Buch *Berlusconi Zampano: Die Karriere eines genialen Trickspielers*, das im Jahr 2009 erschien, schreiben die Autoren Udo Gümpel und Ferruccio Pinotti: »Sein Name findet sich im Umkreis zahlreicher Finanzaffären und -skandale. Kenner beschreiben ihn als mächtigen Mann, der einer der wichtigsten internationalen Lobbygruppen mit Sitz in der Schweiz vorsteht, nämlich der Saurer-Gruppe. Diese wiederum ist Teil eines umfassenden Netzwerks von Freunden und Geschäftspartnern in der europäischen Hochfinanz.« In den italienischen Medien wird er in Verbindung mit dem rechtskatholischen Opus Dei gebracht.[238] Sein Reichtum, er wird auf knapp 800 Millionen Euro geschätzt, basiert insbesondere auf seiner Investmentgesellschaft Sterling Strategic Value, in der man nur auf Empfehlung investieren kann.[239] Tettamanti kauft inzwischen Zeitungen, um sie in rechtskonservative Kampfblätter umwandeln zu lassen.

In der *Weltwoche* zeigte er viel Verständnis für Silvio Berlusconi, den italienischen Ex-Regierungschef, der für vielfältige Korruption und Verbindungen zur Mafia berüchtigt war. Tito Tettamanti sieht das nicht so. »Die akribische Verfolgung Berlusconis über viele Jahre durch die Richter lässt auch bei den Gegnern Berlusconis, wenn sie es denn zugäben, Zweifel an ihrer Unparteilichkeit aufkommen. Der Rauswurf Berlusconis aus dem Senat, gestützt auf ein Gerichtsurteil, tönt nach Rache in einer vergifteten Atmosphäre. Der Chef einer der zwei grössten Parteien Italiens, mit Millionen von Wählern, wurde enthauptet, mit Hilfe der rückwirkenden, also zweifelhaften Anwendung eines Gesetzes und dank der Unterstützung der *grillini*, einer Protestbewegung, die gegen alle und alles ist. Italiens Justiz war hier die Fortsetzung der Politik mit anderen Mitteln.«[240]

Roger Köppel selbst ist inzwischen Abgeordneter der SVP, die wiederum mit der AfD und der FPÖ kokettiert und umgekehrt. Auf seiner Webseite benennt er seine politischen Ziele: »Für eine freie Marktwirtschaft und gegen staatliche Schikanen und immer höhere Steuern und Abgaben. Für eine lebensfähige Schweizer Landwirtschaft und gegen die Verschleuderung von Steuergeldern in der Dritten Welt. Für eine vernünftige Energieversorgung und gegen alternative Luftschlösser. Für einen echten Umweltschutz und gegen ökologische Planwirtschaft.«[241]

Das alles könnte man als Schweizer Eigenheiten bezeichnen, genauso wie die Schweiz als klassisches Steuerparadies oder die Schweiz als Tresor von Diktatoren und Mafiosi. Wie sagte doch der Schweizer Banker Sergio Ermotti in einem Interview: »Die Schweiz ist reich geworden durch Schwarzgeld. Wenn wir überall einen Schwarzen Peter verteilen würden, wo unversteuertes Geld drin ist, wäre die ganze Bahnhofstrasse voll von Schwarzen Petern.«[242] Die Bahnhofstraße in Zürich ist das Finanzzentrum der Schweiz.

Wobei Roger Köppel mit diesem Banker, dem CEO der mächtigen UBS-Bank, ein sehr harmloses Interview führte, mit Fragen wie: »Woher kommt Ihr Ehrgeiz? Würden Sie sich als Glückspilz beschreiben?«[243] Auch ansonsten bietet er dem Banker viel Raum in der *Weltwoche* an.

Zweifellos sind in der Schweiz Medienmacht wie finanzielle und politische Macht eine Beziehung eingegangen, in der die lebendige Demokratie zu ersticken droht. Dazu Maximilian Steinbeis, Jurist und Herausgeber der angesehenen juristischen Internetplattform »verfassungsblog.de«: »Gefährlich wird es dann, wenn eine Gegenelite entsteht – wenn es für intelligente Leute eine attraktive Karriereoption darstellt, sich in diese Netzwerke einzuklinken. Die FPÖ hat das längst geschafft, die SVP auch, der Front National ebenso. Da sind Profis am Werk. Die kann man nicht mehr auslachen. Die lachen zurück.«[244] Und Roger Köppel lacht immer sehr gerne.

## Die Symbiose von Verschwörungstheorie und politischer Praxis

Die Verschmelzung von Verschwörungstheorie und politischer Propaganda hin zu praktischer politischer Umsetzung ist medial nicht nur durch die Schweizer *Weltwoche* sichtbar geworden, sondern auch durch ein Magazin und dessen Herausgeber in Deutschland. Beispielhaft dafür ist die Zeitschrift *Compact*, das Zentralorgan für Verschwörungstheorien von Jürgen Elsässer. Elsässer bezeichnete das Magazin als »das publizistische Maschinengewehr des Volkes.« Besonders gut verkauft es sich in den neuen Bundesländern, wobei nicht bekannt ist, wer eigentlich die Finanziers sind. *Compact* erreicht nach eigenen Angaben monatlich mehr als 100 000 Leser, die Webseite hätten allein im Januar 2016 mehr als zwei Millionen Besucher angeklickt. AfD-Spitzenpolitiker wie Björn Höcke, Alexander Gauland oder Frauke Petry finden dort ihr propagandistisches Podium. »Elsässer ist bekannt für sein konservatives Familienbild, für seine Nato-Gegnerschaft und seinen Antiamerikanismus. Weniger bekannt sind seine Verbindungen nach Russland. In russischen Staatsmedien ist Elsässer ein gern gesehener Gast. Dort erklärt er den Russen Deutschland. Umgekehrt bereitet er mit seinem *Compact*-Magazin in Deutschland eine Plattform für Kremlpropaganda.«[245] Bezeichnend ist sein folgendes Statement: »Die Bundesregierung löst durch die Stimulierung eines unkontrollierten Massenzustroms den Staat auf, hebt die staatliche Ordnung aus den Angeln! In dieser Situation kommt es auf Euch an, Soldaten der Bundeswehr: Erfüllt Euren Schwur und schützt das deutsche Volk und die freiheitliche Ordnung! Besetzt die Grenzstationen, vor allem die Grenzbahnhöfe, und schließt alle möglichen Übergänge vor allem von Süden … Nur Ihr habt jetzt noch die Machtmittel, die von der Kanzlerin befohlene Selbstzerstörung zu stoppen.«[246] Die rechtsradikale Internetseite »Anonymus« pries Elsässer in höchsten Tönen. Sie präsentierte Elsässers »alternative Neujahrsansprache 2016« und schrieb dazu: »Auch wir greifen gerne auf Beiträge und Autoren von *Compact* zurück, da sich in der deutschen Presselandschaft gegenwärtig kein weiteres Medium finden lässt, dass seinen Lesern ehrlichen Journalismus auf derart hohem Niveau bietet.«

Das »hohe Niveau« dokumentiert ein Blogbeitrag von Elsässer am 22. Juli 2016. An diesem Tag tötete in München ein 18-jähriger Amokläufer insgesamt neun Personen, alle mit Migrationshintergrund. Noch bevor die Identität dieses Amokläufers bekannt war, schrieb Elsässer auf seinem Blog: »Das Gebot der Stunde ist Wehrhaftigkeit! Die verantwortungsbewussten Kräfte im Staatsapparat – unter die die Kanzlerin nicht fällt, sie ist die ›Königin der Schlepper‹ und die Einladerin für die Terroristen!! – sind zu folgenden Maßnahmen aufgerufen: Sofortige Schließung der Grenzen. Kein Moslem darf mehr rein oder raus. Sofortige Abriegelung der Flüchtlingszentren. Keiner darf mehr rein oder raus. Sofortige Schließung der Moscheen – bis ihre Rolle als Organisations- und Anstiftungszentralen des Terrors geklärt ist. Sofortige Verhaftung der islamischen Gefährder, über die Polizei und Verfassungsschutz Listen angelegt haben. Wenn da nicht mindestens mehrere Hundert dieser Typen in U-Haft gehen, muss man von Verrat ausgehen. Polizisten und Mitarbeiter der Sicherheitsbehörden, die über ›von oben‹ unterdrückte Informationen verfügen, werden aufgefordert, ihre Kenntnisse an redaktion@compact-magazin.com zu übermitteln.« Irgendwie dumm für ihn, dass der junge Amokläufer psychisch krank war, ein rechtsextremes Weltbild hatte und sein Vorbild der norwegische Rechtsterrorist und Massenmörder Breivik war. Was nichts daran änderte, dass noch Mitte August 2016 Elsässers Blogbeitrag im Internet zu finden war.[247]

Nun weiß ich nicht genau, ob Jürgen Elsässer an einer Krankheit namens Größenwahn leidet, oder ob er tatsächlich an das glaubt, was er da an publizistischer Hetze von sich gibt. Aber anscheinend hat er doch sehr aufmerksame Leser. In Österreich muss H. C. Strache einer von ihnen sein, der ja bereits in seinem *News*-Interview davon sprach, dass er sich auch aus alternativen Medien seine Informationen besorgt. Folgerichtig verlinkt er auf seine Facebook-Seite Elsässers Verschwörungsmagazin *Compact* und titelt eine Nachricht mit: »Linksextremistischer Sprengstoffanschlag auf AfD-Lokal!« Die Polizei hat jedoch nach eigenen Angaben nur Reste eines Feuerwerkskörpers gefunden, und es gab auch keine Verletzten.

Zwischen AfD und der FPÖ hat ja inzwischen so etwas wie eine politische Heirat stattgefunden. Bereits im Februar 2016 schüttelten sich die Bundesvorsitzenden beider Parteien, Frauke Petry und Heinz-Christian Strache, in Düsseldorf die Hände. Am 13. Februar 2016 schrieb die FPÖ auf ihrer Webseite: »Die Alternative für Deutschland (kurz AfD) hat am heutigen Samstag zu einem Kongress in die Rheinmetropole Düsseldorf geladen. Im Messezentrum trugen FPÖ-Obmann HC Strache, der freiheitliche Delegationsleiter im EU-Parlament Harald Vilimsky, AfD-EU-Abgeordneter Marcus Pretzell und AfD-Vorsitzende Frauke Petry vor rund 1 000 begeisterten Gästen ihre Vorstellungen eines anderen Europa vor.«[248] Zudem einigten sich FPÖ und der bayerische AfD-Landesverband auf einen Redneraustausch. Im *Compact*-Magazin April 2016 wurde denn auch ein ausführliches Interview mit H. C. Strache abgedruckt.

Wer die geistigen Brandstifter aus dem Lager von Rechtskonservativen und der Neuen Rechten sucht, die heute den Treibstoff für die Hetze gegen Flüchtlinge und überhaupt gegen eine multikulturelle demokratische europäische Gesellschaft liefern, der kommt am Studienzentrum Weikersheim (SZW) nicht vorbei. Dieses wurde 1979 gegründet, um die geistige Auseinandersetzung mit der Kulturrevolution von 1968 zu führen und zu bündeln und im Sinn eines freiheitlichen, christlich fundierten Konservatismus auf die Grundlagen des freiheitlichen Rechtsstaates zu verweisen. Seitdem begleitete das SZW die Geschichte der Bundesrepublik Deutschland, insbesondere auf ihrem Weg zur Wiedervereinigung, mit intellektueller Reflexion und Expertise.

Inzwischen ist es etwas ruhiger um diese Brutstätte für die »neue rechte Elite« geworden, konstatierte das *Schwäbische Tagblatt* am 10. Mai 2012. Der einstige Zuspruch, insbesondere durch konservative CDU-Politiker, ist eher dürftig. Doch die Früchte dieses Studienzentrums sind heute offensichtlicher als je zuvor, was wiederum mit dem Gründer des Studienzentrums zu tun hat, mit Hans Filbinger, dem ehemaligen CDU-Ministerpräsidenten von Baden-Württemberg. Bekannt geworden ist Filbinger als »furchtbarer Nazi-Richter«, der kurz vor der deutschen Kapitulation noch Menschen wegen Fahnenflucht in den Tod beförderte und im Jahre 1978 als Ministerpräsident erklärte: »Was damals Recht war, kann heute nicht Unrecht sein«. Er ist heute noch Ehrenpräsident des Studienzentrums Weikersheim.[249]

Das Präsidium wird von dem Hochschullehrer und Philosophen Harald Seubert geführt. Er legt Wert darauf, dass das Studienzentrum Weikersheim als bürgerlich liberale Denkfabrik und als Forum auf hohem Niveau die europäischen Traditionen aus Antike, Christentum und Aufklärung in die globale Welt des 21. Jahrhunderts hinein fortsetzt. Vorwürfe, er würde rechtes und nationalistisches Gedankengut verbreiten, sei ein Mittelmann der Neuen Rechten, sieht er als grob wahrheitswidrig und ehrverletzend. Immerhin stand Seubert sowohl bei der 12. Winterakademie des Jahres 2012 wie der 13. Winterakademie im Februar 2013 auf der Referentenliste des Instituts für Staatspolitik (IfS) von Götz Kubitschek, dem Propagandisten der neurechten Bewegung und Förderer von Pegida wie der AfD.[250] In der Zeitschrift *Sezession*, die ebenfalls von Kubitschek verantwortet wird, schrieb er in der Ausgabe vom Oktober 2010 einen Artikel über »Konservative Christen«.[251]

Präsidiumsmitglied und Vizepräsident des Studienzentrums Weikersheim ist Professor Karl Albrecht Schachtschneider. Er war gerne bereit, für die AfD ins Europaparlament einzuziehen, was leider nicht so recht klappte. In seinem Buch *Einwanderung oder Souveränität* schreibt er: »Masseneinwanderung verändert das Volk. Wenn Regierung und Parlament Fremde in großer Zahl zur Einwanderung einladen, tauschen sie auf lange Sicht den Souverän, das Volk, aus … Eine multikulturelle Zufallsbevölkerung ist nicht fähig, ein freiheitliches Gemeinwesen zu gestalten.« Auf dem Blog des verschwörungstheoretischen Fackelträgers Jürgen Elsässer war am 10. Oktober 2015 zu lesen: »Der Staatsrechtler Karl Albrecht Schachtschneider, Götz Kubitschek von der *Sezession* und meine Wenigkeit trafen sich vor Kurzem und diskutierten die Lage der Nation angesichts der Bedrohung durch das Merkel-Regime und die von ihr orchestrierte Massenüberflutung unseres Landes mittels sogenannter Flüchtlinge, de facto Kolonisatoren. Wir sind uns einig: Deutschland ist in tödlicher Gefahr – Staat, Volk, wir alle!«[252]

Und selbstverständlich besuchte eine Delegation der Jugendorganisation der AfD das Studienzentrum, wobei »große Gemeinsamkeiten« festgestellt wurden. Als Beisitzer gehören der Brigadegeneral a. D. Dieter Farwick sowie der Historiker und Politikwissenschaftler Klaus Hornung (CDU) zur Führungsetage des Studienzentrums Weikersheim. In einem Interview sagte Hornung, einer der Erstunterzeichner des Appells (*Manifest gegen den Linkstrend*) auf die Frage, ob er eine neue rechtskonservative Partei als Chance oder Gefahr sehe: »Ich betrachte das nicht als Gefahr. Es wäre die dringende politische Antwort auf den Sozialdemokratisierungs- und Säkularisierungskurs der heutigen Union.«[253] Die taz schrieb bereits am 21. April 2007 über ihn: »Hornung ist eindeutig dem rechtsextremen Spektrum zuzuordnen.«

Zum Frühjahrskongress 2015 bat das Studienzentrum Weikersheim den sehr umstrittenen Journalisten Udo Ulfkotte zu sich, damit der über sein Buch *Gekaufte Journalisten* sprechen konnte. Ulfkotte war zudem bei der FPÖ, der AfD oder Pegida willkommener Gastredner. Am 11. Januar 2016 lud das Studienzentrum Weikersheim, mit Unterstützung des Freiheitlichen Parlamentsklubs, zum Symposium »Ungarns Rolle in Europa« ins Wiener Palais Epstein ein. Die FPÖ-Nationalratsabgeordnete Barbara Rosenkranz war eine von vielen Referentinnen.

Sie ist eine durchaus braun schillernde Politikerin, die im Jahr 2010 von der FPÖ sogar als Bundespräsidentin vorgeschlagen wurde. Ein Journalist nannte sie im Jahr 1995 in einem Artikel des österreichischen Magazins *News* im Zusammenhang mit der FPÖ-Politik eine »Kellernazi«. Sie klagte und bekam von den österreichischen Gerichten recht. Darauf rief der Journalist den Europäischen Menschenrechtsgerichtshof an. Der kassierte das Urteil und sprach dem zu Unrecht verfolgten Journalisten Schadenersatz zu.[254] »Ihr Mann Horst-Jakob Rosenkranz wiederum kandidierte einst für die verbotene Liste ›Nein zur Ausländerflut‹ und publizierte die Zeitschrift *Fakten*, in dem verurteilte Neonazis als ›Opfer politischer Verfolgung‹ bezeichnet wurden. Legendär sind die Sonnwendfeiern im Hause Rosenkranz, bei denen sich jedes Jahr Menschen mit fragwürdigen Überzeugungen einfinden. Bis vor einem Jahr referierte Barbara Rosenkranz auch alljährlich bei den ›Kärntner Kulturtagen‹, zu denen sich das Who-is-Who der europäischen Rechtsradikalen einfindet.«[255]

Auf der Webseite des Studienzentrums Weikersheim wurde über diese Tagung in Wien ausführlich berichtet. »Der Themenschwerpunkt lag klar auf der aktuellen Asylkrise. Nachdem Lothar Höbelt in seiner gewohnt kurzweiligen Art einen Überblick über die historische Rolle Ungarns in Europa gegeben hatte, sprach der bekannte Staatsrechtler Karl A. Schachtschneider zum Thema ›Orbán vs. Merkel – Masseneinwanderung aus verfassungsrechtlicher Sicht‹. In seinen Ausführungen lobte Schachtschneider das umsichtige Vorgehen Orbáns und ging mit der Politik Merkels hart ins Gericht: ›Die Souveränität des Volkes verbietet es, die Verantwortung für die Sicherheit und Ordnung aus der Hand zu geben. Staatsorgane, die Sicherheit und Ordnung vernachlässigen, verlieren ihre Berechtigung. Illegaler Aufenthalt von Fremden kann unter keinen Umständen geduldet werden.‹ Die aufschlussreiche Veranstaltung endete mit einer regen Podiumsdiskussion.«

Der erwähnte Kubitschek ist übrigens bejubelter Redner bei der rechtsradikalen Pegida in Dresden gewesen. In der Sendung »3sat Kulturzeit« fabulierte er: »Es ist am Horizont eine neue Möglichkeit aufgegangen, eine politische Morgenröte. Und es ist eine Lust, zornig zu sein. Es gibt Dinge, die muss man tun, selbst wenn sie gefährlich sind.« Im ZDF-Kulturmagazin »Aspekte« vom 11. März 2016 wiederum wird er mit folgenden Worten zitiert: »Deutschland ist das Land, in dem das Deutsche seine Heimat hat, das Deutsche sich konkretisiert. So, und jetzt geht es diesem Volk an die Substanz. Also, es wird als deutsches Volk in Deutschland ausgehebelt richtiggehend. Das deutsche Volk soll ausgetauscht werden, soll in Teilen ersetzt werden durch ganz und gar Fremde.« Und er betont die »eindeutige Nähe« seiner Szene zur AfD, sagt, diese habe einige Konzepte »umgesetzt«, die man »vorgedacht« habe, und setze diese »immer weiter um«. Er redet sogar von einer »Befruchtung Richtung AfD«, die er und seine

Szene vornimmt. Und genau das ist geschehen, wobei diese Befruchtung inzwischen viele braune Blüten getrieben hat, insbesondere in Sachsen, Thüringen und Sachsen-Anhalt.

Seine Seminare in Schnellroda sind begehrt, ebenso jene Bücher, die er vertreibt. Wie das Buch *Zurüstung zum Bürgerkrieg. Notizen zur Überfremdung Deutschlands.* In der Namenskartei der Zeitschrift *Sezession*, sagt stolz seine Ehefrau Ellen Kositza, seien viele prominente Leute enthalten, unter anderem Schriftsteller, Wissenschaftler, Journalisten. Der IfS-Trägerverein wird von Andreas Lichert geführt, der zugleich zum hessischen AfD-Landesvorstand gehört und über Verbindungen zur rechtsextremistischen »Identitären Bewegung« verfügt.[256] Natürlich wirbt *Sezession* für den ziemlich abgerückten Akif Pirinçci, einstmals ein kauziger Schriftsteller, der Katzenkrimis schrieb. In seinem neuen Buch *Wie die Deutschen still und leise ausgetauscht werden* ist zu lesen: »Entscheidend ist nur das Hier und Jetzt, und dieses Hier und Jetzt kann sich natürlicherweise und auch aus anthropologisch verifizierbarer Sicht allein auf jenes Fleckchen Erde beziehen, in dem man im wahrsten Sinne des Wortes verwurzelt ist und sein möchte. Die Wurzeln müssen aber auf jeden Fall frisch und gesund durchblutet sein, keine längst abgestorbenen jedenfalls, die man nur deshalb nicht abhackt, weil das Biotop, in das man eingewandert ist, von debilen Gärtnern bewirtschaftet wird, die das Wachstum von ›Kraut und Rüben‹ mit einem Rosenhain verwechseln.« Auch Björn Höcke, Chef der AfD Thüringen, referierte bei einem Kongress des Instituts für Staatspolitik. Sein Thema war »Asyl – eine politische Bestandsaufnahme«. Er behauptete, dass Afrikaner und Europäer unterschiedliche »Reproduktionsstrategien« verfolgen, die zu einem »Bevölkerungsüberschuss Afrikas« führen.[257]

Ähnlich bizarr war eine Rede, die Höcke anlässlich des sogenannten Kyffhäuser-Treffens am 4. Juni 2016 hielt. Angesichts des 81 Meter hohen Kyffhäuserdenkmals in Thüringen, einst zu Ehren von Kaiser Wilhelm I. errichtet, traf sich dort »Der Flügel«, die rechtsradikale Fraktion in der AfD. Hier war Höcke, zusammen mit dem üblicherweise im noblen Jaguar kutschierenden AfD-Vize Alexander Gauland, ein gefeierter Redner. Björn Höckes immer etwas irrlichternden Augen schweiften umher, als ob er selbst nicht glauben kann, warum die knapp 400 Zuhörer an seinen Lippen hängen, insbesondere wenn er wieder einmal (also fast immer) schlichten Unsinn verzapft: »Unser liebes deutsches Volk ist heute eine nie dagewesene Mischung aus Spaßgesellschaft und Schuldgemeinschaft. Es ist ein Faktum. Die Vergangenheitsbewältigung als gesamtgesellschaftliche Daueraufgabe, die (und er steigert seine Stimme) lähmt ein Volk.« Jubel brauste auf. Höcke unterbrach kurz seine Rede. Dann ging es weiter. »Wir haben jetzt 70 Jahre Mahnmale gebaut. Es ist jetzt endlich Zeit (und seine Tonlage steigert sich), dass wir wieder Denkmäler errichten … Ich will, dass wir unser gesenktes Haupt anheben … Dieses Land, dieses Volk, liebe Freunde, es muss endlich seine verlorene Männlichkeit zurückfinden.«[258]

In der kleinen sächsischen Stadt Eilenburg mit knapp 17000 Einwohnern besteht eine Ortsgruppe der AfD. Hier unterhält auch die AfD-Vorsitzende Frauke Petry in der Leipziger Straße ein Bürgerbüro. Am 22. Juni 2016 postete die AfD-Ortsgruppe Eilenburg folgenden bemerkenswerten Text: »Möchte die Bundesregierung durch die Schaffung geplanter Massen-Migration die genetische Struktur innerhalb unseres Landes vernichten und damit unsere nationale Gruppe zerstören? Vieles spricht dafür. Hinlänglich bekannt und bestätigt ist, dass andere ethnische Gruppen und Ideologien nicht über die Intelligenz unserer genetischen Entwicklung verfügt.« Dazu fehlen einem nun wirklich jede Worte, weil an purer Dummheit kaum zu übertreffen. Der Beitrag wurde inzwischen gelöscht. Dafür steht jetzt unter dem gleichen Tag unter anderem: »Was bezwecken Merkel und Co. mit der Auslöschung der deutschen Kultur, der Deutschen, unserer Identität? Wird ihnen ihr eigenes Volk zu national? Sind wir stolzen Deutschen anderen ein Dorn im Auge weil wir etwas schaffen was anderen in Jahrhunderten nicht gelingt? Fakt ist wir werden schleichend ausgerottet.«

Ein Fazit lässt sich aus alledem ziehen: Die AfD ist in den neuen Bundesländern »auf dem Weg, genau das zu werden, was die NPD immer sein wollte: die Dachorganisation einer ›Volksfront von rechts‹.«[259]

## Der Zusammenhang von Springerstiefeln und Armani-Anzug

»An meine österreichischen Freunde«, schreibt der rechtsradikal angetörnte Pegida-Mitbegründer Lutz Bachmann auf seiner Facebook-Seite: »Bitte unterstützt den Kandidaten der FPÖ bei der Wahl zum Bundespräsidenten Österreichs! Jede Stimme zählt! Bitte auch einen Daumen auf seiner Seite lassen und die Seite teilen!« Bachmann hat auf seiner Webseite den Beitrag von H. C. Straches Livevideo am 10. Februar geteilt: »Tolle Redner, super Veranstaltung! Einschaltpflicht!« Pegida-Chef Bachmann zeigt sich auf der offiziellen Webseite von Pegida gern mit H. C. Strache und schreibt am 16. Januar 2016: »Sehr gutes Gespräch mit HC Strache und Johann Gudenus. Danke für die Gastfreundschaft.« Pegida München wiederum teilt eine Meldung, wonach Strache die Flüchtlingswelle eine »feindliche Landnahme« nannte. Und was sagt der von den deutschen Rechtsradikalen angehimmelte H. C. Strache: »In Österreich ist die FPÖ von Beginn an die wahre Pegida. Wir haben die Fehlentwicklungen im Bereich des Islamismus immer ernst genommen. Das ist in Deutschland nicht der Fall. Daher entwickelt sich diese Bürgerrechtsbewegung, die immer mehr Zulauf erhält und friedlich auf diese Themen aufmerksam macht.«[260] Vielleicht sollte der österreichische Hoffnungsträger der deutschen Rechtsradikalen und Rechtspopulisten, man kennt ja die Geschichte, sich zu Gemüte führen, was der Berliner Erzbischof Heiner Koch zur Pegida-Bewegung gesagt hat: »Ich denke, auf manche Entwicklungen im ›Dritten Reich‹, als sie noch abwendbar waren, hat man zu spät beziehungsweise nicht eindeutig genug reagiert. Das darf nicht wieder passieren.« Er forderte daher einen konsequenten Umgang mit »Pegida«-Anhängern. »Es kann auch ein Ausdruck von Barmherzigkeit sein, unmissverständlich und eindeutig zu reden und deutlich zu machen, wo Grenzen sind, die wir nicht überschreiten werden etwa im Hinblick auf die Würde eines jeden Menschen, auch des Flüchtlings.«

## Tatjana Festerling – die Ex-Frontfrau von Pegida

Eine geradezu typische Pegida-Repräsentantin war Tatjana Festerling. Einst war sie bei der Hamburger AfD, dann zog es sie nach Dresden, wo sie als Oberbürgermeisterkandidatin immerhin knapp 21 000 Stimmen erhielt. Trotzdem ist die Frage, ob es überhaupt lohnend ist, sich näher mit dieser irgendwie politisch durchgeknallten Dame zu beschäftigen. Sie stand häufig bei Pegida-Veranstaltungen auf der Bühne und riss das Publikum zu Begeisterungsstürmen hin. Nur hier in Dresden wurde sie mit dem Sprechchor »Festerling, Bundeskanzlerin!« begrüßt. Wenn das alles nur die Freiluftveranstaltung einer psychiatrischen Anstalt wäre, wäre es hinnehmbar, wem da zugejubelt wurde. Aber verbaler Hass löst bekanntlich früher oder später blinde Gewalt aus. Auf einer dieser Pegida-Aufläufe sagte sie über einen 15-jährigen Flüchtling, der vor Verzweiflung weinte, als er und andere Flüchtlinge von einem wütenden Mob beleidigt und bedroht und sie in einem Bus vor ihrer Asylunterkunft blockiert wurden, während die Polizei den Mob gewähren ließ: »Ich schäme mich nicht für die Clausnitzer. Im Gegenteil, ich habe Verständnis und respektiere den Mut der Bürger. Denn es sind Bürger, die Verantwortung für ihr unmittelbares Lebensumfeld übernahmen.«[261]

Bei anderen Gelegenheiten forderte sie eine neue Mauer in Deutschland, die den »guten Deutschen im Osten« und den »linken Gutmenschen im Westen« voneinander trennen sollte. Sie plädierte auch für einen Austritt Sachsens aus der Bundesrepublik. Mehrfach forderte sie einen Generalstreik und die Bundeswehr zum Putsch auf. In einem Interview am 15. Februar 2016 mit der Internetausgabe der britischen Boulevardzeitung *Daily Mail*, in der sie als »the most powerful woman in far-right Germany« (»die mächtigste Frau des rechtsextremen Deutschlands«) geehrt wurde, sagte sie: »Deutschland ist wie eine Freiluft-Psychiatrie mit der Geisteskrankheit politische Korrektheit« oder »Wir von Pegida sind die Einzigen, die sich nicht um politische Korrektheit scheren. Wir haben keine Skrupel und keine Angst«. »Alle« müssten jetzt »die »Mistgabeln in die Hand nehmen und die Eliten vertreiben«. Nachdem ihr Interview bekannt wurde, erklärte sie via Facebook, sie sei falsch zitiert und das Gesagte sei aus dem Zusammenhang gerissen worden. Dabei sagte sie hier nichts anderes als das, was sie nicht zuvor schon von sich gegeben hatte. Festerling erwähnte auch das Bild der Mistgabel. Diese sei »ein Symbol für Revolution! Und nichts anderes brauchen wir hier in Deutschland – es ist höchste Zeit für eine Revolution!«

Im Juni 2016 wurde sie von Pegida ausgeschlossen, weil selbst den hartgesottenen Pegida-Leuten, die inzwischen gerne auf bürgerlich machen, ihre verbalen Ausfälle auf die Nerven gingen. Doch diese seltsame Gestalt aus dem sächsischen braunen Sumpf gab nicht auf. Sie unterstützt inzwischen bulgarische rechtsradikale Milizen und macht für sie in Sachsen Propaganda. Am 1. Juli 2016 postete Tatjana Festerling auf ihrer Facebook-Seite ein Foto, auf dem sie eine Jacke in Tarnfarben mit dem Symbol der rechtsextremen »Military Union Vasil Levski« trägt und auffordert, diese selbstlosen Kämpfer zu unterstützen. Festerling schreibt: »Begleitung einer Patrouille der Bewegung ›Bulgarian Military Union Vasil Levski‹ an der bulgarisch-türkischen Grenze. Sie sichern als freiwillige, unbewaffnete und vollkommen legale Helfer und Unterstützer der bulgarischen Grenzpolizei die Wälder, also das grüne Grenzhinterland auf bulgarischer Seite. Sie bitten um Unterstützung durch Männer aus Europa – hier wird nicht nur von der Festung Europa geredet, hier wird gehandelt. Mehr Informationen dazu am Montag, dem 4. Juli, bei Legida in Leipzig.«

Zu lange wollte Tatjana Festerling doch nicht in Bulgarien verweilen. Wenig später sprach sie in Leipzig auf einer Veranstaltung von Legida. Sie rief die anwesenden Männer auf, und zwar jene »mit militärischer oder polizeilicher Ausbildung«, nach Bulgarien zu reisen und sich dem Einsatz der dortigen »Patrioten« gegen die »Invasoren« anzuschließen.[262] Und auf der Facebook-Seite der fremdenfeindlichen Gruppe Festung Europa, für die Festerling unterwegs ist, war am 16. Juli 2016 zu lesen: »Die französische Regierung ruft patriotische Bürger zum Handeln auf – während Merkel, Maas und die Medienbande den Islam weiter verharmlosen. Deutsche müssen warten, bis ihnen reihenweise die Köpfe abgeschlagen werden, bevor ein solcher Aufruf erfolgen wird. Wer europäische, patriotische Kräfte unterstützen will, sollte an die bulgarisch-türkische Grenze fahren und dort Präsenz zeigen gegen die afghanischen Opium-Schmuggler, so wie es Edwin und Tatjana vorgemacht haben!«

Danach reisten »Edwin« und »Tatjana« auch nach Sizilien. Und was stellten sie dort fest? Am 15. Juli 2015 schreibt Tatjana Festerling auf ihrer Webseite: »Auf der Insel, auf der wir keinen einzigen ›Flüchtling‹, sondern nur schmarotzende Wirtschaftsnomaden gefunden haben, wird am Flughafen von den üblichen Naivlingen weiter Werbung für das EU-Flüchtlingsmärchen zusammengelogen. Die unwissenden EU- und Flüchtlingsgläubigen, die nicht nur grün hinter den Ohren sind, haben auf Fakten NULL Antworten. Sie finden sich bei der grossen Flüchtlings-Show einfach nur selber so richtig geil.«[263]

Bei Pegida in Dresden kündigte am 7. Dezember 2015 Lutz Bachmann einen besonderen Gast an, Filip Dewinter, den Fraktionsvorsitzenden der belgischen rechtsradikalen Partei Vlaams Belang im flämischen Regionalparlament. Bachmann forderte tausende Zuhörer auf, seinen Gast mit donnerndem Applaus zu begrüßen.[264] Was auch geschah. Vielleicht wussten sie nicht, wer dieser Politiker aus Antwerpen ist. »Die Nazis waren einst mit Besen durch belgische Städte gezogen, um sich als ›Saubermacher-Partei‹ zu profilieren. Der Vlaams Belang hat die Tradition der nationalsozialistischen ›Besenmärsche‹ einfach übernommen. Belgische Medien beschreiben die Partei als ›braune Plage‹, Regierungspolitiker deren Führer als ›perfekte Nazis‹.«[265] Man muss kein Pessimist sein, um davon auszugehen, dass die meisten der Pegida-Anhänger das wenig interessiert. Vielleicht hat sich Bachmann zuvor bei der FPÖ informiert. Denn Filip Dewinter trat bereits 2009 beim Politischen Aschermittwoch der FPÖ zusammen mit H. C. Strache auf. Und bereits damals forderte Dewinter, wie im Winter 2015 in Dresden, die Notwendigkeit einer Zusammenarbeit der europäischen Rechten zum Erhalt der eigenen Kultur und den Kampf gegen den Islam. Sieben Jahre nach seiner Rede in Österreich scheint dieses Ziel erreicht zu sein. Beim Aschermittwoch der FPÖ erklärte Strache auch: »Es ist nur eine Frage der Zeit, bis wir in Österreich zur stärksten Partei werden.«[266] Dieses hohe Ziel ist jedenfalls in Österreich nach Umfragen bereits erreicht.

Gibt es nun eine Abgrenzung der sich bürgerlich gebenden Alternative für Deutschland von den ideologischen Springerstiefeln wie Pegida? »Wir sind die ganz natürlichen Verbündeten dieser Bewegung«, tönt selbstbewusst Alexander Gauland, der Vize-Sprecher im Bundesvorstand der Alternative für Deutschland, nach seinem Besuch eines Aufmarsches von Pegida in Dresden. Dokumentiert wurde diese Nähe auch durch einen AfD-Landtagsabgeordneten aus Sachsen-Anhalt. Er betrat die Pegida-Bühne in Dresden am 9. Mai 2016. Es ist Hans-Thomas Tillschneider. »Es ist mir eine Ehre, vor euch zu sprechen. Das macht mich stolz. Ohne Pegida stünden wir nicht dort, wo wir heute stehen. Ihr könnt stolz auf euch sein. Hier in Dresden wird für ganz Deutschland demonstriert. Die Bücher von Thilo Sarrazin, Akif Pirinçci und anderen, die Identitäre Bewegung und die vielen Widerstandsnetzwerke überall im Land und die AfD – wir alle sind Teil einer großen Bewegung zum Schutz unserer Identität, zum Schutz unseres Reichtums und zum Schutz unserer Freiheit. Patrioten, vereinigt euch.«[267] Tillschneider arbeitet als Akademischer Rat am Lehrstuhl für Islamwissenschaft der Uni Bayreuth. Auf Listenplatz 10 zog er in den Magdeburger Landtag ein.

In Baden-Württemberg tönte AfD-Landtagskandidat Günter Lenhardt, ein Stabsunteroffizier der Reserve: »Dem Flüchtling ist es doch egal, an welcher Grenze – an der griechischen oder an der deutschen – er stirbt.« Immerhin hat sich sein Kreisverband der AfD von ihm distanziert. Die AfD in seinem Wahlkreis erhielt 14,2 Prozent der Stimmen, mehr als die SPD. Den Einzug in den Landtag schaffte er nicht. Schließlich gibt es noch den AfD-Landtagsabgeordneten Björn Höcke, ein extrem weit rechts stehender Agitator. »Die Deutschen haben die Nase voll von Meinungs- und Mediensozialismus. Wir fordern Presse- und Meinungsfreiheit. Höcke bekommt wieder viel Applaus. ›So isches, so isches‹, wird immer wieder gerufen. Niemand fragt, was das überhaupt sein soll, ›Meinungssozialismus‹«.[268] In diese illustre Reihe passt Markus Frohnmaier, der Bundesvorsitzende der AfD-Jugend, der inzwischen in den baden-württembergischen Landtag gewählt wurde. Vor der Wahl tönte er: »Wenn wir kommen, dann wird aufgeräumt, dann wird ausgemistet, dann wird wieder Politik fürs Volk gemacht.« Auf einen Besuch bei der FPÖ und Heinz-Christian Strache angesprochen, sagte Frohnmaier: »Von H. C. Strache und der FPÖ lernen heißt, siegen lernen.«

## Die rechte Volksfront auf dem Marsch nach Berlin

Der 13. März 2016 ist in Deutschland sicher ein besonderer Tag gewesen. An diesem Tag fanden in drei Bundesländern, Sachsen-Anhalt, Baden-Württemberg und Rheinland-Pfalz, Landtagswahlen statt. Am Ende dieses Tages stand fest, dass völkisches und autoritäres Denken nun in den Landesparlamenten durch den Wahlsieg der AfD ihren Platz gefunden hat. Das war zwar bereits bei den Landtagswahlen im Herbst 2014 zu beobachten. In Brandenburg wählten damals 12,2 Prozent, in Thüringen 10,6 Prozent und in Sachsen 9,7 Prozent der Bürger die AfD. Viele Kommentatoren hielten diese Ergebnisse für ein typisches Problem der neuen Bundesländer. Doch am 13. März 2016 zog die AfD mit 15,1 Prozent in Baden-Württemberg in den Landtag ein, im benachbarten Rheinland-Pfalz erzielte sie 12,6 Prozent. In den Städten Mannheim und Pforzheim gelang es ihr sogar, Direktmandate zu gewinnen. Im Osten Deutschlands hingegen sind die Dämme inzwischen noch rissiger geworden. 24,2 Prozent der Stimmen konnte die AfD in Sachen-Anhalt verbuchen, darunter 15 von insgesamt 43 Direktmandaten, was einer Quote von 34,88 Prozent entspricht. Damit hat sie die SPD als bisher zweitstärkste Partei überholt. In 13 und damit 30,32 Prozent der Wahlkreise übersprang sie sogar die 30-Prozent-Marke.

Nicht nur die demokratischen Parteien und die Zivilgesellschaft waren entsetzt. Auch im Ausland gab es sehr kritische Stimmen. Die liberale schwedische Tageszeitung *Dagens Nyheter* schrieb: »Die Deutschen sind am Montagmorgen in einem Land aufgewacht, das nach den drei Landtagswahlen am Sonntag nicht mehr dasselbe ist. Der Wahlsieg für die Alternative für Deutschland gleicht einem Erdbeben, das dauerhafte Folgen haben wird.« Für die liberale ungarische Tageszeitung *Népszabadság* bedeutete der Wahlsieg, dass braune Gedanken Deutschlands Mitte aushöhlen: »Auf der extrem rechten Seite hatten bisher die Parteien mit Neonazi-Einschlag die Protest-Stimmen eingeholt. Das hat sich nun geändert. Die AfD ist keine Versammlung neu-brauner Glatzköpfe, sondern sie kann in der gesellschaftlichen Mitte Stimmen fischen – und zwar in großem Stil, wie es der Super-Wahlsonntag gezeigt hat. Deutschland ist eine starke liberale Demokratie, aber jetzt muss man sehr aufpassen. Das Übel liegt in der gesellschaftlichen Mitte. An den Grundlagen.«

Am 30. April und 1. Mai 2016 fand in Stuttgart der AfD-Parteitag statt. Hier wurde ein Teil des Grundsatzprogramms beschlossen mit der zentralen These: Der Islam gehört nicht zu Deutschland. Zuvor sollte der Versuch einer Differenzierung unternommen werden. Im Leitantrag hieß es noch: »Eine orthodoxe Auslegung des Islams ist mit unserer freiheitlich-demokratischen Grundordnung nicht vereinbar.« Daraus wurde: Der Islam gehört nicht zu Deutschland. Und es folgten die Forderungen nach Verboten: keine Minarette, keine Muezzinrufe, wie es einer der Hauptsprecher, Alexander Gauland, fordert. Er hat zuvor auch schon einmal den verräterischen Begriff Fremdkörper gebraucht, was er auf den Islam münzte. »Wer bei diesem Parteitag auch nur im Ansatz zum Differenzieren aufrief, erntete Hohn, Spott und verächtliches Gelächter der Versammlung. Wer einmal deutsch ist, wird es immer bleiben. Wer jetzt noch Muslim ist, wird immer Gegner sein. Die Partei schmeißt aus ihrem Programmentwurf sogar noch jene Absätze heraus, die eigentlich reformorientierten und aufklärerischen Kräften im Islam den Rücken stärken sollten. Begründung: ›Eine Aufklärung des Islams ist weder realistisch noch wünschenswert.‹«[269]

Heftige Kritik folgte, unter anderem vom Zentralrat der Juden, der Evangelischen Kirche in Deutschland wie den demokratischen Parteien. »Die Aussagen der AfD zum Thema Islam sind von einer Ignoranz, die weh tut«, schreibt Jürgen Tödenhöfer am 1. Mai 2016 auf seiner Facebook-Seite. »Die Brandstifter der AfD machen sich mit ihrer rassistischen Islamhetze zu nützlichen Idioten des ›IS‹: Scharfe Konflikte zwischen Christen und Muslimen sind genau das, was der ›IS‹ ersehnt. Von Minaretten, die laut Petry angeblich ›Herrschaftssymbole des Islam‹ sind, erschallt in Deutschland gerade mal in drei Städten der Ruf des Muezzin. In Gladbeck, Neumünster und Rendsburg. Unsere Kirchtürme als ›Herrschafts-Symbole des Christentums‹? Haben Sie Ihren Schwachsinn mal zu Ende gedacht, Frau Petry? Die AfD-Führung behauptet, ›dem Islam wohne als Religion eine Gefahr inne, die andere Religionen so nicht hätten‹ (so AfD-Chef Jörg Meuthen gegenüber der FAZ). Auch hier zeigt der Faktencheck eine peinliche Unkenntnis der Realitäten: Durch die ausdrücklich christlich begründeten Anti-Terrorkriege (›Kreuzzüge‹) George W. Bushs starben in Afghanistan, Pakistan und im Irak laut ›Ärzte gegen den Atomkrieg‹ bis heute 1.3 Millionen Menschen. Durch den Terrorismus von Al Qaida und des ›IS‹ starben seit dem Jahr 2000 im Westen einschließlich 9/11 rund 3 750 Unschuldige. Man muss diese Zahlen leider immer wiederholen, bis die Scharfmacher dieser Welt aufhören, Ursache und Wirkung zu verdrehen. Nicht nur Terror, auch Kriege sind ein Krebsgeschwür der Menschheit. Westliche Kriege sind sogar Hauptursache des Terrorismus.«[270]

Rainer Burchardt, ein renommierter Journalist, fasste im NDR-Info-Wochenkommentar »Die Meinung« zusammen, was wohl die Mehrheit der demokratischen Zivilgesellschaft dachte. Was natürlich nichts daran ändert, dass sich jene, die dem Parteitagsbeschluss zujubelten, sich von solchen Meinungen nicht einmal ansatzweise angesprochen fühlen – im Gegenteil. »Da reicht nicht einmal mehr Fremdschämen, das muss hoffentlich einen breiten, intellektuellen politischen Widerstand bewirken. Das ist ein horrender Beleg für eine provozierende Geschichtsvergessenheit, wie es sie in Deutschland in dieser Ausformulierung jahrzehntelang nicht gegeben hat. Und das gleichermaßen Traurige wie Gefährliche dabei ist die Erkenntnis, dass diese Bewegung offenbar einen im Wortsinne Bodensatz von Mitläufern und Sympathisanten findet, der für jeden Demokraten gefährlich werden kann. Hier will eine Truppe von Politdesperados eine andere Republik. Eine Republik der angemaßten rechthaberischen Intoleranz.«

Anscheinend gibt es irgendwie trotzdem noch kluge AfD-Mitglieder wie Jörn Kruse. Er ist Wirtschaftswissenschaftler und AfD-Fraktionschef in Hamburg. Das Parteiprogramm sei in puncto Islam, Klimawandel, Zuwanderung und Familienpolitik »unpräzise, unsinnig, töricht, unsäglich, vorgestrig und frauenfeindlich«, in Wahrheit »totaler Schwachsinn«. Er schäme sich sogar für das Parteiprogramm seiner Partei.[271] Seine Aussage löste in seiner Partei wütende Reaktionen aus. »Das ist parteischädigend«, schäumte Professorenkollege Jörg Meuthen, der AfD-Vorsitzende. Der AfD-Landesverband Bayern forderte sogar seinen Rücktritt.

## Die Herolde der freien asozialen Marktwirtschaft – AfD und FPÖ

Sowohl die AfD als auch die FPÖ wollen bekanntlich die Schutzmacht der kleinen Leute sein, eine »Partei des sozialen Friedens«, die für »Solidarität gegenüber den Schwachen« stehe, wie es AfD-Chefin Frauke Petry nannte. Tatsächlich betreiben beide Parteien nichts anderes als Klientelpolitik für das neoliberale Wirtschaftssystem. Ihr Programm liest sich in Teilen wie eine Broschüre der Arbeitgeberverbände: »Wir wollen auf breiter Front deregulieren. Je mehr Wettbewerb und je geringer die Staatsquote, desto besser für alle.« Auch beim Steuerrecht macht die AfD keine Politik für die kleinen Leute. Zwar plant die Partei, das Steuerrecht drastisch zu vereinfachen, um Mittel- und Geringverdiener sowie Familien zu entlasten. Dafür strebt die AfD einen neuen Einkommensteuertarif mit wenigen Stufen und einem deutlich höheren Grundfreibetrag an. Arbeitnehmer sollen privat für den Fall der Arbeitslosigkeit vorsorgen. Der Arbeitgeberbeitrag zur Arbeitslosenversicherung wird abgeschafft – die Angestellten müssten dann die komplette Vorsorge aus eigener Tasche bezahlen. Die gesetzliche Unfallversicherung soll abgeschafft, das Renteneintrittsalter erhöht werden. Steuererleichterungen hingegen sind das Heil. Die Erbschaftsteuer soll gestrichen werden und die Gewerbesteuer, die bisherige Haupteinnahmequelle der Kommunen, ebenso. Die Kommunen sollen sich eine andere Einnahmequelle suchen. In einer Expertise für die Heinrich-Böll-Stiftung Sachsen, zu Positionen in der AfD bei der Sozial- und Steuerpolitik, kommt die Ökonomin und Publizistin Katharina Nocun zu folgendem Ergebnis: »Betrachtet man die Aussagen zu Mindestlohn, Leiharbeit und Werkverträgen sowie Hartz IV, wird schnell klar: Die AfD ist keine soziale Partei und ist es nie gewesen. Viele AfD-Positionen tragen eine neoliberale Handschrift. Sollten die Steuer-Konzepte der AfD umgesetzt werden, drohen Steuerausfälle durch Besserstellung hoher Einkommen und Vermögen in Milliardenhöhe. Gleiches gilt für die Abschaffung der Erbschaftsteuer, wie sie die AfD fordert … Das Geld, das dem Staatshaushalt durch derartige Wahlgeschenke an Vermögende entgeht, würde an anderer Stelle fehlen. Und da die AfD durch die Bank weg Neuverschuldung ablehnt, droht hierdurch vor allem eines: Kürzungen bei den Sozialleistungen, bei der Infrastruktur, bei der Gesundheit und bei der Bildung. Langfristig gefährdet eine solche Politik, die nicht etwa darauf abzielt die Schere zwischen Arm und Reich zu schließen, sondern sie zu vergrößern, auch die Stabilität des sozialen Friedens in Deutschland.« [272]

Und die Schwesterpartei FPÖ – für die AfD bekanntlich das große Vorbild? Die FPÖ präsentiert sich ebenfalls als »Partei des kleinen Mannes«. Wäre die FPÖ in der Regierung, und das droht bekanntlich, wird es weder die Bekämpfung von Lohn- und Sozialdumping noch den Ausbau des Pflegefonds, keine Begrenzung von Steuerprivilegien für Manager und keinen Beitrag der Banken zur Krisenrettung geben. Am 31. März 2011 stimmte die FPÖ gegen die Ratifikation der »Europäischen Sozialcharta«, in der unter anderem das Recht auf gerechte Arbeitsbedingungen, das Recht auf soziale Sicherheit, das Recht auf ein gerechtes Arbeitsentgelt und das Recht der Kinder und Jugendlichen auf sozialen, gesetzlichen und wirtschaftlichen Schutz geregelt sind. H. C. Strache sagte zu einer geforderten Reichensteuer: »Ich bin gegen eine Reichensteuer, sondern für eine Spekulationssteuer.«[273] Und an anderer Stelle: »Ich bin gegen klassische Vermögenssteuern, das ist Enteignung und Marxismus.«[274]

Am 11. Dezember 2014 stimmte die FPÖ gegen die Erhöhung des Pflegegeldes ab dem Jahr 2016. Abgelehnt hat sie auch einen Ausbau des Pflegefonds. Mit dem sollten mobile, stationäre und teilstationäre Dienste weiter ausgebaut werden. Sie stimmte ebenso gegen die Einführung der bedarfsorientierten Mindestsicherung zur Armutsbekämpfung wie gegen eine Erhöhung der Mittel zur Unterstützung für den Wiedereinstieg älterer arbeitssuchender Menschen in der Höhe von 350 Millionen Euro bis zum Jahr 2016. Am 20. November 2014 wollte die FPÖ ein Gesetz verhindern, das Lohn- und Sozialdumping stärker bekämpft, etwa durch die Anhebung von Strafen und eine automatische Information bei Unterentlohnung. In der Sitzung vom 13. Februar 2014 stimmte die FPÖ gegen eine Vielzahl von Bestimmungen, die einen gerechten Beitrag der Vermögenden zur Krisenbewältigung bringen: die Streichung von Steuerprivilegien für Konzerne (Gruppenbesteuerung), die Streichung von Steuerprivilegien für Managergehälter über 500.000 Euro und den Solidaritätsbeitrag von Menschen mit besonders hohem Einkommen. Die FPÖ stimmte am 11. Dezember 2014 gegen den Vorschlag, die Entwicklungshilfe zumindest auf gleichem Niveau zu belassen und sie nicht zu kürzen. Johannes Hübner, der außenpolitische Sprecher der FPÖ, ist darauf besonders stolz. »Die FPÖ ist die einzige Fraktion im Hohen Haus, die die gängige Entwicklungszusammenarbeit nicht nur in Frage stellt, sondern auch eine Erhöhung der Gelder hierfür entschieden ablehnt.«[275] Eher aus purer Dummheit enthüllte die FPÖ ihr asoziales Wirtschaftsprogramm. Und zwar dadurch, dass

FPÖ-Chef Strache den Beitrag eines Kolumnisten namens Jeannée in der österreichischen Tageszeitung *Die Krone* mit den Worten lobte: »Eine exzellente Post von Jeannee!« Der bejubelte am 26. Juni 2016 den Ausstieg von Großbritannien aus der EU, den sogenannten Brexit – und es ist keine Satire: »Eure Ökonomie zählt zu den am stärksten deregulierten und privatisierten Volkswirtschaften der Welt – Stichwort ›angelsächsischer Kapitalismus‹, der auf den Prinzipien von Liberalisierung, freier Marktwirtschaft und niedriger Besteuerung beruht … Ihr seid schwer in Ordnung!«

All das zeigt überdeutlich, welche Klientel eigentlich die rechtspopulistischen Parteien bedienen, ob in Deutschland die AfD, in der Schweiz die SVP oder in Österreich die FPÖ. Und trotzdem werden sie von Arbeitslosen, Arbeitnehmern und kleinen Unternehmern überproportional häufig gewählt – weil sie nicht wissen, was auf sie tatsächlich zukommt, sollten diese Parteien jemals in Regierungsverantwortung gelangen.

## Instrument der Destabilisierung? Das Schicksal der Russlanddeutschen

Ausgrenzung, fehlende Integration und fehlende Zukunfts- perspektiven, Entwurzelung, Verlust traditioneller Werte und negative Vorbilder, soziale und kulturelle Verelendung sind die Ursachen für fehlende kulturelle und soziale Integration der Russlanddeutschen in den neunziger Jahren gewesen. Es ist genau das, was jetzt von den Flüchtlingen aus Syrien, dem Irak oder aus afrikanischen Ländern eingefordert wird.

Wie war es denn damals, bei den 2,5 Millionen neuen Bür- gern aus der Ex-UdSSR, die nach Deutschland gekommen sind? Viele von ihnen sind ja nicht nach Deutschland übersie- delt, weil sie das kommunistische System abgelehnt hatten.

Waren sie wirklich sofort integriert und sind es heute? Und sie hatten weitaus bessere Chancen als jene Flüchtlinge, die heute nach Deutschland kommen. Damals, vor knapp 20 Jahren, fand erst einmal eine Abschottung gegenüber der deutschen Gesellschaft, insbesondere bei den jungen Neubürgern statt. »Das Verhalten dieser Jugendlichen ist durch Cliquenbildung und demonstratives Zurschaustellen ihrer russischen Identitätsanteile, z. B. durch den Gebrauch der russischen Sprache, das Sprühen russischer Graffitis etc., geprägt. In einigen Fällen führt dieses Gruppenverhalten der Aussiedlerjugendlichen zu einer Verweigerung des Lernens der deutschen Sprache.«[276]

Die Polizei wusste einiges über die Auswirkungen zu berichten, wonach die Situation der Immigranten hier und besonders der Flüchtlinge geradezu harmonisch ist – von wegen Parallelgesellschaft. Es ist ja das Argument, das von den Rechtsradikalen und Rechtspopulisten, aber auch bei CDU und CSU gerne benutzt wird, um Stimmung sowohl gegen die hier lebenden Muslime als auch die neu hinzugekommenen Flüchtlinge zu erzeugen. Deshalb ist ein Rückblick durchaus lehrreich.

Da gab es den sozialen Brennpunkt Hannover-Vahrenheide. »Wir wissen nicht mehr, was sich dort abspielt«, sagte ein Beamter aus dem niedersächsischen Dezernat für Organisiertes Verbrechen. »Wenn du in dieses Wohngebiet reinfährst, wirst du kontrolliert. Was willst du hier, und kriegst bei einer falschen Antwort gleich eine in die Fresse.« Ähnlich die Situation in Salzgitter-Lichtenberg oder in Belm bei Osnabrück. Dort sind 80 Prozent der Festgenommenen russische Spätaussiedler. »Es gibt ganze Bereiche, die sich abschotten. Es bilden sich Gegengesellschaften.« Nicht viel anders ist die Situation in Bayern. In Ingolstadt, mit einem 20-prozentigen Ausländeranteil, leben circa 15 000 Russlanddeutsche. Der zuständige Kripochef meint: »Momentan sind sie noch im Aufbau begriffen, die Strukturen werden erst gebildet, funktionieren bereits beim Schutzgeld mit der damit verbundenen Gewaltkriminalität. Die Jungen integrieren sich nicht, und sie bilden definitiv eine Gegengesellschaft.« Wie in Bochum fiel auch hier auf, dass es bereits heftige und teilweise blutig ausgetragene Revierkämpfe zwischen jungen Türken und Russlanddeutschen gibt.

Andere Beamte sprachen davon, was in Ingolstadt offiziell niemand hören will. »Es etabliert sich eine kriminelle Szene, die vor Mord nicht zurückschreckt. Wir haben Fälle von Schusswaffengebrauch, und jemanden ins Knie schießen ist auch keine Ausnahme mehr.« In Rheinland-Pfalz redeten die Ermittler von ganzen Straßenzügen, die fest in der Hand von russlanddeutschen Banden waren.

Nicht anders war die Situation in den meisten anderen Bundesländern, dort, wo Familien aus der Ex-UdSSR in sozialen Brennpunkten lebten. Diese sozialen Brennpunkte, die sektoralen Armutsbereiche, waren immer schon Brennpunkte der Kriminalität, also bereits zu Zeiten, als es noch keine jungen Russlanddeutschen gab. Aber die Qualität der Gewalt und der kriminellen Energie nahm durch sie in erheblichem Umfang zu. Selbst die Bundesarbeitsgemeinschaft Evangelischer Jugendaufbaudienst sah, dass die jugendlichen Aussiedler in Gefahr waren, zur leichten Beute für Bandenkriminalität zu werden. Gleichzeitig wurde behauptet, die Kriminalitätsbelastung der Aussiedler sei nicht anders als jene der Deutschen. Außerdem wäre die Beteiligung der Aussiedler an der Drogenkriminalität nicht höher in Relation zu anderen Bevölkerungsgruppen. Die polizeiliche Statistik würde auch keine Angaben zur Kriminalität von Aussiedlern machen, sondern unterscheide nur zwischen Deutschen, zu denen auch Aussiedler gehören, und Ausländern. »Diese Bevölkerungsgruppe ist nicht überdurchschnittlich kriminell«, sagte LKA-Präsident Peter Raisch. Deshalb sei eine gesonderte Erfassung der

Spätaussiedler in der Kriminalstatistik nicht zu rechtfertigen. Gewalt sei eine Folge ungenügender Deutschkenntnisse. Wenn man keine verbalen Konfliktlösungsstrategien habe, »werden schnell mal die Fäuste geschwungen. Sie treten auch in der Gemeinschaft als Gruppe auf.« Und es stellt sich eine zentrale und bislang ungelöste Frage, insbesondere bei den jungen Russlanddeutschen, die sich fest in kriminelle Strukturen einbinden, einbinden müssen, wenn sie das erste Mal ins Gefängnis gekommen sind: Was wird mit ihnen, wenn sie wieder aus dem Gefängnis herauskommen?

Josef Geißdörfer vom LKA in Bayern sah darin ein fast unlösbares Problem: »Im Gefängnis werden selbst diejenigen Straftäter, die bislang vereinzelt gearbeitet haben, in eine feste kriminelle Gemeinschaft eingebunden. Sie haben keine Alternative. Und ich befürchte, dass sie nicht resozialisierbar sind.«

Richtig ist, dass hinter den Mauern der Gefängnisse eine eigene ethnische kriminelle Subkultur entstanden ist, die vollkommen abgeschottet ist.

In einem im November 2000 in einer Justizvollzugsanstalt sichergestellten Dokument, das später in anderen Haftanstalten gefunden wurde, wurden Russisch sprechende Gefangene aufgefordert, Verbindungen und Kontakte nach außen sowie zwischen den Anstalten auf- und auszubauen. Mitgefangenen beziehungsweise deren Angehörigen wurden Schutzgelder abverlangt, die in einen gemeinsamen Topf (Obtschak) zu zahlen waren. Propagiert wurde der Kodex der »Diebe im Gesetz«, der traditionellen kriminellen Autoritäten. »Diebe im Gesetz« gab es bereits zu Zeiten der UdSSR und sind heute noch die Anführer krimineller Organisationen in Russland oder Georgien. Sie gibt es heute auch in Deutschland, Österreich und der Schweiz. Das hat zur Folge, dass inhaftierte junge Russlanddeutsche im Strafvollzug ihre eigenen Regeln und Organisationsstrukturen aufbauen.

Der ehemalige Leiter der JVA in Bremen, Manfred Otto, führt in diesem Zusammenhang die charakteristischen Merkmale der Russisch sprechenden kriminellen Subkultur im Knast an. Dazu gehört die »Zwangsmitgliedschaft« jedes Russen (»Du bist Russe, du bist einer von uns, wir sagen dir, was du zu tun hast«), die bedingungslose Akzeptanz des Repressionssystems, absolutes Aussageverbot gegenüber staatlichen Institutionen bis hin zur Übernahme von Verantwortung für Straftaten, die andere begangen haben, und die Verpflichtung, sich an der Obtschak, der Diebeskasse, zu beteiligen. Manfred Otto dazu: »Diese aus Erpressungsgeldern und ›freiwilligen Spenden‹ gebildete kriminelle Kriegskasse verfolgt zwei Ziele. Zum einen werden hier die Anteile aus den Gewinnen des Drogengeschäfts, von Einbrüchen, Frauenhandel eingezahlt, in der Regel zwischen 30 und 50 Prozent der Gewinne. Gleichzeitig wurden aus der Kasse die in Not geratenen Kriminellen finanziell unterstützt ebenso die Angehörigen. Für die Kriminellen ist es eine nicht zu hinterfragende Instanz. Neuankömmlinge mussten sich einer Überprüfung ihrer kriminellen Karriere und der persönlichen Einstellungen dazu durch externe Angehörige der kriminellen Banden unterziehen. Gefangene mit niedrigem Status beziehungsweise solche, die wegen Zusammenarbeit mit den Strafverfolgungsbehörden in Ungnade gefallen sind, wurden durch das Repressionssystem psychisch und physisch gemaßregelt. Dazu gehörten Demütigungen, Nötigungen, Erpressung, Körperverletzungen, Aufforderungen zum Suizid. Nach vorliegenden Erkenntnissen wird die Aufstellung und Einhaltung eines entsprechenden Regelwerks mit größter, fast religiöser Ernsthaftigkeit und Gültigkeit betrieben. Besondere Vorkommnisse in den Vollzugsanstalten und sichergestellte Schriftstücke belegen die Gegenwart des alltäglichen Kampfes um die Durchsetzung der Regeln in der ethnischen Subkultur gegen die vorgefundene

Vollzugsrealität und gegen die Bediensteten. So wurden beispielsweise Initiativen zur Organisation von Hungerstreiks allein zu dem Zweck ergriffen, die Gefangenen auf ihre Loyalität gegenüber der kriminellen Subkultur zu überprüfen.«[277]

Und heute? Katharina Heinrich berichtete im »Deutschlandfunk« über die gegenwärtigen Erfahrungen mit Russlanddeutschen. »Wer ignoriert wird, grenzt sich ab. Vor allem viele ältere Russlanddeutsche tun das. Sie haben die Neigung, sich als die wahren Deutschen zu fühlen und es mit dem, was sie unter Deutschsein verstehen, zu übertreiben: beispielsweise pünktlich, ordentlich, arbeitsam zu sein. Und so vergleichen sie ihre eigene Einwanderungsgeschichte mit der heutiger Flüchtlinge aus Syrien, dem Irak oder Afghanistan. Gegenüber den Russlanddeutschen sei die deutsche Politik nicht gerade von einer reinen ›Willkommenskultur‹ geprägt gewesen – so empfinden sie das.«[278]

Für die politische Beeinflussung nicht nur der circa vier Millionen russischsprachigen Menschen in Deutschland durch den Kreml ist eine Organisation federführend gewesen, die von 1999 bis zum 1. Juli 2008 in Deutschland sehr aktiv war. Es ist die »Akademie zu Fragen der Sicherheit, der Verteidigung und der Rechtsordnung« (ABOP). Präsident der Akademie war KGB-General Viktor Schewschenko, ehemals Chef der Spionageabwehr der strategischen Raketenstreitkräfte. Die meisten der zahlreichen Vizepräsidenten sind ebenfalls Generäle des KGB-FSB oder der Polizei. Auf der inzwischen eingestellten Internetseite der Akademie www.abop.ru befand sich eine Liste mit 141 der herausragenden Akademiemitglieder. Insgesamt zählte die ABOP, laut abweichenden eigenen Angaben des Präsidenten und der Presseabteilung, 5000 Mitglieder. 15 der Akademiemitglieder in der genannten Liste waren Generäle des KGB-FSB, die früher als Minister oder stellvertretende Minister tätig waren. Weitere 15 waren Generäle des

Innenministeriums, 23 Generäle und Admiräle auf hohen Armeeposten. »Es handelt sich bei der ABOP um eine als gesellschaftliche Organisation getarnte, vom Staat verdeckt finanzierte gigantische Struktur von Mitarbeitern der Geheimpolizei und des Nachrichtendienstes«, so der Historiker und Buchautor Dmitrij Chmelnizki in einem Vortrag am 19. September 2006 in der Gedenkbibliothek zu Ehren der Opfer des Stalinismus unter dem Motto »Der KGB ist wieder da«.

Ein nicht unbeträchtlicher Teil der Auslandsarbeit der ABOP widmete sich der »Fürsorge« und »Kontaktpflege« zu Kreisen der in Deutschland lebenden russischen Emigranten. Gerne überreichten Repräsentanten der ABOP auch an deutsche Politiker und andere Persönlichkeiten, die sich für die Interessen Russlands, sprich Putins stark gemacht hatten, den Orden Peter der Große. Damit ausgezeichnet wurde unter anderem Boris Feldmann, der Vorsitzende einer Deutschen Assoziation der Russischen Landsleute und Chefredakteur der Zeitung *Das russische Berlin*.[279] Er beherrscht ein Medienimperium, die Rusmedia Group, die sowohl Printmedien, Funk, Online als auch TV-Sender anbietet. Dadurch werden um die 80 Prozent der russischsprachigen Bevölkerung in Deutschland erreicht. Die Folgen sind unübersehbar.

Noch im Jahr 2006 schrieb die Wissenschaftlerin Tatjana Golova: »Welche (potenzielle) Bedeutung hat nun die Mobilisierung der Aussiedler durch die politischen Kräfte der Rechten: zum einen für diese Kräfte, zum anderen für die Aussiedler selbst? Zwar wiederholen sich die Mobilisierungsversuche der rechtspopulistischen bzw. klassisch rechtsradikalen Parteien seit Ende der 1990er Jahre immer wieder, doch haben sie weiterhin eher punktuellen Charakter.«[280] Das hat sich inzwischen radikal verändert.

Am 23. Januar 2016 demonstrierten in Deutschland mindestens 11 000 Russlanddeutsche gegen die Flüchtlingspolitik der Bundesregierung, unter anderem vor dem Bundeskanzleramt in Berlin. Aufgerufen hatte ein Internationaler Konvent der Russlanddeutschen. Gegründet wurde er 2002 in Berlin, um die organisierten Kräfte der Russlanddeutschen zur Verteidigung ihrer Interessen zu bündeln. Großen Erfolg dabei hatte der sogenannte Konvent bislang nie gehabt. Angemeldet wurde die Berliner Demonstration von Heinrich Groth, dem Gründer dieses Konvents. In der Vergangenheit fiel er durch Kontakte zur NPD auf. Sowohl der NPD-Zeitung *Deutsche Stimme* wie dem *Compact*-Magazin gab er Interviews und war prominent in den russischen Medien. Ähnlich bedeutend oder doch eher von marginalem Einfluss, je nach Sichtweise, ist Dimitri Rempel. Er ist Vorsitzender der Partei »Einheit«. Sie präsentiert sich großspurig als die Partei der Übersiedler mit einem Namen, der an die Putin-Partei in Russland erinnert. Rempel steht auf jeden Fall in Kontakt mit dem russischen Föderationsrat. Für Igor Morosow, ein Mitglied des Auswärtigen Ausschusses des russischen Föderationsrates, besteht die Hilfe für die Partei in der öffentlichen Unterstützung. »Wir pflegen Kontakt mit ihnen und sind der Ansicht, dass wir über ganz neue Prozesse nicht hinwegsehen dürfen.«[281]

Andere Stimmen wiederum sagen, dass diese Partei nur marginalen oder überhaupt keinen Einfluss auf die politische Landschaft Deutschlands habe. Auf seiner Facebook-Seite bedankt er sich bei dem Verschwörungsmagazin *Compact* für eine Ausgabe mit der Überschrift: »Stoppt Putin die Nato?« Und er schreibt dazu: »Danke!!. Russlanddeutsche und Russen demonstrieren gegen Asylwahnsinn!«[282] Seine politische Haltung zu Wladimir Putin ist hingegen eindeutig. Rempel leitet auch den Verein »Atlant e.V.«, den er 2004 in Köln gegründet hat. Ein Jahr später wurde er mit der Heinz-Kühn-Medaille ausgezeichnet. Die Auszeichnung wird seit 1993 an Persönlichkeiten und Initiativen verliehen, die sich in ihrem alltäglichen Engagement für die Integration anderssprachiger und kulturell anders geprägter Nachbarn in herausragender Art und Weise einsetzen und somit einen Beitrag zu einem friedlichen Miteinander in Deutschland leisten. 2006 erhielt »Atlant e.V.« für sein zivilgesellschaftliches Engagement die Auszeichnung »Aktiv für Demokratie und Toleranz«. 2008 folgte eine Ehrung durch die Stadt Köln für bürgerschaftliches Engagement. Wie das mit seinem jetzigen Engagement zusammenpasst, ist ein Rätsel.

Gegründet hat sich auf Facebook zudem eine Russland deutsche Front: »Wir sind politisch aktive Russlanddeutsche! Wir sind Deutsche, die aus dem russischen Kulturraum (Postsowjetunion) kommen! Wir sind die vorderste Front! Wir müssen für unsere Familien und die Zukunft unserer Kultur kämpfen. Wir brauchen einen europäisch-eurasischen kontinentalen Verbund von Lissabon bis Wladiwostok, ein Loslösen vom Diktat der EU, der NATO, den USA und den transatlantischen neoliberalen Lobbies. Wir müssen für unsere Familien und die Zukunft unserer Kultur kämpfen.«[283]

Einem Beobachter der Demonstration in Berlin, an der knapp 700 Personen teilnahmen, ist dabei Folgendes aufgefallen, was dafür spricht, dass der Kreml bei diesen Demonstrationen nicht untätig geblieben ist: »Übrigens gab es auf der ›russlanddeutschen‹ Kundgebung einige auffällige Gruppen, die sich teilweise durchmischten: kräftige, lockergekleidete kampfsportgestählte deutsche Zuhälter-/Rockertypen und ebensolche russische Mafiafiguren. Dazu die tschetschenischen Fußvolkgestalten und einige feine Herren in Mantel, Schal und Krawatte von der Art ›russische Botschaftsangehörige‹ am Rande. Das alles vor dem Hintergrund von ›Merkel muss weg!‹-Rufen, von antiamerikanischer Hetze und von Forderungen (wörtlich) ›Wir brauchen ein anderes System hier, eine andere Politik!‹ Und der ganze Spuk direkt vor dem Tor des Bundeskanzleramtes! Dazu wuselten einzelne stadtbekannte Pegi-/Bärgidisten mit wirrem Blick und wehender deutscher Flagge herum. Auffällig: keine einzige russische Flagge und keine Schilder und Spruchbänder auf Russisch!« Über diese Entwicklung sagte der Historiker Alfred Eisfeld: »Es gibt eine große Anzahl kleiner Grüppchen, die seit Jahren von der russischen Botschaft gefördert werden. Besonders die russische Botschaft in Deutschland versucht inzwischen, über schlecht integrierte ehemalige Sowjetbürger ihren Einfluss auf die deutsche Gesellschaft auszubauen.«[284] Das geschieht aber nicht nur über die »schlecht integrierten ehemaligen Sowjetbürger«, sondern direkt über die AfD.

Dann gibt es in diesem bunten Reigen noch Alexej Danckwardt aus Leipzig, ein Rechtsanwalt. »Studiert habe ich an der Universität Leipzig, Abschluss ›vollbefriedigend‹, Schwerpunktfach Völker- und Europarecht. Berufstätig bin ich seit 2001 und seit 2008 Fachanwalt für Strafrecht.« Bundesweit bekannt wurde er dadurch, dass er die Interessen der Familie eines 13 Jahre alten russlanddeutschen Mädchens vertrat. Es soll in Berlin angeblich von Flüchtlingen entführt und vergewaltigt worden sein, was die Behörden dementierten, die russische Propaganda jedoch nur weiter anheizte. Russlands Außenminister Sergei Lawrow warf damals den deutschen Behörden daraufhin eine Tendenz vor, »die Realität aus innenpolitischen Gründen politisch korrekt zu übermalen«.[285] Der Anwalt saß für die Linke im Leipziger Stadtrat. Doch dann postete er: »Ach, ist das eine schöne Vorstellung, wie diese Frau, die so viel unglaublich Böses getan und so viele schwerwiegende Verbrechen zu verantworten hat, halbnackt durch halb Deutschland sprinten muss, um sich vor wütenden Massen zu retten«, schwärmte er von der Idee, Merkel würde über einen »deutschen Maidan« stürzen.[286] Die Reaktion kam prompt: »Weder der Inhalt noch die Wortwahl sind mit unseren Fraktionszielen vereinbar«, erklärte seine Ratsfraktion. Auch die Landespartei Sachsen distanzierte sich. Und aus Thüringen twitterte Bodo Ramelow: »Das hat mit Meinung nichts mehr zu tun! Kein Deut besser als Frau von Storch!« Die AfD-Politikerin hatte davon fantasiert, Merkel müsse bald nach Chile flüchten.[287] Am 3. Mai 2016 trat er offiziell aus der Partei Die Linke aus. Bereits nach seinen Äußerungen über Angela Merkel musste er die Stadtratsfraktion, auf Druck seiner Partei, verlassen. In seiner Austrittserklärung schrieb er auf Facebook am 3. Mai 2016 empört: »Zur Begründung ließe sich vieles sagen, aber eines sticht heraus und reicht für sich genommen: Die fehlende Solidarisierung mit den verbotenen und verfolgten Kommunisten der Ukraine, die ein Arschlochtum allerhöchsten Grades ist und einer Partei, die sich ›links‹ nennt und früher selbst kommunistisch nannte, absolut unwürdig ist. Eine derartig degradierte und retardierte Partei kann niemand ruhigen Gewissens zahlen. Ich zahle nicht für antikommunistisch eingestellte Bonzen.«[288] Noch am gleichen 3. Mai 2016 legte er nach: »Ich habe mich jetzt wie folgt entschlossen: Statt mich hier mit den provinziellen und kleingeistigen Befindlichkeiten herumzuschlagen, beantrage ich jetzt meine Aufnahme bei der Ukrainischen Kommunistischen Partei. Gleichzeitig ein Zeichen der Solidarität.«

Etwas quer im Kopf könnte man dazu sagen, dass einige Personen in Deutschland eine eigene Partei gründen wollen. Für die hier lebenden Türken ist es bekanntlich die Allianz Deutscher Demokraten und für die russischstämmige Bevölkerung soll es eine Pro Putin Partei – Gründungsprojekt sein. Am 4. April 2016 forderten sie auf Facebook: »Deutsche Bürger und Firmen bitten Russland um ein Gebiet zur Gründung eines deutschen Staats.[289] 2435 Personen haben die Petition (bis Mitte Mai 2016) bereits unterschrieben und auf Facebook immerhin 14429 Freunde gefunden. Am 11. März 2016 schrieben sie an die »lieben Unterstützer« ihres Petitionsziels: »Da uns bereits sehr viele Nachrichten und Anfragen von Unternehmern/-innen erreichen, die Interesse an einer Auswanderung samt ihrer eigenen kleinen oder mittelständischen Unternehmen nach ›Russland‹ haben, möchten wir diese Anfragen bündeln, um sie anschließend dem Russischen Forum/ St. Petersburger Dialog vorzulegen.« Doch all das dürften nur Hirngespinste sein, von wem auch immer im Kreml gesteuert.

Inzwischen gibt es in der AfD das Netzwerk Aussiedler und Russlanddeutsche. Bei der baden-württembergischen Landtagswahl Mitte März 2016 schickte die AfD in Stuttgart und Pforzheim gleich zwei Kandidaten aus der russischsprachigen Community ins Rennen. Und beide wurden gewählt. Der Russlanddeutsche Waldemar Birkle gewann in Pforzheim sogar das Direktmandat für die AfD, nachdem er Wahlflyer in russischer Sprache verteilt hatte, auf denen er sich für eine konservative Familienpolitik, gegen Frühsexualerziehung sowie gegen Rundfunk- und Fernsehgebühren aussprach. So kam die AfD im Ellwanger Wahlbezirk Bürgertreff-Kolpingweg, den Russlanddeutsche prägen, auf 25,3 Prozent. Ähnliches gilt auch für die Stadt Wertheim. Im Wahlbezirk Wartberg, einer russisch geprägten Gegend, kam die AfD auf 51,8 Prozent – und erhöhte damit die AfD-Prozentpunkte für die Stadt Wertheim auf 18,9 Prozent.

Der ehemalige Beauftragte für Aussiedlerfragen Christoph Bergner glaubt, dass die AfD »ganz bewusst auf konservative, russlanddeutsche Kreise als potenzielle Wähler zugeht. Denn die fremdeln sowieso mit ihrer neuen Heimat und dem hiesigen System: ›Entfremdung vom allgemeinen Politikbetrieb und damit natürlich eine besondere Neigung, Parteien sich zuzuwenden, die grundsätzliche Gesellschaftspolitik artikulieren. Und auch so etwas Systemkritik mitbringen.‹«[290] Die Hinweise mehren sich jedenfalls, dass der Kreml auf vielen unterschiedlichen Gebieten versucht, Einfluss zu nehmen. Ein Indiz dafür sind unter anderem die undurchsichtigen Aktivitäten des tschetschenischen Despoten Ramsan Kadyrow in Deutschland.

Zum Beispiel in Kiel. Das Opferfest wird von vielen muslimischen Gläubigen zum Höhepunkt des Haddsch gefeiert, der Wallfahrt nach Mekka. 2015 fiel es auf die Zeit zwischen dem 24. und 27. September. Aus Anlass des Opferfestes organisierte ein ganz besonderer Wohltäter in Kiel für 900 Flüchtlinge ein Festessen in dem Gaardener Eventcenter Arcadia. »Mehr als 900 syrische Flüchtlinge waren am Donnerstag willkommene Gäste eines der besten Restaurants in der Stadt Kiel«, schrieb Kadyrow am selben Tag auf Instagram. »Wir haben sie mit Bussen aus einem Flüchtlingslager geholt. Für sie wurden die Tische festlich gedeckt.«[291] Organisiert wurde die noble Geste unter anderem von Timur Duzagaev. Er ist ein Vertrauter von Ramsan Kadyrow. Timur Duzagaev wird von manchen als so etwas wie Kadyrows Statthalter in Deutschland gesehen. »Wir sind befreundet, er ist ja selber Boxer«. Nach seinen Worten habe Kadyrow selbst die Idee gehabt, die Flüchtlinge zu einem kostenlosen Essen einzuladen: »Er hat mir gesagt: ›Lass uns zum Opferfest ein Essen für die Flüchtlinge machen.‹« Finanziert wurde die Aktion allerdings durch die Achmat-Kadyrow-Stiftung. Nach Recherchen der Moskauer Tageszeitung *Kommersant* steht diese Stiftung im Zentrum eines undurchsichtigen Firmengeflechts, mit dem der Klan des Despoten Teile der Wirtschaft in Tschetschenien kontrolliert. Demnach müssen Staatsbedienstete in der Kaukasus-Republik zehn Prozent ihres Gehalts, Unternehmer 50 Prozent ihrer Einnahmen an die Stiftung überweisen, also nichts anderes als staatliche Schutzgelderpressung.[292] Kadyrow antwortete einmal auf die Frage, woher die Stiftung ihr Geld beziehe. Er antwortete kurz und bündig: »Von Allah.« Menschenrechtler werfen ihm unter anderem Entführungen und zahlreiche Morde vor. Viele seiner politischen Gegner wurden in seinem autoritär geführten islamischen Imperium liquidiert, eine demokratisch legitimierte Opposition gibt es nicht mehr.

Im Sommer 2012 besuchte der FPÖ-Politiker Johann Gudenus den tschetschenischen Diktator. Eigentlich muss es ein besonderes Gefühl gewesen sein, einen Mann zu begrüßen, an dessen Händen im übertragenen Sinne Blut klebt. Er widersprach seinem Gastgeber nicht, der die ins europäische Exil geflüchteten Tschetschenen als »Wirtschaftsflüchtlinge« bezeichnete. Denn die im Exil lebenden Tschetschenen in Österreich sind fast ausschließlich Asylbetrüger und Wirtschaftsflüchtlinge, die gefahrlos zurückkehren könnten, da es, so Gudenus, in Tschetschenien keine Anzeichen von Krieg oder Diskriminierung gibt.[293]

Das kann man ernsthaft nur behaupten, wenn zu viel Wodka den Geist vernebelt hat. Oder sein Vater, der ehemalige FPÖ-Politiker John Baptist Carl Gudenus, ihn irgendwie immer noch nachhaltig beeinflusst, obwohl er dessen Aussagen offiziell widerspricht. Sein Vater sprach sich in der Vergangenheit gegen das NS-Verbotsgesetz in Österreich aus, lehnte die Errichtung einer Gedenkstätte im ehemaligen KZ Mauthausen ab oder bezeichnete Entschädigungszahlungen an NS-Opfer als »Schutzgeld« und Abtreibung als »Babycaust«. Mit dem Holocaust hingegen scheint er Probleme gehabt zu haben. Im April 2006 wurde er beschuldigt, den Holocaust geleugnet beziehungsweise gröblich verharmlost zu haben. Das rechtskräftige Urteil: ein Jahr bedingte Haft.

Bei einer Rede im September 2013 meinte sein Sohn zum Thema Zuwanderung – und die Sprache ist verräterisch: »Jetzt heißt es ›Knüppel aus dem Sack!‹ für alle Asylbetrüger, Verbrecher, illegalen Ausländer, kriminellen Islamisten und linken Schreier!« Jetzt werde »aufgeräumt in unserem schönen

Österreich«. Er nahm diese Aussage nie zurück. Vielmehr begründete er sie später in einem Interview damit, es sei »nur eine Metapher von den Gebrüdern Grimm mit Tischlein deck' dich, Knüppel aus dem Sack« gewesen. Dies sei »eine Analogie«, man wolle, »dass der Rechtsstaat hart durchgreift, wenn Pakistani die Votivkirche besetzen«.[294] Von ihm stammt ja auch die beneidenswerte Erkenntnis, dass Rot-Grün in Wien und Rot-Schwarz auf Bundesebene die Wähler davonlaufen. Deshalb betreibe man einen »Wähleraustausch« und importierte sich dazu »eine neue Wählergruppe aus der Türkei«.[295] Doch wie sagte er so überzeugend: »Wir sind keine Rassisten. Wir sind rechtschaffene Bürger. Wir sind Realisten.«[296]

Sicher ist, dass von der FPÖ kein Aufschrei der Empörung zu vernehmen war, als ein ihr nahestehendes Monatsmagazin, *Die Aula* aus Graz, einen Artikel mit der Überschrift »Mauthausen-Befreite als »Massenmörder« veröffentlichte. In dem Artikel wurden die am 7. Mai 1945 befreiten 18 000 KZ-Häftlinge unter anderem als »Landplage« und »Kriminelle« bezeichnet. Und dann folgt noch folgender Satz: »Raubend und plündernd, mordend und schändend plagten die Kriminellen das unter der ›Befreiung‹ leidende Land.«[297] Verfasst hatte den Artikel Fred Duswald, ein weit rechts stehender Burschenschaftler der Münchner Verbindung Danubia. Daraufhin wurde die Staatsanwaltschaft Graz von dem Grünen-Politiker Harald Walser aufgefordert, den Text zu überprüfen, ob die Textpassagen nationalsozialistische Verbrechen rechtfertigen, indem befreite Häftlinge pauschal als »Massenmörder«, »Landplage« oder »Kriminelle« bezeichnet werden. Die zuständige Staatsanwältin Vera Sammt stellte jedoch Anfang Januar 2016 das Ermittlungsverfahren ein. Die Begründung der Staatsanwältin unter anderem: »Der verwendete Begriff ›Landplage‹ ist laut Duden als eine Plage, die in weiten Gebieten eine große Belästigung darstellt und durch die großer Schaden entsteht, zu verstehen. Es ist nachvollziehbar, dass die Freilassung mehrerer tausend Menschen aus dem Konzentrationslager Mauthausen eine Belästigung für die betroffenen Gebiete Österreichs darstellte.«[298] Diese Aussage kommentierte der Grünen-Abgeordnete Harald Walser folgendermaßen: »Ungeachtet der Tatsache, dass es sich hier um keine ›Freilassung‹, sondern korrekt ausgedrückt um eine ›Befreiung‹ handelte, was in der Bewertung der historischen Fakten einen erheblichen Unterschied ausmacht, insinuiert diese Formulierung, dass die Bevölkerung der betroffenen Gebiete eine Opfergesellschaft gewesen wäre. Vor dem Hintergrund, dass drei Monate zuvor just jene Bevölkerung sich rege an der sog. ›Mühlviertler Hasenjagd‹ beteiligt hatte, in deren Zug um die 400 geflohene KZ-Häftlinge über mehrere Wochen gejagt und anschließend ermordet wurden, gerät diese Formulierung zu einer klassischen Täter-Opfer-Umkehr.«[299] Bekannt ist das Monatsmagazin *Die Aula*, quasi das Blatt der FPÖ-Intellektuellen, für Folgendes: »*Die Aula* stellt nach wie vor eines der relevantesten (traditionellen) publizistischen Foren der extremen Rechten in Österreich dar. 2015 bot die Grazer Monatsschrift das gewohnte Potpourri aus rassekundlichen Ergüssen, antisemitischen Verschwörungsphantasien, Verunglimpfung von NS-Opfern und Antifaschist/innen sowie kaum verhohlener NS-Nostalgie.«[300]

## Rechtspopulisten – die Fünfte Kolonne des Kremls

Für das ehemalige CDU-Mitglied und den heutigen ideologischen Steuermann der AfD, für Alexander Gauland, muss es ein außergewöhnliches Erlebnis gewesen sein, als er sich am

24. April 2016 in Moskau mit Alexander Dugin traf. Nicht nur für den Russlandexperten und Journalisten Boris Reitschuster ist Dugin eine Schüsselfigur in den rechtsradikalen Netzwerken, die Putin in Europa knüpft. »Gauland-Gesprächspartner Dugin will ein ›Drittes Römisches Reich‹ unter Moskaus Führung, mit Europa als Protektorat, das der Kreml vor Homosexualität und entarteten Einwanderern schützt, mit ›patriotischer Zensur‹. Die Vorhut sei schon angekommen, beteuert Dugin: ›Dass es eine pro-russische fünfte Kolonne in Europa gibt, steht fest.‹«[301] Leider hat er recht. Immerhin besuchten bereits in der Vergangenheit AfD-Spitzenpolitiker die russische Botschaft Unter den Linden in Berlin. In Berlin trafen, meldete *Der Spiegel*, die Vorsitzenden der Jungen Alternative Sven Tritschler und Markus Frohnmaier den Duma-Abgeordneten der Putin-Partei »Einiges Russland« Robert Schlegel. Dort sollen sie eine Zusammenarbeit der beiden Jugendorganisationen vereinbart haben.[302] Warum diese Kooperation?

Moskaus Hauptziel sei »die Destabilisierung der Europäischen Union und ihrer Mitgliedstaaten«, sagt Péter Kréko vom Budapester Thinktank »Policital Capital Policy Research and Consulting Institute«, das eng mit der Friedrich-Ebert-Stiftung zusammenarbeitet. »Das wichtigste Werkzeug für die Destabilisierung ist die Unterstützung rechtsextremer Splitterparteien, die gegen das Establishment, gegen die EU und die NATO sind«, so Kréko gegenüber dem ZDF-Magazin »Frontal 21« am 15. März 2016.

Seine Behauptung stützt unter anderem eine Veranstaltung, die am 1. Juni 2014 in Wien stattfand. Gastgeber im vornehmen Palais Liechtenstein war der russische Oligarch Konstantin Malofejew mit seiner Stiftung Sankt Basilius der Große (Saint Basil the Great Charitable Foundation).[303] Malofejew bezeichnet sich als orthodoxen Monarchisten. Das Vermögen des Gründers des Investmentfonds Marshall Capital Partner und Telekommunikations-Moguls wird auf zwei Milliarden Dollar geschätzt. Von den USA wurde er auf die Sanktionsliste gesetzt, unter anderem, weil er die pro-russischen Separatisten im Donbas/Ukraine unterstützte. Aus Russland kam auch Alexander Dugin nach Wien. Soweit wäre es nicht unbedingt erwähnenswert, abgesehen davon, dass sich diese Repräsentanten eines autoritären eurasischen Systems in Wien getroffen haben, in jener Stadt, die auffällig viele russische Mafiosi wie Oligarchen lieben. Alarmierend ist, wer an dieser Veranstaltung außerdem teilnahm. Aus Frankreich gab die Abgeordnete des Front National, die noch radikalere Nichte von Marine Le Pen der Veranstaltung rechtsradikalen Glanz. Aus Spanien reiste Prinz Sixtus Henri von Bourbon-Parma an. Er ist Anführer der weit rechts orientierten katholisch-monarchistischen »Comunión Tradicionalista Carlista« (CTC). Aus der Schweiz eilte der französisch-russische Adlige Serge de Pahlen aus Genf nach Wien. Er ist Präsident des Genfer Finanzunternehmens Edifin Services, Vorsitzender von Fiat-Russland und Ehemann der Fiat-Erbin Margherita Agnelli de Pahlen, das heißt, er repräsentiert ein Milliardenvermögen. Ein Heimspiel war es für H. C. Strache, seinen Stellvertreter Johann Gudenus und den Wiener FPÖ-Politiker Johann Herzog. Tiefbraunen Glanz verbreitete der Gast aus Bulgarien, Wolen Nikolow Siderow, der Vorsitzende und Gründer der rechtsextremen Partei Ataka. Zusammengefasst war das im Palais Liechtenstein keine demokratisch feine, sondern ziemlich schräge rechtsnationalistische und rechtsradikale Gesellschaft. Presse und Öffentlichkeit wurden von dem Treffen nicht informiert, die Teilnehmer zu absoluter Geheimhaltung verpflichtet. »Ein privater Wachdienst kontrollierte die Eingänge des barocken Palais. Selbst die Teilnehmer durften nicht fotografieren. Als FPÖ-Chef Strache am Konferenztisch ein

Handyfoto schoss, wurde er von Tagungsleiter Malofeew sofort abgemahnt.«[304]

Der Jurist Johann Gudenus spielt in diesem rechtspopulistischen Dialog mit dem Kreml eine besondere Rolle. Er besuchte während seines Studiums bereits regelmäßig Sommerkurse an der Lomonossow-Universität in Moskau und hielt sich auch später häufiger in Russlands Hauptstadt auf. Ein halbes Jahr nach dem Treffen in Wien, am 10. September 2014, fand erneut ein Kongress statt. Das »Internationale Forum Große Familien und die Zukunft der Menschheit« hatte zu einem zweitägigen Kongress über Familienpolitik aus christlicher Sicht in den Kreml-Palast eingeladen. Von Wladimir Putin wurde eine Grußbotschaft verlesen, in der er von einer Erosion der moralischen Werte sprach. Insgesamt kamen die tausend Teilnehmer aus 45 Staaten. Offiziell wurde die Veranstaltung des »Forums Mehrkindfamilien und die Zukunft der Menschheit« vom russischen »Zentrum für Nationalen Ruhm« und der Stiftung des Ordens des Heiligen Andreas des Erstberufenen organisiert, die Teil eines Programms ist, das »Heiligkeit der Mutterschaft« heißt. Mitbeteiligt waren die Russisch-Orthodoxe Kirche und die Stiftung Sankt Basilius der Große von Konstantin Malofejew. Anwesend war unter anderem als Vertreter der ungarischen Regierung Gergely Pröhle.[305] Er war zuvor Direktor der FDP-nahen Friedrich-Naumann-Stiftung in Budapest, Botschafter Ungarns in Berlin und ist inzwischen stellvertretender Staatssekretär für bilaterale EU-Beziehungen der ungarischen Regierung. In Deutschland sah man ihn am 15. September 2015 in der ARD-Talkshow »Hart aber Fair«, um über die Rolle Ungarns in der Flüchtlingsfrage zu reden. Außerdem jetete FPÖ-Politiker Johann Gudenus nach Moskau. In seiner Rede kritisierte er die Europäische Union, die NATO und die USA. »Europa ist mehr als die Europäische Union, wir sind eine große christliche Familie. Aber es gibt jemanden, der unsere Werte und unsere Familie zerstören will«, wird er von der Nachrichtenagentur *Interfax* zitiert. Ungemach drohe in Europa, erklärte Gudenus, auch von einer »Homosexuellenlobby«. Diese sei äußerst mächtig und verfüge über eigene Zeitungen und Fernsehsender.[306] Mit dabei war auch Gabriele Kuby aus Deutschland. Die rechtskatholische Publizistin warnte in ihrem Vortrag »die mittel- und osteuropäischen Staaten davor, dass die Mitgliedschaft in der EU eine Zerstörung des eigenen Wertesystems mit sich bringe.«[307] Ihre Einstellung zeigte sich zuvor auf einer Demonstration am 5. April 2014 in Stuttgart gegen »sexuelle Vielfalt per Bildungsplan«: »Wir befinden uns in einer globalen sexuellen Revolution, die von den Machteliten dieser Erde durchgesetzt wird.«[308]

In der gemeinsamen Abschlusserklärung betonten die Teilnehmer, dass eine Stärkung der Rechte von Lesben und Schwulen ein Ende der menschlichen Zivilisation bedeuten würde. Wörtlich heißt es: »Wir, die Teilnehmer des Moskauer Internationalen Forums, drücken unsere ernsthaften Sorgen aus, weil gewisse Staaten hartnäckig eine noch nie dagewesene Propaganda-Kampagne forcieren, die zur ultimativen Zerstörung der natürlichen Familie führt – eine Institution, die in einer zivilisierten Gesellschaft die Basis von Ordnung, staatlichem Wohlergehen und sozialem Frieden ist.«[309]

Ein Jahr später. Im Oktober 2015 reiste Alexander Gauland nach Recherchen von ZDF-Journalisten mit einer Delegation der AfD nach Sankt Petersburg. Eingeladen wurden sie von der Stiftung Sankt Basilius der Große, also jener Stiftung von Konstantin Malofejew, die am 1. Juni 2014 im Wiener Palais Liechtenstein die obskure Veranstaltung organisiert hatte und auch in Moskau dabei gewesen war. So gesehen erklären sich Aussagen sowohl von der AfD wie von der FPÖ, dass beispielsweise die Sanktionen gegen Russland, verhängt aufgrund der völkerrechtswidrigen Besetzung der Krim und des militärischen Eingreifens in der Ostukraine, aufgehoben werden müssen, ihre Distanz zur EU und zu den USA oder ihr Verhältnis zur Homosexualität. Denn tatsächlich dürfte Wladimir Putin die rechtspopulistischen und rechtsextremen europäischen Bewegungen nur als nützliche Idioten benutzen, die in seinem Sinne, solange sie noch in der Opposition sind, hier Propaganda gegen den liberalen demokratischen Staat organisieren. Auf der anderen Seite sagt Andrej Klimow vom Russischen Föderationsrat: »Sobald wir den Beweis erhalten, dass das eine stabile Partei ist, den uns das deutsche Volk bei den Wahlen liefert, schließen wir eine Zusammenarbeit und auch eine Art Abkommen mit dieser Partei nicht aus.«[310] Der von Klimow geforderte Beweis dürfte ja inzwischen erbracht worden sein. Und der russische Milliardär Konstantin Malofejew findet für die FPÖ nur lobende Worte. In einem Interview mit dem Magazin *profil* sagte er, dass er nicht nur beste Beziehungen zur FPÖ unterhalte, sondern: »Ich halte sie für die proösterreichischste Partei Österreichs … weil sie das richtige Programm gegenüber den Migranten hat und eine EU-skeptische Ausrichtung. Das ist wirklicher Patriotismus und entspricht den Interessen der Österreicher.«[311] Es entspricht aber insbesondere den Interessen von Wladimir Putin – das jedoch sagte er nicht.

# Schmutzige Demokratie – Ausgehöhlt – Ausgenutzt – Ausgelöscht?

Wie fest verankert sind eigentlich zentrale Institutionen des Staates in der Demokratie? Welche Erfahrungen haben die Bürger mit diesen Institutionen gemacht, wenn sie schon erkennen, dass am Beispiel der Flüchtlingspolitik die scheinheilige Doppelmoral so offensichtlich ist? Grundlage des demokratischen Rechtsstaats ist bekanntlich ein ethisch legitimiertes Ordnungssystem. Doch kann es das jemals geben? Ist eine humane demokratische Gesellschaft im kapitalistischen Wirtschaftssystem je möglich? Selbst viele der politisch engagierten Bürger haben den Glauben daran verloren. Sie erkennen, dass es inzwischen eine unüberwindbare Mauer zwischen politischer Ethik, der sozialen Gerechtigkeit und der realen Machtpolitik gibt. Ein Indiz von vielen ist die Frage der sozialen Gerechtigkeit. Dabei ist seit Langem bekannt, dass die Schere zwischen Arm und Reich ständig weiter auseinanderklafft, ohne dass ansatzweise Entscheidendes dagegen unternommen wird. Soziale Ungleichheit nimmt weltweit dramatisch zu. Inzwischen besitzen die 62 reichsten Einzelpersonen – vor einem Jahr waren es noch 80 – genauso viel wie die gesamte ärmere Hälfte der Weltbevölkerung. Dies geht aus dem Bericht »An Economy for the 1%« hervor, den Oxfam im Vorfeld des Weltwirtschaftsforums (WEF) in Davos veröffentlichte.[312]

## Wer sind die da oben eigentlich?

Larry Fink, der Vorstandsvorsitzende der Investmentfirma BlackRock, ist das Symbol des bislang herrschenden globalen Wirtschaftssystems. Er ist, zeigt sich der Wirtschaftswissenschaftler Professor Max Otte überzeugt, »wahrscheinlich genauso mächtig wie der amerikanische Präsident. Im wirtschaftlichen Bereich ungleich mächtiger.«[313] Für Max Otte ist BlackRock das Muster des angelsächsischen Kapitalismus, der sich fundamental von der sozialen Marktwirtschaft unterscheide. »Wir stehen vor einem Kollaps der sozialen Marktwirtschaft, wenn es so weitergeht wie bisher.«

BlackRock ist das größte und mächtigste Finanzimperium der Welt. »Zum Kundenstamm des Konzerns gehören Träger betrieblicher, öffentlicher, gewerkschaftlicher und branchenspezifischer Pensionspläne, Regierungen, Versicherungen, Publikumsfonds von Drittanbietern, Schenkungen, Stiftungen, wohltätige Organisationen, Unternehmen, öffentliche Einrichtungen, Staatsfonds, Banken, Finanzberater und Privatpersonen aus der ganzen Welt.«[314]

BlackRock verwaltet 4,7 Billionen Dollar, umgerechnet 4,3 Billionen Euro. Zum Vergleich: Der Wert aller in Deutschland produzierten Produkte und Dienstleistungen im Jahr 2014 lag bei 3,8 Billionen Dollar. Nahezu unbemerkt von der Öffentlichkeit ist BlackRock zu einem Großeigentümer der Deutschland AG geworden, schreibt das sehr unternehmerfreundliche *Handelsblatt*.[315] Die Investmentfirma aus New York hält über verschiedene Fonds und Gesellschaften inzwischen Anteile an allem, was in der deutschen Wirtschaft Rang und Namen hat: am Sportausrüster Adidas, am Versicherungsgiganten Allianz, am Chemieriesen BASF, an der Deutschen Bank. 6,3 Prozent des Pharmaherstellers Merck gehören BlackRock, beim Baustoffkonzern HeidelbergCement sind es 7 Prozent. Sie halten 5,22 Prozent der Aktien der Commerzbank. Bei Twitter ist BlackRock mit 80 Millionen Dollar beteiligt, bei der Telekom mit 3,34 Prozent, bei Siemens mit 5,01 Prozent und der Deutschen Post mit 5,01 Prozent. Deutschland und Österreich zählen zu den strategischen

Kernmärkten von BlackRock. Doch BlackRocks Einfluss geht über solche Beteiligungen hinaus: »Die Leute von BlackRock beraten Finanzminister und Dutzende Notenbanken – darunter auch die Europäische Zentralbank. Keine Regierung, keine Behörde hat einen so umfassenden und tiefen Einblick in die globale Finanz- und Firmenwelt wie BlackRock.[316]

Was in diesem Geschäft zählt, ist der Anlageerfolg, die zu erwirtschaftende Rendite. Wer als Anleger Renditen um jeden Preis erzielen will, ist bei BlackRock zweifellos gut aufgehoben. Wer nicht in Waffengeschäfte, Ausbeutung von Rohstoffen, menschenunwürdige Arbeitsbedingungen oder Umweltzerstörung investieren will, der ist bei BlackRock hingegen an der falschen Adresse. BlackRock ist zum Beispiel mit 5,9 Milliarden Euro der zweitgrößte Aktien- und Anleihenbesitzer von Rüstungsunternehmen.[317] Weigern sich die Anleger, BlackRock weiter zu bedienen, zerfällt auch die Macht dieses Finanzimperiums. Aber es gilt trotzdem das, was Professor Max Otte sagt: »Die Welt wird massiv und schnell ungerechter. Wir haben eine massive Vermögenskonzentration an der Spitze. Da entsteht wirklich eine neue Adelsschicht, die die Welt auf ihre Art beherrscht, und das hat mit Verschwörung gar nichts zu tun, sondern mit Machtstrukturen. Und diese Vermögenskonzentration nimmt rapide zu.«

Es ist nicht bekannt, dass die europäischen Rechtspopulisten hier mit kritischen Fragen oder gar Antworten, wie diese Machtstrukturen zerschlagen werden können, zum Beispiel durch eine entsprechende Steuerpolitik und Vermögensabgaben, aufgefallen sind. Ginge ja auch schlecht, weil sie, mit Ausnahme des rechtsradikalen französischen Front National, dem neoliberalen System frönen, in dem Finanzimperien wie BlackRock agieren können.

# Zwei marktradikale Sturmgeschütze und die Flüchtlingsfrage

Die Dimensionen rassistischen Denkens, gepaart mit ausgeprägten wirtschaftlichen Eigeninteressen, lassen sich wie unter einem Mikroskop an einzelnen Personen detailliert dokumentieren. Dabei sind die ideologischen Verbindungslinien zwischen Rassismus und ökonomischer Situation besonders brisant, dokumentieren sie doch, wie ethische Normensysteme inzwischen außer Rand und Band geraten sind – und zwar nicht nur bei den »normalen« Bürgern.

Es war am 1. März 2016. Da hielt Professor Hans-Werner Sinn in München einen Vortrag zur Flüchtlingsfrage. Professor Sinn, der inzwischen das von ihm geleitete ifo-Institut aus Altersgründen verlassen hat, ist jener Mann, der wie kein anderer für die neoliberale Wirtschaftspolitik steht, geradezu ein Bußprediger der Austeritätspolitik und logisch konsequent, ein erbitterter Gegner des Mindestlohns. Am Ende seines Vortrages meldet sich einer der Gäste der Veranstaltung zu Wort. »Ich glaube, was Herr Professor Sinn vorgetragen hat, ist in jeder Beziehung überzeugend gewesen. Es zeigt die Folgen einer verfehlten Politik auf … Das mit den Flüchtlingen ist unbeherrschbar. Diese Vorstellung, man kann einen Millionenzuzug beherrschen. Haben schon heute 16 Millionen nichtwestliche Ausländer mit Migrationshintergrund in Deutschland. 16 von 80 Millionen. Da kommen zehn oder acht Millionen, ich weiß es nicht, hinzu, und damit stellt sich dann die Frage der Identität unserer Gesellschaft.« Und es geht munter weiter. »Wir können nicht auf Dauer immer mehr Parallelgesellschaften dulden, wir haben außerdem eine ungeheure Konzentration von Muslimen, was zusätzliche Probleme mit sich bringt, und in vielen Fällen ist auch nicht die Bereitschaft zur Integration da.« Vehement fordert er eine »grundsätzliche politische Entscheidung, die dazu führt, dass wir unser Territorium schützen … denn wir sind am Rande eines kulturellen Zusammenbruchs.« An dieser Stelle wird er vom Diskussionsleiter unterbrochen. Der Gast schnauft: »Ich bin gleich fertig. Aber hören Sie sich das mal an!« Er ist erregt und nicht zu bremsen. »Es wird mal Zeit, dass wir die Dinge auf den Tisch legen … sonst führt es zu einem Desaster für Deutschland.«[318] Glücklicherweise war die Zustimmung auf seine emotional aufgeladene Anklage im Auditorium sehr verhalten.

Wer ist dieser Unternehmer, der sich derart, ich würde sagen rassistisch und völkisch-national erregt, und der ja tatsächlich selbst aus der Parallelgesellschaft der Superreichen kommt? Anfang Oktober 2015 veröffentlichte das *manager magazin* die Liste der zehn reichsten Deutschen. Auf Platz sieben ist er zu finden: Heinz Hermann Thiele, 74 Jahre alt, Aufsichtsratsvorsitzender der Knorr-Bremse AG und Träger des Bayerischen Verdienstordens. Sein Familienvermögen soll die stolze Summe von 9,5 Milliarden Euro umfassen. Laut der Liste der reichsten Personen der Welt des *Forbes Magazine* belegte Thiele im Jahr 2015 immerhin Platz 82.[319] Diese Liste enthält insgesamt 1 694 Dollar-Milliardäre weltweit. Thiele ist also demnach ein Milliardär, der im Geld schwimmt, ein Mann aus der geheimen Parallelwelt der Superreichen, von denen behauptet wird, sie würden maßgeblich die Welt mitregieren. Daher noch ein Blick hinter die Kulissen des Reichtums Thieles.

Bekannt ist der Milliardär dafür, dass er aus dem Arbeitgeberverband ausgestiegen ist und 50 Prozent seiner Mitarbeiter arbeiten in Niedriglohnländern, wie er stolz verkündete.[320] Betriebsräte und Vertreter der IG Metall rügten hingegen, dass viele Beschäftigte mehr als 40 Stunden die Woche arbeiten müssten, »bekämen aber nicht viel mehr Geld als Mitarbeiter anderer Konzerne mit 35-Stunden-Woche. Hohe Profite, die sich nicht in den Gehältern widerspiegeln, das passe einfach nicht zusammen.«[321] Solche Äußerungen scheinen eher eine gewisse Pflichtübung zu sein, denn ansonsten vernimmt man vonseiten der Gewerkschaft und des Betriebsrats wenig Kritik an dem Milliardär. Dabei steht außer Frage, dass man, um im Big Business erfolgreich zu sein, die Frage nach ethischen Normensystemen, selbst wenn man den Bayerischen Verdienstorden trägt, eher als hinderlich bewertet – wie das folgende Beispiel demonstriert.

Monate vor Thieles Diskussionsbeitrag bei Professor Sinn in München hielt sich der Milliardär, der Deutschland am Rande eines kulturellen Zusammenbruchs sieht, im russischen Sankt Petersburg auf, und zwar anlässlich des pompösen Internationalen Sankt Petersburger Wirtschaftsforums. Das ist auch so eine besondere Parallelgesellschaft. Was Rang und Namen in der russischen Wirtschaft und Politik hat, pilgert in die »Hauptstadt der russischen Mafia«, ebenso wie führende westliche Wirtschaftsvertreter – trotz der westlichen Sanktionen wegen der Besetzung der Krim und der militärischen Unterstützung der pro-russischen Separatisten in der Ostukraine durch russische Spezialeinheiten. Auf dem Podium, in einem weißen Sessel, sitzt Heinz Hermann Thiele. Hinter ihm ist das an die Wand projizierte Panorama von Sankt Petersburg mit dem Winterpalast zu sehen. Zwei Sessel von ihm entfernt hört mit zufriedenem Lächeln jener Mann zu, für den Demokratie und Rechtsstaat eher etwas Fremdes ist – Wladimir Putin. Unter den Zuhörern ist sein besonderer Freund, Ex-Bundeskanzler Gerhard Schröder. Diesmal spricht Heinz Hermann Thiele nicht über die Bedrohung durch Flüchtlinge. Auf dem russischen Fernsehsender »Russia Today« ist er unter anderem mit folgenden Worten zu vernehmen: »Ich war immer schon gegen diese Sanktionen, und heute bin ich der gleichen Meinung. Und ich bin nicht der Einzige in der deutschen Wirtschaft, der diese Sicht vertritt. Ich unterstütze die Erklärung von Herrn Putin, dass es an der Zeit ist, die Sanktionen aufzuheben.« Er weiß natürlich, warum. Schließlich unterhält er beste Geschäftsbeziehungen nach Russland und sagt: »Unsere Firmenvertretungen in Russland sind sehr erfolgreich in der Zusammenarbeit mit russischer Industrie und Transportwesen.« Auf jeden Fall brummen für den Milliardär die Geschäfte in Russland. Bereits 2008 meldete die »Russische Eisenbahn« (RZD), ein Konzern mit einem Milliardenetat und berüchtigt für Verschwendung und Korruption, ein Joint-Venture mit Knorr-Bremse. Der Vertrag wurde sowohl von Thiele als auch dem Chef der Russischen Staatsbahn, Wladimir Jakunin, unterschrieben.[322] Letzterer gehört natürlich zum inneren Zirkel Putins und unterhält einige Stiftungen, wie die für orthodoxe Staatsideologie oder jene für imperialen Nationalismus. So gesehen ist es nicht weiter verwunderlich, dass er auch den Vorsitzenden der Jungen Alternative, der Jugendorganisation der AfD, im März anlässlich einer Veranstaltung der »Association Dialogue Franco-Russe« in der russischen Botschaft in Paris getroffen hat.[323]

Gemunkelt wird über Jakunins imposanten Immobilienbesitz. Das Gelände seiner Datscha erstreckt sich über sieben Hektar plus mehrere Hektar, die er illegal eingezäunt hat. Der Gebäudekomplex umfasst unter anderem ein 50-Meter-Hallenbad und ein Gebäude für 30 Bedienstete. »Die Staatsbahn, an deren Spitze er seit 2005 stand, ist für Verschwendung und Korruption bekannt. Ein besonders drastisches Beispiel ist eine 48 Kilometer lange Bahnstrecke nahe Sotschi, die für die Olympischen Winterspiele für 8,7 Milliarden Dollar errichtet wurde. Die Bahn meldete für 2014 einen Verlust von eineinhalb Milliarden Dollar. Jakunin selbst weigerte sich stets beharrlich, der Pflicht nachzukommen, sein Gehalt offenzulegen.«[324] Den Vorwurf der Korruption wies er vehement zurück. Für ihn sind das alles Lügen. Als Freund von Wladimir Putin hat eine solche Aussage natürlich ein besonderes Gewicht. Seit April 2014 steht Wladimir Jakunin jedenfalls auf einer Sanktionsliste der US-Regierung und darf nicht in die USA einreisen.

Im Licht dieser Vorgänge ist die Aussage des Milliardärs Thiele über den »kulturellen Zusammenbruch« im Zusammenhang mit den nach Europa und Deutschland kommenden Schutzsuchenden ziemlich obszön. Und einige Monate nach Thieles Rede in Sankt Petersburg werden russische Kampfbomber in Syrien gezielt Städte und Dörfer, in denen Gegner des Assad-Regimes vermutet werden, in Grund und Boden gebombt, gezielt Krankenhäuser zerstört. Das löste bekanntlich wiederum eine neue Flüchtlingswelle in Richtung Europa aus, über die sich der Milliardär so echauffierte.

Aber die Obszönität ist noch zu steigern. Das dokumentiert der folgende Fall. Er muss deshalb so ausführlich beschrieben werden, weil er aufzeigt, welche politische Perversität im Zusammenhang mit der Flüchtlingsfrage um sich greift. Da die Balkanroute seit dem Frühjahr 2016 gesperrt ist, werden zwangsläufig neue Fluchtwege notwendig. Damit steht das von einem Bürgerkrieg gespaltene Libyen, ein Staat, den es völkerrechtlich überhaupt nicht gibt, im Fokus derjenigen, die alles dafür tun, um auch diesen Weg über das Mittelmeer nach Italien abzusperren. Ein kurzer Rückblick. Mehr als 200 000 Menschen hatten im Jahr 2014 von Libyen aus in Richtung Italien abgelegt – Monate zuvor hatten sie auf eine Gelegenheit gewartet, ins gelobte Europa zu gelangen. Da kommt ein in jeder Beziehung marktradikaler US-Millionär mit seinen großen Erfahrungen ins Spiel. Sein Name ist Erik Prince. Auf der Webseite eines seiner Unternehmen, das er mit chinesischen Investoren betreibt, der Frontier Services Group, wird er folgendermaßen vorgestellt: »Herr Prince ist ein in den USA geborener Unternehmer, Philanthrop, Militärveteran und Private-Equity-Investor mit Geschäftsinteressen in Afrika, Europa, dem Mittleren Osten und Nordamerika.«

Bereits im Jahr 2013 bot er der libyschen Regierung in Tobruk nicht nur militärische Dienstleistungen und Ausstattung an, wie Söldner, bewaffnete Fahrzeuge, Helikopter und Boote, sondern unterbreitete einen präzisen Plan, um Flüchtlinge davon abzuhalten, von Libyen aus auf das europäische Festland zu kommen. Die Lösungen, die der geschäftstüchtige US-Unternehmer seinen libyschen Partnern anbot, betreffen Ausbildung libyschen Personals, die Überwachung der Schmugglerrouten, das Aufhalten der illegalen Migranten – mit dem für dieses Unternehmen typischen Zusatz, dass man sich an bestimmte rechtliche Vorgaben aber nicht halten muss. In seinem Vorschlag ist Folgendes zu lesen: »Die libysche Regierung hat nur begrenzte Mittel, um die Grenzsicherheit zu gewährleisten, insbesondere um den Strom von afrikanischen Immigranten und Kriminellen nach Europa zu stoppen.«[325] Als Lösungsvorschlag bot er unter anderem Fahrzeuge an, Kommunikationsmittel, Flugzeuge, Helikopter und logistische Unterstützung, robuste Kontrolle der bekannten Schmuggelrouten mit Hubschrauber und Fahrzeugbetrieb, um die Illegalen zu stoppen. Denn, so sein Border-Force-Projekt, »die Flüchtlinge müssen bereits im südlichen Libyen gestoppt werden, bevor sie Europa erreichen.«

Nach Recherchen von Intercept, das sich auf Gespräche mit Geschäftspartnern, Geheimdienstmitarbeitern und Quellen im Justizministerium und Einsichten in Geschäftspläne stützt, traf Erik Prince durchaus auf willige Geschäftspartner in Libyens Regierungskreisen in Tobruk. Allerdings benötigte der rührige Unternehmer das entsprechende Kapital. Das sollte von der EU und der libyschen Regierung kommen, und zwar aus dem Vermögen des gestürzten und getöteten

Gaddafi, das von europäischen Banken eingefroren wurde. 2015 war das Border-Force-Projekt noch am Laufen. Unterbrochen wurden die Verhandlungen lediglich durch Ermittlungen des US-Justizministeriums gegen Prince, unter anderem wegen Geldwäsche. Das dürfte jedoch, wie die Geschichte von Erik Prince in den USA zeigt, eigentlich kein Problem sein. Denn er steht immer noch auf einer »Defense Services Broker«-Liste des US-Außenministeriums. In dieser Liste müssen sich diejenigen registrieren lassen, die unter anderem Militärgüter exportieren oder militärische Dienstleistungen anbieten.[326] Damit genießen sie den Schutz der US-Regierung.

Der Multimillionär Erik Prince, der sich für die Lösung der Flüchtlingsfrage in Libyen anbot, kann auf eine beeindruckende Vergangenheit zurückblicken, und zwar eine, die in den USA beginnt. Er war einst Besitzer des berüchtigten US-Söldnerunternehmens Blackwater, auch Bloodwater genannt. Noch Ende 2007 verfügte das Unternehmen über mehr als 2300 Söldner, die in neun Ländern im Einsatz waren. In der Datenbank der Firma waren mehr als 21000 ehemalige Sondereinsatzkräfte, Soldaten und Polizeiangehörige gespeichert, die kurzfristig mobilisiert werden konnten. Blackwater beziehungsweise Bloodwater unterhielt eine Flotte von über 20 Flugzeugen, darunter Kampfhelikopter und Drohnen. Der Firmensitz in North Carolina, auf einem 2380 Hektar großen Areal, galt als die weltweit größte Militäreinrichtung in privater Hand. Das Unternehmen erhielt staatliche Aufträge mit einem geschätzten Gesamtvolumen von mehr als einer Milliarde Dollar. Dazu kamen Aufträge für verschiedene US-Geheimdienste, Privatfirmen, Einzelpersonen und ausländische Regierungen. Ebenfalls bekannt ist, dass Blackwater von der CIA beauftragt wurde, CIA-Personal für gezielte Tötungen auszubilden und entsprechende

Operationen zu planen, da es der CIA an geeignetem Personal mangelte.

Der Autor Jeremy Scahill, der sich als Erster intensiv mit Blackwater beschäftigt hat, zitiert den Kongressabgeordneten Jan Schakowsky, der erklärte, dass Blackwater rein militärisch in der Lage gewesen sei, viele Regierungen dieser Welt zu stürzen. »Plötzlich ist ein profitorientiertes Unternehmen in Ländern rund um den Globus im Einsatz, das mächtiger ist als so mancher Staat und das da oder dort womöglich sogar einen Regimewechsel herbeiführen kann ... Es stellt sich die Frage nach der Demokratie, nach der Bedeutung des Staates und danach, wer in der Welt Einfluss ausübt.«[327]

Besonders aufgefallen sind Blackwaters Söldner im Irakkrieg. »Die Zusammenarbeit zwischen Blackwater und der CIA begann, als wir spezialisierte Ausbilder und Einrichtungen zur Verfügung stellten, über die die Behörde nicht verfügte«, sagte Prince gegenüber der bekannten US-amerikanischen Website »The Daily Beast«. Blackwater wurde zum verlängerten Arm der CIA. Berüchtigt wurde seine Söldnertruppe durch bestialische Folterungen von Gefangenen im Foltergefängnis der US-Militärs Abu Ghraib.[328] »Wir wurden immer und immer wieder mit gefährlichen Missionen beauftragt, die die CIA selbst nicht durchführen konnte oder wollte.«[329] Der Konzern war Teil einer »Schattenarmee«, quasi eine Leiharbeitsfirma, die von der damaligen Bush-Administration nicht nur im Irakkrieg eingesetzt wurde. Bis zum September 2007 konnten seine Söldner agieren, ohne dass die Befehlenden jemals zur Rechenschaft gezogen wurden. Blackwater feuerte im Irak beispielsweise mit speziellen Patronen, die im Körper des Getroffenen regelrecht explodierten und die in der US-Armee verboten waren. Genauso wie die Kämpfer Nervengas einsetzten, was ebenfalls in der US-Armee offiziell verboten war.

Doch dann geschah etwas, was selbst im Irakkrieg große Empörung auslöste, aber nur deshalb, weil die Videoaufnahmen über das Massaker im Internet auftauchten. Am 16. September 2007 feuerten Blackwater-Söldner auf dem Bagdader Nisour-Platz wahllos um sich und töten 17 Zivilisten.[330] Daraufhin musste Blackwater den Irak verlassen. Im Jahr 2008 gewann Barak Obama die Wahl zum neuen Präsidenten, und die Herrschaft der Bush-Administration, die bisher alle Aktionen von Blackwater finanziert und abgenickt hatte, war beendet. Das US-Außenministerium kündigte Blackwaters Vertrag im Irak, und es wurde nun endlich in den USA, intensiver als je zuvor, gegen Blackwater ermittelt. Im Rahmen dieser Ermittlungen sagte am 27. Juli 2009 unter anderem ein ehemaliger Mitarbeiter in einer eidesstattlichen Erklärung aus, wonach Erik Prince und enge Mitarbeiter mindestens einen Mord an Informanten der Bundesbehörden verübt hätten. »Ich habe persönlich zahlreiche Vorgänge beobachtet, an denen Blackwater-Angehörige beteiligt waren. Es handelte sich um exzessive und ungerechtfertigte tödliche Gewalt.« Aufschlussreich war die Aussage eines weiteren Zeugen: »Prince hat absichtlich gewisse Männer in den Irak geschickt, die seine Vision christlicher Vorherrschaft teilen, in dem Wissen und mit dem Willen, dass diese Männer jede Gelegenheit nutzen, um Iraker zu ermorden.«[331]

Das Ergebnis der Verfahren gegen Blackwater war, dass Erik Prince rund einhundert Millionen Dollar für Anwälte und Strafen bezahlen musste. Das Image jedenfalls war demoliert, woraufhin Blackwater unter Führung von Erik Prince zweimal seinen Namen änderte: 2009 in das Unternehmen Xe und zwei Jahre später in Academi. Über Tochtergesellschaften von Blackwater, wie Total Intelligence Solutions und das Terrorism Research Center (TRC),[332] in denen Erik Prince der Vorstandsvorsitzende war, nahmen internationale Unternehmen wie Monsanto, Chevron, die Walt Disney Company oder beispielsweise die Deutsche Bank seine Dienste in Anspruch.[333] Für geschätzte 200 Millionen Dollar verkaufte Prince 2010 seinen Söldnerkonzern an eine Investorengruppe, zog nach Abu Dhabi und trainierte auf Geheiß des Kronprinzen eine Söldnertruppe, die Terroristen bekämpfen und Aufstände niederschlagen soll. Gleichzeitig versuchte er eine tausend Mann starke private Anti-Piraten-Einheit in Somalia aufzubauen.

Anfang 2012 ließ er sich kurzfristig im österreichischen Burgenland nieder. Der Magistrat von Eisenstadt war so zuvorkommend, ihm einen Aufenthaltstitel auszustellen. Zu welchem Zweck er Eisenstadt als Wohnsitz ausgewählt hatte, war niemandem bekannt. Vielleicht deshalb, weil er sich mit einem gültigen Aufenthaltstitel leichter bewegen kann als mit einem befristeten Visum. »Dass er Interesse am Flugzeughersteller Diamond Aircraft Industries GmbH in Wiener Neustadt hatte, wird dementiert. Fakt ist, dass Princes Adresse mehrmals von der Polizei aufgesucht wurde, er wurde jedoch nie dort angetroffen. Daher wurde er seitens der Behörde zwangsweise abgemeldet. Nun soll er mit seinem Tross nach Wien weiterziehen.«[334] Und dort ließ er, nicht weit entfernt von Diamond Aircraft auf dem Flughafen Wiener Neustadt Ost, im Unternehmen Airborne Technologies Kleinflugzeuge zu Waffenplattformen für Einsätze in Afrika umbauen.[335] Das Unternehmen selbst gibt als Tätigkeitsbeschreibung unter anderem an, im Bereich von Flugzeugen bei Laserscanning, Photogrammetrie, Katastrophenschutz und Infrastrukturüberwachung tätig zu sein. Eigentümer von Airborne Technologies wiederum sind die Private Equity Fonds Athena Wien Beteiligungen AG, eine TreuTrust GmbH und die Frontier Kapital GmbH. Die wiederum steht im Alleineigentum der Frontier Opportunities Limited auf den Bermudas. Wie sich aus dem Annual Report 2014 der Frontier Services Group Limited, ebenfalls auf den

Bermudas, ergibt, steht die Frontier Opportunities Limited im Eigentum von Erik Prince.[336] Er ist Vorstandsvorsitzender der Frontier Services Group, die Transportdienstleistungen in der Luftfahrt insbesondere in Afrika anbietet.

»The Intercept«, die bedeutendste amerikanische Enthüllungsplattform, berichtete im April 2016, wonach im November 2014 ein schwarzer Mercedes in diesem österreichischen Luftfahrtunternehmen auftauchte. Es kam Erik Prince. Seit vier Monaten hatte das Airborne-Team fast ununterbrochen gearbeitet, um eine Thrush 510G in ein Kleinflugzeug umzubauen. Das Projekt war streng geheim. Die Führungskräfte des Unternehmens nannten ihren Kunden »Echo Papa« und beauftragten die Mitarbeiter, nur noch Codewörter zu verwenden, wenn es um bestimmte Änderungen am Flugzeug ging. Jetzt erst erfuhren die Mitarbeiter, dass »Echo Papa« ein Viertel ihres Unternehmens gehört. Die Geheimhaltung und die seltsamen Änderungswünsche in den letzten vier Monaten begannen Sinn zu machen.[337] Denn neben den Überwachungs- und Laserzielgeräten stattete Airborne das Flugzeug mit gepanzerten Cockpitfenstern, einem gepanzerten Motorblock, Anti-Sprengstoff-Umhüllung für den Kraftstofftank und einer speziellen Verkabelung aus, die es ermöglicht, Raketen und Bomben zu kontrollieren. Das Unternehmen installierte demnach auch Befestigungen für die Montage von zwei High-Power-23-mm-Maschinengewehren. Einige der Ingenieure und Mechaniker waren zwar darüber besorgt, dass sie mehrere österreichische Gesetze gebrochen hatten, wurden aber darauf hingewiesen, dass alles in Ordnung wäre, solange alles geheim bliebe. Mit Maschinengewehren und Raketen bewaffnet sollten dann die beiden Thrush-510G-Flugzeuge ihre Einsätze im Südsudan fliegen. »Unter den Augen der österreichischen Behörden baut Prince mithilfe chinesischer Freunde eine Söldner-Luftwaffe für Afrika auf«, beklagte sich der Grünen-Abgeordnete Peter Pilz und fragt, »warum ein Unternehmen der Stadt Wien an der Söldnerfirma beteiligt sei, warum der Verfassungsschutz schon wieder nichts gesehen hat und wer das alles eingefädelt hat?«

Laut Airborne Technologies wurde im Rahmen dieser Zusammenarbeit mit Erik Prince hingegen nie gegen österreichische oder gegen andere Gesetze verstoßen. Erik Prince ist übrigens glühender Anhänger der konservativen fundamentalistisch-religiösen Bewegungen in den USA, die radikalen christlichen Glauben mit wirtschaftsliberalem Denken und den außenpolitischen Zielen der radikalen Neoliberalen vermengen. Teile seines Vermögens spendete er in der Vergangenheit daher für christlich-fundamentalistische Vereinigungen und extrem konservative Politiker.

## Wie empfinden Bürger ihren Staat?

Auf Facebook habe ich einmal gefragt, was die Bürgerinnen und Bürger eigentlich mit dem Begriff »kalter Staat« assoziieren. Also einem Staat, der durch seine soziale und gesellschaftliche Unbarmherzigkeit und Ungerechtigkeit in Teilen geprägt ist. Hier nur eine kleine, aber durchaus repräsentative Auswahl von politisch engagierten und entsprechend kritisch denkenden Bürgerinnen und Bürgern: Inge S. schreibt: »Soziale Kälte, Sozialabbau, Mensch als Humankapital, Entsolidarisierung, Spaltung der Gesellschaft, Ökonomisierung aller Lebensbereiche.« Der Sozialarbeiter und Blogger Herold Binsack kann mit dem Begriff »kalter Staat« wenig anfangen. »Der Begriff macht so wenig Sinn wie ›warmer Staat‹. Denn gleich ob kalt oder warm, ist der Staat nach meiner Definition, also nach marxistischer Lesart, ein Instrument der Klassenherrschaft.«

Jürgen B. sieht es so: »Der Staat sind wir alle. Der Staat ist so kalt wie unsere Gesellschaft. Anstatt Solidarität herrschen die Angst und der Ellenbogen der Ego Shooter. Der, der nichts hat, tritt auf den, der gar nichts hat. Der Mensch als Humankapital, aber nicht als soziales Wesen. Wenn diese Entwicklungen nicht umgekehrt werden, dann wird es noch viel kälter in Deutschland, denn die Demokratie leidet darunter.« Hagen H. sieht es ähnlich: »Es sind nicht nur ›die da oben‹. Vor allem ›hier unten‹ nimmt die ›Kälte‹ unaufhörlich zu.« Der Unternehmer Christoph Klein: »Man ist immer nur machtlos oder anders ausgedrückt, keiner unternimmt etwas … auch in der Zukunft wird es wohl immer so bleiben. Leider.«

Theo H. verbindet den kalten Staat mit »sozialer Kälte und die Kälte gegenüber den Menschen. Es geht nur noch ums Geld und der Mensch fällt hinten runter.«

Mikk S. sagt, dass der Staat »ein eisiges Verhältnis zu seinen Bürgern hat und führt nicht den eigentlichen Auftrag aus, dem Bürger zu dienen.« Der Philosoph und Publizist Reiner A. Dammann verbindet mit dem Begriff »kalter Staat« den »machtgeilen Staat, den inhumanen Staat und asozialen Staat«.

Wolfgang Patzner engagiert sich bei verschiedenen NGOs, unter anderem bei Business Crime Control. »Das falsche Menschenbild, das der Staat von seinen Bürgerinnen und Bürgern hat, erlaubt ihm scheinbar allen Menschen mit Misstrauen und einem daraus folgenden Übermaß von Kontrolle zu begegnen. Aus der Logik des Kalten Staates ist der Schritt vom Misstrauen gegen eine angeblich arbeitsscheue Bevölkerung zur anlasslosen Massenüberwachung derselben via Vorratsdatenspeicherung nur konsequent. Wo Armut jedoch nur verwaltet und nicht bekämpft wird, erhebt sich das Volk – mal früher, mal später. Die in diesem Sinne sedierende Politik der Kanzlerin Merkel verzögert deshalb nur, was unvermeidlich geschehen wird, wenn nicht ein radikaler Paradigmenwechsel vollzogen wird zugunsten eines staatlich gelebten und organisierten Humanismus.«

Wolfgang Dudda ist stellvertretender Vorsitzender des Sozialausschusses des schleswig-holsteinischen Landtags und innen- und sozialpolitischer Sprecher der Piratenfraktion. Er sieht den kalten Staat darin, dass »unsere Lobbyisten der Wirtschaft und des Kapitals, also die, die der Politik sagen, was sie zu tun hat, ganz genau wissen, warum sie die Unterschicht an der ganz kurzen finanziellen Leine halten und warum sie, über das Zentralorgan der führenden Partei, der *Bild*, regelmäßig in den Medien die Debatte um angeblich nur zu faule Arbeitslose lostreten. Nur so kann man den lohnabhängigen Menschen Angst machen und sie disziplinieren«.

Mareike S. fragt: »Kalter Staat? Politiker interessieren sich nicht mehr für die Belange der Bevölkerung, die Wirtschaft hat das Sagen, es ist die Kluft zwischen Arm und Reich. Aber auch eine Bevölkerung, die darüber meckert, aber nichts dagegen unternimmt, weil politisches Desinteresse.« Für Edda S. steht fest: »Wir sind wieder im Manchester-Kapitalismus angekommen, den Bürgern der Bundesrepublik wurden ihre erkämpften Rechte wieder entzogen«, und Andreas M. assoziiert mit dem Begriff »kalter Staat« »ein Bildungsdefizit an sozialer Ethik«. Frank Buckenhofer ist Vorsitzender der Bezirksgruppe Zoll in der GdP und zudem ein kritischer Geist. »Ich mache nun seit meiner Jugend Politik und seit ca. 17 Jahren fahre ich als Gewerkschafter in den politischen ›Durchlauferhitzer‹ namens Bundestag. Ich erlebe dort die stetige Ohnmacht der Politik und die Macht der Bürokratie, die den gedachten Parlamentarismus auf den Kopf zu stellen versucht – oft mit Erfolg – und ich erlebe die eloquenten Ablenkungsmanöver und Blendungen aller Fraktionen, wie sie sich als Macher und politische Alternativen darstellen beziehungsweise darzustellen versuchen. Das wäre wahrscheinlich eine gute Therapie gegen die vielen politischen Frustrationen, die sich im Laufe der Jahrzehnte aufstauen. Ich habe deutlich mehr Ankündigungen als Umsetzungen in meinem politischen Leben erlebt.«

Sind das nun alles Vorurteile, Missverständnisse, Enttäuschungen oder spiegelt sich in diesen Aussagen eine Stimmung wider, die von vielen Bürgern inzwischen geteilt wird? Und wer ist dafür verantwortlich, dass ein solches, den inneren Zustand Deutschlands beschreibendes Stimmungsbild überhaupt entstehen konnte? Das hat verschiedene Ursachen, unter anderem mit dem konkreten Auftreten von Personen aus der wirtschaftlichen und politischen Elite zu tun.

## Je höher, desto arroganter – Taxi für die Volksvertreter

Deshalb lohnt einmal ein Blick in den Deutschen Bundestag in Berlin. Dort debattieren die gewählten Abgeordneten häufig über Fragen der sozialen Gerechtigkeit, der Solidarität. Bewegende Reden über soziale Kälte sind zu hören. Die Bürgerinnen und Bürger nehmen diese Reden mit viel Empathie auf. Wie glaubwürdig sind jedoch diese Reden, wenn im Bundestag gleichzeitig ein ganzes Heer von Niedriglöhnern beschäftigt ist? Dazu zählen die Fahrer für den Deutschen Bundestag, Putzdienste oder das Wach- und Servicepersonal. Die Mehrheit von ihnen malocht für private Unternehmen.

Ulli Schmidt, zum Beispiel. Er war als Chauffeur bei einem privaten Unternehmer angestellt. Dieses Unternehmen, so steht es auf der Webseite des Unternehmens, stellt Chauffeure für den Bundestag, das Bundespräsidialamt, das Kanzleramt, Bundesministerien und weitere Behörden. »Unsere top ausgebildeten und erfahrenen Chauffeure bringen die Abgeordneten in einer unserer modernen und gepflegten Limousinen zuverlässig und seriös an ihr Ziel.« Viele dieser Chauffeure waren, wie Ulli Schmidt (Name des Fahrers wurde geändert), mit einem Nebenbeschäftigungsvertrag ausgestattet, der ausschließlich für die Sitzungswochen gilt. Nicht bezahlt wurden sie auch während der langen parlamentarischen Sommerpause.

Schmidts Erfahrungen im Hinblick auf die soziale Empathie der von ihm kutschierten politischen Entscheidungsträger hält sich sehr in Grenzen. Er durfte sich Bemerkungen anhören wie: »Trinkgeld? Das gebe ich in der Kneipe oder bekommt mein Friseur, aber doch nicht mein Fahrer, der hat doch schon einen exklusiven Arbeitsplatz!« Das sagte ihm ein hoch bezahlter Staatssekretär. Oder Abgeordnete, die gebräunt und erholt aus dem Urlaub zurückgekommen sind: »Wo waren Sie denn dieses Jahr im Urlaub?« Ein Witz! Das zeigt, in welchem Wolkenkuckucksheim die Damen und Herren Abgeordneten so zu Hause sind. »Urlaub?«, fragte Schmidt dann immer zurück, »Sie meinen wohl Urlaub auf vier Rädern, und zwar nicht im Wohnmobil.«

Tatsächlich ist es so, erzählte er, dass nahezu alle seine Kollegen nebenbei die verschiedensten Tätigkeiten ausüben müssen, um über die Runden zu kommen (zum Beispiel als Krankenwagenfahrer, als Stadtführer oder auch als Taxifahrer). »Im Auto wurde dann großspurig Solidarität und Bedauern geheuchelt. Man wolle dafür sorgen, dass diese Ungerechtigkeit abgestellt wird. Kaum sind sie aus dem Wagen, ist das Thema vergessen, zumindest verdrängt. Seit sie etabliert sind, benutzen viele Abgeordnete ganz ungeniert den Fahrdienst auch für Privatfahrten oder lassen sich aus nichtigstem Anlass mal eben um die Ecke in die Reinigung kutschieren, die zu Fuß schneller erreichbar wäre.« Schmidt beschrieb, wie eine bekannte Politikerin zu ihm in den Wagen springt. »Sie ist völlig genervt: ›Blöde Abstimmung‹, kreischt sie, ›ob Biogasanlage oder Afghanistan, das ist doch egal. Jetzt verpasse ich deswegen meinen Flieger.‹ Bevor sie dann zum Flughafen fährt, möchte sie noch schnell eine Geschenk-Bestellung im Luxus-Boulevard (so nennt sich die Beauty-und-Lifestyle-Abteilung) des KaDeWe abholen.«

In einem gleichlautenden Brief sowohl an den Bundestagspräsidenten Norbert Lammert (CDU) wie an seinen damaligen Stellvertreter Wolfgang Thierse (SPD), an Katrin Göring-Eckardt (Bündnis 90/Die Grünen) oder Petra Pau (Die Linke) schrieb Schmidt: »Bitte sprechen Sie ein Machtwort und sorgen Sie dafür, dass diese prekären, unfairen und unzumutbaren Arbeitsbedingungen in Ihrem eigenen Hause endlich abgestellt werden. Von einem Monatslohn von um die 500 Euro netto kann nun wirklich kein Mensch leben und ist dieses hohen Hauses unwürdig.« Die Antwort von allen diesen angeschriebenen Politikern? Keine. Verzweifelt schrieb er am 17. Dezember 2013 deshalb an die damalige SPD-Generalsekretärin Andrea Nahles einen ausführlichen Brief, in dem er auf die extrem prekäre Situation der Chauffeure aufmerksam machte: »Sehr geehrte Frau Nahles. Sämtliche Hilferufe und Bitten an die Partei- und Fraktionsvorsitzenden blieben ungehört. In einem Fall verbat man sich sogar ›politische Belehrungen‹ mit der Folge, dass diese Vorsitzende intern dafür sorgte, dass ich ihr nicht mehr für eine Fahrt zugeteilt werde. Mir bleibt nur der eindringliche Appell an Sie: Bitte sorgen Sie dafür, dass diese prekären, unfairen und unzumutbaren Arbeitsbedingungen im Deutschen Bundestag endlich abgestellt werden.«

Eine Antwort auf sein Schreiben hat er nie erhalten.

## Ach, diese merkwürdigen politischen Dompteure in Deutschland und Österreich

Deshalb Vorhang auf für eine Aufführung mit Starbesetzung. Hier geht es um die zentrale Frage einer demokratischen Gesellschaft, ob nicht die persönlichen Vorteilsnahmen der politischen wie der wirtschaftlichen Funktionselite jegliche ethischen Standards außer Kraft gesetzt haben. Die Lösung der Frage ist entscheidend dafür, wie einerseits die Bürger ihre politischen Repräsentanten wahrnehmen und andererseits, warum das Verhalten einzelner Politiker oder Ex-Politiker verallgemeinert wird und sich im zunehmenden Politiker-Bashing niederschlägt. Denn genau dieses Politiker-Bashing (die wirtschaften doch nur in die eigenen Taschen) trifft zwangsläufig jene Politiker, die tatsächlich die Interessen der Bürger wahrzunehmen versuchen. Und natürlich geht es wieder um die Doppelmoral, die dazu führt, dass die Distanz der Bürger zu ihren Repräsentanten wächst.

Akteure sind diesmal unter anderem ein Ex-Bundeskanzler (Gerhard Schröder), ein Ex-Bundespräsident (Horst Köhler), ein Ex-DDR-Ministerpräsident (Lothar de Maizière), ein Ex-Bundeskanzler aus Österreich (Alfred Gusenbauer), ein polnischer Staatspräsident a. D. (Aleksander Kwaśniewski), ein italienischer Ex-Ministerpräsident (Romano Prodi) und ein ehemaliger spanischer Außenminister (Marcelino Oreja). Sie alle haben in der Vergangenheit maßgeblich die soziale, gesellschaftliche und insbesondere politische Kultur in Europa geprägt. Für viele Bürger waren sie einmal so etwas wie Vorbilder. Entsprechend stolz ist der Regisseur der folgenden Aufführung auf seine Akteure. Regisseur ist der Wiener Rechtsanwalt Gabriel Lansky, Spitzname »roter Gabi«, der an der Wiener Uni Vorträge über Lobbyismus hält und dessen Kanzlei jährlich den LPG Preis für Menschenrechtspraktiker verleiht. LPG bedeutet LANSKY, GANZGER + partner, also nichts anderes als der Name der wohl größten Wirtschaftskanzlei Österreichs. Sie veranstaltet übrigens auch sogenannte Menschenrechts-Talks für einen »kleinen geladenen Kreis aus Politik, Justiz und Verwaltung, Wirtschaft und Medien, Wissenschaft und Zivilgesellschaft.« Wer also könnte die politische Starbesetzung besser als Lansky dirigieren, um sich nun gemeinsam für globale Verteilungsgerechtigkeit, strikte Einhaltung fundamentaler Menschenrechte, die längst notwendige Zähmung der Macht der global agierenden Banken und Konzerne oder für eine humane Lösung des katastrophalen weltweiten Flüchtlingsproblems einzusetzen? Werden sie als ein Höhepunkt ihres bisherigen politischen Lebens gemeinsam ihre Stimme für die 230 Millionen Kinder erheben, die weltweit in Kriegs- und Krisengebieten leiden müssen, die als Sexsklaven missbraucht, als Soldaten oder Selbstmordattentäter in den Tod getrieben werden, die verhungern? Ihre Stimmen wären unüberhörbar und hätten für den Ausbau der Demokratie in Europa Signalwirkung.

Das Publikum ist voller Erwartungen. Doch die hohen Erwartungen des Publikums wurden bitter enttäuscht. Die oben genannten Ehrenmänner setzten ihren Einfluss für etwas ganz anderes ein. Und zwar auf direkte oder indirekte Art und Weise für die Interessen des 74-jährigen Nursultan Nasarbajew. Er regiert die ehemalige Sowjetrepublik Kasachstan, dort also, wo viel Öl und Gas und damit Dollars im Übermaß sprudeln. Seit Jahrzehnten ist Kasachstan eine despotisch geführte, von Nepotismus und Korruption durchdrungene Rohstoff-Kleptokratie, eine postmoderne Diktatur. Schwere Verstöße gegen die Menschenrechte beklagt nicht nur Amnesty International. Politische Gegner, Bürgerrechtler und kritische Journalisten werden durch den kasachischen Geheimdienst KNB selbst im Ausland gnadenlos verfolgt. »Bekannt ist Kasachstan auch dafür, dass sein Führer mit 74 immer noch an der Macht klebt – während der eine oder andere Gegner überraschend früh ablebt. Bekannt ist es für Milliardenaufträge, nach denen sich das Ausland streckt. Und für das Milliardenvermögen des Präsidenten, von dem er einiges ins Ausland geschafft haben soll. 17 Millionen Kasachen leben in dieser Kleptokratie, in der die Präsidentenfamilie nichts und niemanden fürchten muss, seit das Parlament beschlossen hat, dass der Clan für die Justiz sakrosankt ist.«[338]

Sogar die Bundesregierung schreibt in einer Antwort auf eine parlamentarische Anfrage der Fraktion Bündnis 90/Die Grünen am 5. Mai 2014: »Die aktuelle Menschenrechtslage in der Republik Kasachstan ist nicht zufriedenstellend und bleibt hinter internationalen Standards und Verpflichtungen zurück.« Kasachstans Regierung ist einer der mit Honorarzahlungen wohl freizügigen Mandanten des Wiener Rechtsanwalts Gabriel Lanksy. Seine Kanzlei soll für den Opferverein Tagdyr schlappe 14 Millionen Euro kassiert haben.[339] Der Verein soll, nach Angaben von Gabriel Lansky, von den Hinterbliebenen zweier kasachischer Banker finanziert worden sein. Die Banker sollen von Rakhat Alijev, dem ehemaligen Schwiegersohn Nasarbajews, ermordet worden sein. Aber es geht auch um etwas anderes – sozusagen Imagepflege für den Despoten aus Kasachstan. Nicht nur beim österreichischen Ex-Bundeskanzler soll Lansky sehr großzügig gewesen sein, um das etwas durch Korruption und Menschenrechtsverletzungen lädierte Image des kasachischen Präsidenten aufzupolieren. Gusenbauer kassierte 400.000 Euro jährlich.[340] Dem Ex-Bundespräsidenten Horst Köhler wurden 300.000 Euro pro Jahr von Lansky angeboten, damit er sich für das Regime in Kasachstan stark macht. Das Angebot nahm der Ex-Bundespräsident nach langen Verhandlungen letztlich nicht an, weil ihm kurz vor Vertragsabschluss ein weniger anrüchiger Job angeboten wurde.[341] In Erinnerung ist noch vielen Köhlers Tischrede am 3. September 2008 in Astana, der Hauptstadt Kasachstans: »Seien Sie versichert: Wir werden Ihnen, im Herzen von Asien, auch weiterhin aus dem Herzen von Europa als verlässlicher Freund zur Seite stehen. Meine Damen und Herren, ich bitte Sie nun daher, mit mir das Glas zu erheben und einen Toast auszubringen; auf die Gesundheit von Staatspräsident Nasarbajew, auf das Wohl des Volkes von Kasachstan und auf die Freundschaft zwischen unseren beiden Ländern.«[342]

Und so gründete Gabriel Lansky, bezeichnen wir es als eine Art Lobbyorganisation, das Independent International Advisory Council (IIAC) für den kasachischen Plutokraten. Ex-Bundeskanzler Gerhard Schröder soll für die Imagepflege des Despoten aus dem Steppenstaat ebenfalls viel Geld von Lansky angeboten worden sein.[343] Gerhard Schröder bestreitet, einen Cent erhalten zu haben.

Nicht zu bestreiten ist, dass Gerhard Schröder an Tagungen des von Rechtsanwalt Lansky initiierten Beraterkreises teilnahm, zum Beispiel am 3. Oktober 2010 als Special Guest.

Gabriel Lansky selbst erklärte nach einer Veröffentlichung im *Spiegel* im Zusammenhang mit Schröder, »dass Politiker wie Gerhard Schröder sich dem kasachischen Präsidenten als Berater in wirtschafts- und außenpolitischen Fragen zur Verfügung gestellt hätten und diese Expertenrunde von der Kanzlei Lansky gemanagt wurde«. Auch der österreichische Ex-Bundeskanzler Gusenbauer, Mitglied der SPÖ, meldete sich zu Wort und sprach im Namen der anderen IIAC-Mitglieder, dass der Weg Kasachstans zur Stärkung von Demokratie und Menschenrechten international anerkannt und respektiert werde. »Mit Ausnahme des *Spiegel* verstehen die wesentlichen europäischen Medien diese Rolle Kasachstans«, so der österreichische Ex-Bundeskanzler.[344]

Auf die eine Art oder Weise mit Despoten anzubändeln, das scheint derweil in auserlesenen Zirkeln der Macht etwas Selbstverständliches geworden zu sein. Findet deshalb etwa eine gesellschaftliche Ächtung solcher Ehrenmänner statt, die einst höchste politische Repräsentanten Europas und Deutschlands waren? Es bedarf keiner prophetischen Gaben, um zu wissen, dass sie von Wirtschaft, Politik und Medien weiter hofiert werden. Für die Bürger hingegen verstärkt sich nur ihr Urteil über das Wesen der politischen Klasse. Und SPD-Parteimitglieder, die in ihr Grundsatzprogramm im roten Parteibuch schauen, sie wundern sich vielleicht doch. Im Grundsatzprogramm der SPD aus dem Jahr 1959 steht an prominenter Stelle das Wort »demokratischer Sozialismus« und: »Mit ihrer durch Kartelle und Verbände noch gesteigerten Macht gewinnen die führenden Männer der Großwirtschaft einen Einfluss auf Staat und Politik, der mit demokratischen Grundsätzen nicht vereinbar ist. Sie usurpieren Staatsgewalt. Wirtschaftliche Macht wird zu politischer Macht.« Das war im Jahr 1959. Wenn die SPD-Mitglieder die heutige politische Realität sehen, die von Teilen der Parteiführung zu verantworten ist, führt das zwangsläufig zum Rückzug aus der Politik aus Enttäuschung über nicht eingehaltene grundsätzliche Prinzipien, für die viele erst in die SPD eingetreten sind. Nur Masochisten erdulden diesen Widerspruch zwischen dem Grundsatzprogramm und der politischen Wirklichkeit.

## Der geplante Weg hin in die soziale Eiszeit

Das politische Geschichtsbewusstsein dürfte bei vielen Bürgern übrigens sehr kurz sein. Ansonsten würde man diese beschriebene Haltung der Ex-Politiker wie Gerhard Schröder nicht so einfach schlucken. Tatsächlich ist es ein politischer

Skandal. Denn es waren der ehemalige britische Regierungschef Tony Blair (der für Beratungen des kasachischen Präsidenten sogar 9,2 Millionen Euro kassiert haben soll[345]) und Gerhard Schröder, die beide für das von ihnen durchgesetzte System des Sozialabbaus sowohl in Großbritannien als auch in Deutschland die politisch Hauptverantwortlichen waren. Daher ein kurzer Rückblick.

Am 8. Juni 1999 veröffentlichten Tony Blair und Gerhard Schröder ein Papier, in dem sie, unter den Schlagworten »Neue Mitte« und »Dritter Weg«, ihre Parteien und die Gesellschaft modernisieren wollten. Sie schrieben damals: »Fairness, soziale Gerechtigkeit, Freiheit und Chancengleichheit, Solidarität und Verantwortung für andere: diese Werte sind zeitlos. Die Sozialdemokratie wird sie nie preisgeben. Wir brauchen flexible Güter-, Kapital- und Arbeitsmärkte, um neue Arbeitsplätze schaffen zu können«, lautete ihre Schlussfolgerung. Es war ein ungewöhnlich deutliches Plädoyer für Deregulierung und Liberalisierung. »Das Papier war«, kritisierte Oskar Lafontaine, »der Startschuss für die unselige Agenda-Politik und brachte damit den Deutschen stagnierende oder fallende Löhne und Renten sowie eine dramatische Verschlechterung der sozialen Sicherungssysteme.«

Die Folgen? Permanente Unsicherheit, hohe Flexibilitätsanforderungen, hoher Anteil an Leiharbeit, prekäre Beschäftigungsverhältnisse und keine Chancen, langfristig für die Zukunft zu planen, insbesondere gilt das für junge Familien. Dafür steigen die Aktienkurse. Wolfgang Dudda fasst es so zusammen: Für ihn ist es die Angst vor dem Absturz nach ganz unten, in Hartz IV und in die Arbeitslosigkeit, die dazu führt, dass die arbeitenden Menschen alles mitmachen, sich nahezu alles gefallen lassen. »Da verschwinden Überstunden, da wird Lohnverzicht hingenommen, da werden acht Stunden geschrieben, aber zehn gearbeitet, da wird sich krank zur Arbeit geschleppt, da erträgt man ein hanebüchenes Arbeitsklima, da lässt man sich vom Chef vollblödeln usw. Andere sind bereit, sich als Leiharbeiter-Sklaven billigst ausbeuten zu lassen, oder werden in solche Jobs gepresst, weil sie sonst eine Sperre beim Amt bekommen. Eine wunderbare Welt für Kapitalisten – Humankapital, zur freien Verfügung.«

Marcel Fratzscher, Chef des Deutschen Instituts für Wirtschaftsforschung in Berlin, geht sogar davon aus, dass inzwischen »die soziale Marktwirtschaft nicht mehr existiert.«[346] Im Vergleich zu anderen OECD-Ländern ist in Deutschland die Ungleichheit bei Vermögen, Einkommen und Chancen besonders hoch und in den vergangenen Jahrzehnten massiv angestiegen. Die reichsten zehn Prozent der Haushalte in Deutschland besitzen mindestens 63 Prozent des Gesamtvermögens.

Doch diese Botschaft kommt bei den Politikern nicht an. »Weil viele das schlichtweg nicht zur Kenntnis nehmen wollen«, kritisiert der Wirtschafts- und Sozialwissenschaftler Professor Stefan Sell. »Weil es nicht in ihr Weltbild passt. Es hat was mit dem Weltbild, das die Leute im Kopf haben, zu tun. Und auch ein Teil der Wissenschaft leistet hier gerne Dienste zu belegen, dass das alles gar nicht so schlimm sei mit der Armut und Ungleichheit.«[347]

Davon bekommen diejenigen sowieso nichts mit, die ein Millionenvermögen besitzen. Ein Blick auf die Wünsche so mancher Unternehmer genügt, wenn sie für ihre Privat-Jets das Catering bestellen. Wie bei der Mitbesitzerin eines großen Verlagshauses. Sie wünscht sich als Getränk Moet Champagner, keine Blumen, absolute Sauberkeit, eigene Sofakissen und eine Hundedecke im Gepäckraum. Oder der mit Gazprom eng verbundene Millionär M. W.: Bœf Stroganoff, deftige Beilagen, russisches Brot, Rindercarpaccio, immer Zartbitter-Schokolade, Pralinen mit mindestens 70 Prozent Kakaoanteil, Pinot Grigio (Elena Walch 2010) und Heger Weißburgunder

Kabinett. Und besonderen Wert legt er darauf, dass ihm »keine Weine aus der ›Neuen Welt‹« angeboten werden. Das ist die eine Welt.

Die andere sieht so aus, dass Ende 2013 rund 3,1 Millionen Erwerbstätige ein Einkommen unterhalb der Armutsschwelle zur Verfügung haben. Das waren 25 Prozent mehr als im Jahr 2008. Insgesamt war im Jahr 2013 jeder fünfte Einwohner Deutschlands von Armut oder sozialer Ausgrenzung betroffen, das sind 20,3 Prozent der deutschen Gesamtbevölkerung. Bereits am 4. Mai 2001 stellte der UN-Ausschuss für wirtschaftliche, soziale und kulturelle Rechte der Vereinten Nationen fest, dass »Armut eine Verweigerung der Menschenrechte« sei. Das würde immerhin bedeuten, dass Millionen Menschen in Deutschland die Menschenrechte verweigert würden.

Melanie Groß ist Professorin für Jugendarbeit an der Fachhochschule Kiel. Für sie ist es erstaunlich, warum das Problem der zunehmenden Armut nicht als zentrales Problem der Gesellschaft insgesamt verstanden wird. »Je weiter die Verarmung breiter Teile der Bevölkerung voranschreitet«, schreibt sie in der *Frankfurter Rundschau* am 20. April 2015, »desto stärker werden der soziale Zusammenhalt einer Gesellschaft und letztlich auch die Demokratie gefährdet.« Auf diese Zusammenhänge weisen Wissenschaftler seit Jahren hin. Doch das interessiert niemanden in Berlin.

»Immer mehr Arbeitslose in Deutschland geraten offenbar in finanzielle Nöte. Im vergangenen Jahr habe jeder dritte Erwerbslose (34,6 Prozent) Schwierigkeiten gehabt, sich mindestens jeden zweiten Tag eine vollwertige Mahlzeit leisten zu können«, schrieben Zeitungen der Funke Mediengruppe. Sie beriefen sich auf Zahlen des Statistischen Bundesamts.[348] Innerhalb eines Jahres stieg demnach die Zahl der Betroffenen um 48 000 auf 1,07 Millionen. Jeder fünfte Erwerbslose (19,1 Prozent) hatte danach Probleme, die Miete oder Rechnungen für Versorgungsleistungen rechtzeitig zu zahlen. Zwischen 2013 und 2014 habe sich die Zahl der Betroffenen um 62 000 auf 590 000 erhöht. »Die Absicherung im Fall von Erwerbslosigkeit wird immer brüchiger und schwächer«, kritisierte die Arbeitsmarktpolitikerin der Linken, die Bundestagsabgeordnete Zimmermann.

Im Vergleich zu Griechenland, wo aufgrund der radikalen Sparpolitik die Säuglingssterblichkeit in den letzten Jahren um drastische 43 Prozent gestiegen ist, die Zahl der Kinder mit niedrigem Geburtsgewicht zwischen 2008 und 2010 um 19 Prozent und die Kinderarmut bereits auf 26,9 Prozent[349], ist die Situation im reichen Deutschland vergleichsweise günstig. Das ändert nichts daran, dass rund 2,47 Millionen Kinder und Jugendliche in Armut leben.[350] In Ostdeutschland hat die Kinderarmutsquote nahezu flächendeckend mit über 20 Prozent einen hohen bis sehr hohen Stand. Im Westen sind überwiegend die kreisfreien Städte von einer großen Kinderarmut geprägt. Sehr hoch sind die Quoten in Bremerhaven und Gelsenkirchen mit über 35 Prozent. Das Ruhrgebiet und auch weite Teile Niedersachsens sind von hoher Kinderarmut geprägt, hier besonders im Norden und im Osten sowie der Ballungsraum Rhein-Main, in Saarbrücken und in den rheinland-pfälzischen Städten Pirmasens, Ludwigshafen und Kaiserslautern. Am wenigsten von Armut sind Kinder in Bayern und Baden-Württemberg betroffen, wobei die Situation in bayerischen Landkreisen am besten ist. Dort liegt in 62 Landkreisen der Anteil der Kinder, die in Bedarfsgemeinschaften leben, unter 6,4 Prozent. In Baden-Württemberg weisen 17 Landkreise eine ähnlich geringe Kinderarmutsquote auf, in Rheinland-Pfalz sind es zwei Landkreise (Eifelkreis Bitburg-Prüm und Trier-Saarburg).[351]

Der Niedriglohnsektor, wo die Arbeitnehmer kaum mehr als bei Hartz IV verdienen, hat sich in den letzten Jahren um satte 24 Prozent vergrößert. Immer mehr Menschen können von ihrer Arbeit nicht mehr leben. Deshalb müssen sie mit Hartz IV aufstocken. Mit den Sanktionen hat der Gesetzgeber ein Machtinstrument installiert, das die Menschen mit der Androhung von Hunger und Obdachlosigkeit gefügig machen soll. Jeder Job soll angenommen werden, auch wenn dieser bei einer Zeitarbeitsstelle ist oder nur, wie bei den sogenannten Arbeitsgelegenheiten, einen Euro pro Stunde bringt. Hartz IV kann jeden treffen. Die Zahl der Deutschen, die neben dem Haupterwerb einem Minijob nachgehen, ist bis 2015 stark gestiegen – gerade im Osten des Landes. Immer mehr Arbeitnehmer in Deutschland haben neben ihrem Haupterwerb noch einen Minijob. Von 2006 bis 2015 ist die Zahl derjenigen, die im Nebenjob einer geringfügigen Beschäftigung nachgingen, deutschlandweit von 1,63 Millionen auf 2,48 Millionen gestiegen, eine Steigerung um 52 Prozent. Das berichtet die *Thüringer Allgemeine* unter Berufung auf eine Antwort des Bundesarbeitsministeriums auf eine Kleine Anfrage der Linken im Bundestag.

Besonders groß war demnach der Zuwachs an nebenberuflichen Minijobs in Ostdeutschland. Im Juni 2015 hatten in den neuen Bundesländern mit 227 000 Frauen und Männern 64 Prozent mehr Arbeitnehmer einen angemeldeten Nebenjob als 2006. Obwohl die Gesamtzahl der Minijobs nach Einführung des gesetzlichen Mindestlohnes im vergangenen Jahr gesunken ist, stieg die Zahl der Minijobber im Nebenerwerb bis Juni 2015 weiter an. Fast zwei Drittel der Minijobber sind Frauen. Insgesamt lag die Zahl der haupt- und nebenberuflichen Minijobber im Jahr 2015 bundesweit bei 7,38 Millionen, rund zwölf Prozent mehr als 2006. Wie aus der Auswertung der Arbeitsmarktstatistik durch die Bundesregierung weiter hervorgeht, sind mit bundesweit 4,5 Millionen beinahe zwei Drittel der Betroffenen Frauen. »Das Jobwunder ist eine

Nullnummer und Minijobs sind eine Falle für Frauen«, sagte die gewerkschaftspolitische Sprecherin der Linken im Bundestag, Jutta Krellmann, die die Anfrage gestellt hatte, der *Thüringer Allgemeinen*.[352] Zudem zeige der deutliche Anstieg der Minijobs im Nebenerwerb, dass viele Menschen in Deutschland von ihren Löhnen nicht leben könnten. »Der ganze Agenda-Mist, zu dem die Minijobs gehören, hat nicht mehr Arbeit geschaffen. Die Arbeit wird nur auf mehr Köpfe verteilt und das allzu oft in nicht existenzsichernden Minijobs«, so Krellmann. Sorge bereite ihr vor allem die große Zahl von jungen Menschen, die ausschließlich einem Minijob nachgingen.

Wie geht es jedoch jenen Menschen, die heute Hartz IV beziehen, also dieses Prunkstück sozialdemokratischer Politik? Die bürokratische Willkür durch Angestellte der Job-Center gegenüber den Antragstellern, gerne auch Kunden genannt, ist bekannt. Eine alleinerziehende Mutter, die mit ihren beiden Kindern in Norderstedt in einer 68 Quadratmeter großen Wohnung lebt, wurde vom Job-Center aufgefordert, ihre Mietkosten unter anderem durch einen Umzug zu senken, weil ihre Miete 1,78 Euro über der vom Job-Center als maßgeblich erachteten Mietobergrenze liegt. Bei so viel offensichtlicher Ignoranz, selbst bei denjenigen, die ansonsten öffentlichkeitswirksam kraftvoll auf die rhetorische Pauke trommeln, ist die Verachtung den Schwachen gegenüber wenig verwunderlich, was die beiden folgenden Beispiele deutlich zeigen. Bremens Wirtschaftssenator Peter Gloystein (CDU), ein ehemaliger Bankmanager, schüttete bei einem Bremer Weinfest am 11. Mai 2005 einem Arbeitslosen Sekt über den Kopf. Augenzeugen zufolge soll er gesagt haben: »Hier hast du auch etwas zu trinken.« Gloystein trat danach immerhin von seinem Amt zurück und entschuldigte sich später bei dem Arbeitslosen. Kurt Beck, der inzwischen in der politischen Versenkung verschwundene ehemalige SPD-Parteivorsitzende und

Ministerpräsident von Rheinland-Pfalz, gab im Jahr 2006 dem Arbeitslosen Henrico F. den Rat: »Waschen und rasieren Sie sich, dann haben Sie in drei Wochen einen Job!«[353] Der Gescholtene hatte zuvor Kurt Beck vorgeworfen, für Hartz IV und Millionen Arbeitslose mitverantwortlich zu sein.

Alles nur Einzelfälle? Sozialschmarotzer, so wurden die in Arbeitslosigkeit gefallenen Bürger nach dem Vollzug der Agenda 2010 gerne diffamiert. Politische Gehirnwäsche war das, kräftig gepusht von den Boulevard-Medien. Das führte zu Vorurteilen, die sich bis heute in den Köpfen vieler Bürger eingenistet haben. Sozialschmarotzer? Zu Anfang des Jahres 2014 bunkerten nach Schätzungen von Gabriel Zucman – er ist Wirtschaftswissenschaftler und lehrt an der London School of Economics – Europäer in Schweizer Banken tausend Milliarden Euro. »Von dieser Summe entfiel auf Deutschland als der mit Abstand größten Volkswirtschaft des Kontinents der Löwenanteil von etwa 20 Prozent, also 200 Milliarden Euro. Eine ebenso hohe Summe besaßen Deutsche in anderen Steueroasen wie Singapur, Hongkong, Luxemburg und den Bahamas. Somit beliefen sich ihre Offshore-Vermögen auf insgesamt etwa 400 Milliarden Euro.«[354]

## Die heilige schwarze Null

Gleichzeitig erleben die Bürger in ihren Gemeinden die katastrophalen sozialen und kulturellen Konsequenzen der Politik der schwarzen Null, angeblich im Interesse zukünftiger Generationen. Es ist eine der großen politischen Lügen. Das Gegenteil ist der Fall. Denn die Folge des Fetischs schwarze Null ist, dass Deutschland sowohl seine Gegenwart wie seine Zukunft kaputt spart. Sparen, sparen, sparen heißt trotzdem das gestaltungspolitische neoliberale Credo, für das einst sowohl

Gerhard Schröder mitverantwortlich war wie heute Angela Merkel oder Sigmar Gabriel und alle Landesregierungen, ob schwarz, rot oder grün, die die schwarze Null als ihr wichtigstes Ziel anpeilen. Übersetzt bedeutet es nichts anderes, als dass dringend notwendige Investitionen fehlen, insbesondere im sozialen Bereich, für Kultur oder Bildung. Bei den öffentlichen Investitionen gehört Deutschland daher international zu den Schlusslichtern und ist noch stolz darauf. Dabei geht es nicht nur um kaputte Straßen, aber sie gehören auch dazu. Anlässlich des Bundeskongresses »Öffentliche Infrastruktur«, der am 8. Dezember 2015 in Berlin tagte, sagte DGB-Vorstandsmitglied Stefan Körzell: »Die Verkehrsinfrastruktur wird seit Jahren auf Verschleiß gefahren, dabei bräuchten wir allein für Nachholbedarf und Erhalt jährlich mindestens 7 Milliarden Euro zusätzlich (in den nächsten 15 Jahren). Doch der Staat setzt andere Prioritäten und saniert lieber seine Finanzen als Straßen und Brücken. Diese Politik der ›schwarzen Null‹ hat wirtschaftliche Folgen. Denn wo Verkehrswege wegen Baufälligkeit gesperrt sind, kostet das Unternehmen Geld, die Umwege in Kauf nehmen müssen. Damit öffentliches Eigentum nicht weiter verfalle, müsse der Investitionsstau endlich abgebaut werden – auch durch eine höhere Neuverschuldung, forderte Körzell.«[355]

Der Unabhängige Beauftragte für Fragen des sexuellen Kindesmissbrauchs der Bundesregierung, Johannes-Wilhelm Rörig, stellt eine weitere alarmierende Entwicklung fest: »Rund eine Million Kinder sind in Deutschland von sexueller Gewalt betroffen. Die Expertise zeigt die enorme Dimension von sexueller Gewalt an Kindern auch im internationalen Vergleich!«[356] Doch entsprechende Institutionen mit qualifiziertem Personal fehlen, um hier präventiv tätig zu werden. Und dann die Bildungsmisere. Bundesweit fehlen 32 000 Lehrer und 124 000 Erzieher. Den Investitionsbedarf bei Schulgebäuden schätzte der Deutsche Städtetag auf insgesamt 32 Milliarden Euro. Eltern und Schüler müssen Schulräume deshalb selbst und auf eigene Kosten renovieren, um überhaupt Schulunterricht abhalten zu können. Laut Beamtenbund fehlen in der Bundesrepublik insgesamt rund 180 000 Beschäftigte im öffentlichen Dienst. Geklagt wird auch, was die Finanz-, Personal- und Sachmittelausstattung von Bundespolizei, Zoll oder Bundeskriminalamt (BKA) angeht. »Jedes Wort der Wertschätzung entpuppt sich als Phrase, denn die Taten sprechen für sich«, kritisiert der Chef der Deutschen Polizeigewerkschaft (GdP). »Die dramatische Personallage in der Bundespolizei ist unverändert. Eine Entlastung durch die Bundesregierung ist nicht spürbar. Wir hatten die Bundesregierung mehrfach aufgefordert, die Unterfinanzierung der Sicherheitsbehörden endlich zu beenden. Was nun öffentlich wird, war lange absehbar.«[357] Und weniger Polizei bedeutet weniger Sicherheit, davon abgesehen, dass die Bekämpfung von Korruption und organisierter Wirtschaftskriminalität dadurch nur noch rudimentär möglich ist. Genau diese beiden Kriminalitätsformen bedrohen die innere Struktur der demokratischen Gesellschaft weitaus stärker als durchgedrehte Hooligans oder Ladendiebe. Die Aufklärungsrate bei organisierter Wirtschaftskriminalität liegt in Deutschland heute bei unter zehn Prozent, sagen zumindest kundige Wirtschaftskriminalisten und Staatsanwälte.

In den Großstädten ist es für Normalverdiener heute fast unmöglich, eine bezahlbare Wohnung zu mieten, denn Wohnraum ist das lukrative Spekulationsobjekt internationaler und nationaler Investoren. Die politisch Verantwortlichen dafür schweigen. Nach Angaben des deutschen Mieterbundes fehlen 2,5 Millionen Sozialwohnungen mit Niedrigmieten.

## Zwischen Recht und Justizwillkür – das Spagat

Eine zentrale Institution des Rechtsstaats ist zweifellos die bundesdeutsche Justiz. Für viele Bürger ist sie gleichbedeutend mit dem Staat. Justitia, die römische Göttin der Gerechtigkeit mit dem Schwert in der Hand, als Symbol für eine gerechte Strafe, prangt an vielen Gerichtsgebäuden. Sie trägt eine Augenbinde, weil sie ohne Ansehen der jeweiligen Person richtet. Sie hält eine Waage, als Symbol für sorgfältige Abwägung des Urteils. So sieht in etwa auch ihr eigenes Selbstverständnis aus. Doch zwischen ihrem Selbstverständnis und der Wirklichkeit muss ja nicht unbedingt Übereinstimmung herrschen. Die Bürger erleben häufig etwas anderes, dass zum Beispiel Richter von Anfang an davon überzeugt sind, dass der oder die Angeklagte schuldig ist und keine Zeit für eine aufwendige und zeitraubende Beweiserhebung haben. Das sind ja keine Märchengeschichten irgendwelcher Querulanten.

Manchmal neigen einige Richter gerne dazu, Bürger als psychiatrische Fälle zu denunzieren, weil diese versuchen, mit allen ihnen zur Verfügung stehenden Mitteln ihr Recht einzuklagen. Das führt mitunter zu beschämenden Urteilen.

Davon kann Lisa Hase aus Göttingen Haarsträubendes berichten. Sie ist 61 Jahre alt und Psychotherapeutin, eine resolute Bürgerin, die für ihr Recht kämpfte. Inzwischen hat sie, erzählt sie mir, den Glauben an den Rechtsstaat vollkommen verloren. Warum? Als ehemals gesunder Frau, mit vollständig vorhandenen und gepflegten Zähnen, wurde ihr durch einen zahnärztlichen Behandlungsfehler das Gebiss verstümmelt und die Gesundheit zerstört.

Heute fehlen ihr zwölf zuvor gesunde Zähne, die bisher aufgrund vielfältiger Komplikationen und fortgesetzter Entzündungen nicht durch Zahnersatz ergänzt werden konnten. Sie litt über zehn Jahre lang unter sehr starken und anhaltenden Schmerzen im Zahn-, Gesichts- und Kopfbereich, die zu einer erheblichen Beeinträchtigung ihres gesamten privaten und beruflichen Lebens geführt und ihre Berufstätigkeit gravierend eingeschränkt und teilweise unmöglich gemacht haben. Infolge der langjährigen Schmerzen war ihre materielle Existenz als Selbstständige bedroht. Verantwortlich dafür machte sie verschiedene Zahnärzte und verklagte sie, wegen zahnärztlicher Behandlungsfehler, auf Schadenersatz. In der Universitätsstadt Göttingen haben die Richter des Landgerichts sie deshalb am 17. Dezember 2009 verpflichtet, sich zur Begutachtung ihres Geisteszustandes einer psychiatrischen Untersuchung zu unterziehen, und wenn sie das nicht tue, sei ihre Geschäfts- und Prozessfähigkeit bedroht. Das heißt, weil sie viele Zahnärzte verklagt hatte, lag für die Richter eine »krankhafte Störung der Geistestätigkeit« vor.

Die Ankündigung des Gerichts erfolgte, nachdem die Anwältin von Lisa Hase Klage wegen Behandlungsfehler gegen einen prominenten Zahnarzt eingereicht und sie Beweise für grobe Sorgfaltsverletzungen, Urkundenfälschung und versuchten Prozessbetrug vorgetragen hatte. Pikant dabei ist, dass es der gleiche Zahnarzt ist, der auch als Gutachter vor Göttinger Gerichten tätig ist. Der Tenor der Rechtfertigung des Richters für die psychiatrische Begutachtung: Das Gericht müsse zwar die Erforderlichkeit des Grundrechtseingriffs begründen, die Sachverhalte, auf die es seine Begründung stützt, müssten aber nicht wahr sein.

Rat suchte Lisa Hase beim Berliner Rechtsprofessor Martin Schwab. In einem ausführlichen Gutachten nannte er das Verhalten des Göttinger Gerichts eine krasse Fehlentscheidung: »Das Landgericht Göttingen liefert im vorliegenden Fall ein pädagogisches Negativbeispiel, wie man in einem solchen Fall nicht vorgehen darf: Es hat den Inhalt der Akten und das Ergebnis der persönlichen Anhörung der Klägerin in grob verfälschender Weise ausgewertet und auf diese Weise den nicht auch nur ansatzweise haltbaren Verdacht konstruiert, die Klägerin befinde sich womöglich nicht im Vollbesitz ihrer geistigen Kräfte.«

Und er spricht davon, dass die Grenze zur Willkür in diesem Fall überschritten wurde. Auf die Dienstaufsichtsbeschwerde gegen die Richter am Landgericht Göttingen antwortete der Präsident des Landgerichts am 8. April 2015: »Nach der Rechtsprechung des Dienstgerichtshofs des Bundes darf einem Richter die fehlerhafte Anwendung des Rechts oder der Verfahrensvorschriften nicht vorgehalten werden. Dieser Kernbereich ist nur dann aufsichtsfähig, wenn es sich um eine evident unvertretbare Entscheidung handelt, die mit Recht und Gesetz nichts mehr zu tun hat.«

Wie schrieb Lisa Hase Ende Juni 2015: »Zwar ist es mir gelungen, den Entzug meiner Prozessfähigkeit zu verhindern, genutzt hat es mir aber gar nichts. Seit 10 Jahren erlebe ich vor Gericht Ohnmacht und Willkür und werde meine Klagen vermutlich bald aus finanziellen Gründen zurückziehen müssen, ohne dass auch nur der Versuch unternommen wurde, die streitigen Tatsachen zu klären.« Ist das wieder einer dieser berühmten skandalösen Einzelfälle? Natürlich gibt es Urteilsfindungen von Richtern, die schlichtweg nicht nachvollziehbar und wahrscheinlich sogar rechtswidrig sind. Mit diesen Problemen beschäftigt sich das Forschungsprojekt »Watch The Court« an der Freien Universität Berlin. Denn, so die Wissenschaftler von »Watch The Court«: Solche Urteilsfindungen führen nach den Erkenntnissen der Wissenschaftler »dazu, dass Anwälte in Erklärungsnot kommen können, da sie ihrem Mandanten die offensichtliche Rechtslage nicht mehr vermitteln können. Gerichtsprozesse, die für die Beteiligten meistens ebenfalls eine Belastung darstellen, verlängern sich und höhere Instanzen müssen einen Prozess neu verhandeln, der bei sauberer Arbeit der unteren Instanzen längst abgeschlossen wäre. Außerdem müssen die Beteiligten oftmals lange auf den Ausgang eines Verfahrens warten und in Strafverfahren genügt die Einstellung von Verfahren des Öfteren nicht zur Rehabilitierung der Betroffenen.«[358] Die Wissenschaftler unter Leitung von Professor Martin Schwab wollen herausfinden, warum solche Urteile und wie viele solcher Urteile pro Jahr ergehen und wie viel die unzureichenden Urteile den Steuerzahler kosten. Und sie hatten sich deshalb auch mit dem Fall von Lisa Hase beschäftigt.

## Das schwindende Vertrauen in eine rechtsstaatliche Justiz

Es ist immerhin der renommierte Strafverteidiger Professor Ulrich Sommer, der das »Vertrauen in die Justiz verloren hat«. So lautete die Überschrift seines Vortrags auf dem Herbstkolloquium 2014 der Arbeitsgemeinschaft Strafrecht im Deutschen Anwaltsverein. Ähnlich argumentiert Professor Karl-Joachim Schmelz. Er war Richter am Landgericht Frankfurt am Main, lehrte an der Fachhochschule Darmstadt und war als Bankrechtsexperte Berater des Finanzausschusses des Deutschen Bundestags. Der These von Professor Ulrich Sommer stimmt er »voll zu« und spricht sogar vom »fortschreitenden Verfall des Rechtsstaates«. Er beklagt zudem das »niedrige Denkniveau« bei vielen Richtern und sieht keine »positiven Ansätze«, dass sich daran etwas ändert.

Wenn schon die beiden hochkarätigen Juristen die Situation der Justiz mit solch drastischen Einschätzungen beschreiben, wie sollen dann die betroffenen Bürger, die ein ehrfurchtvolles blindes Vertrauen in die Justiz haben, damit umgehen? Dazu sagte Professor Ulrich Sommer geradezu Ungeheuerliches: »Das Bild des Richters, der erst nach unvoreingenommener Rezeption sämtlicher Beweisergebnisse die entscheidende Überlegung zu seiner Überzeugungsbildung anstellt, ist blanke Illusion … die Wahrheitsfindung ist nur vorgeschoben, denn es geht nicht um die objektive Wahrheit.« Das bestätigt der Baden-Badener Rechtsanwalt Gerhard Moser aufgrund seiner eigenen Erfahrungen: »Ich selbst habe mehrfach in meiner beruflichen Tätigkeit die Situation über mich ergehen lassen müssen, dass bereits im Instanzenweg eine objektive Sachverhaltsaufklärung nicht möglich war beziehungsweise verhindert wurde und von mir vorgetragene objektiv begründbare Tatsachenberichtigungsanträge von den Richtern nicht berücksichtigt wurden, mit dem Hinweis, es geht alles aus den Akten hervor, es bedarf keiner Urteilsergänzung.«

Nicht wenige Juristen haben ein nicht unbedingt besonders ausgebildetes Geschichtsbewusstsein, weil sie vielleicht noch von der Vergangenheit auf die eine oder andere Weise geprägt wurden, was bis in die neunziger Jahre durchaus zu beobachten war. Das wird man den Richtern am Oberlandesgericht München sicher nicht unterstellen können. Geschichtsblindheit wohl eher. Im Sommer 2015 lehnte das OLG München einen Berufungsantrag gegen einen Anspruch im Zusammenhang mit dem NS-Chefpropagandisten Josef Goebbels ab. Im Münchner Siedler-Verlag erschien ein Buch des Historikers Peter Longerich, der verschiedene Goebbels-Zitate benutzte. Daraufhin klagte die Tochter des einstigen NS-Reichsbankpräsidenten Hjalmar Schacht, die über die Urheberrechte an Goebbels Schriften verfügte, gegen den Verlag und forderte für die Familie des NS-Verbrechers einen vierstelligen Betrag. Ein Vorschlag des Verlags, den Betrag einer Holocaust-Stiftung zu überweisen, lehnte sie brüsk ab. In der ersten Instanz wurde daher der Verlag zur Zahlung verklagt,

Doch der Justitiar des Verlags, Rainer Dresen, machte klar: »Geld an Goebbels-Erben zahlen? Im Leben nicht.« Das Oberlandesgericht sah das nicht so und ließ nicht einmal eine Revision gegen das Urteil zu. Im österreichischen Graz wiederum wurde ein FPÖ-Politiker freigesprochen, der auf seiner Facebook-Seite schrieb: »Tötet die Asylanten, die sich noch im Land befinden.« Der Richter des Grazer Straflandesgerichts war der Überzeugung, dass das »keine Aufforderung zu einer Straftat« sei, und sprach den FPÖ-Politiker frei.[359]

Es würde populistische Vorurteile gegen die Justiz stützen, wenn es tatsächlich ein systemisches Problem wäre, dass es viel zu viele schlampige, falsche und von Vorurteilen geprägte Urteile gibt. Vielleicht auch deshalb, weil höchste Richter als Nebenjob bei mächtigen Wirtschaftsverbänden hochdotierte Vorträge halten und sie danach entsprechend in ihrer Urteilsfindung beeinflusst sein könnten? Als billige Entschuldigung für diese Situation könnte man die strukturellen Probleme wie die miserablen Arbeitsbedingungen, gefördert durch fehlende finanzielle Ressourcen, zur Hilfe nehmen. Bundesweit gab es im Jahr 2014 644 000 offene Verfahren. Um das alles zu bewältigen, müssten mindestens 2 000 Beamte (Richter, Staatsanwälte, Sachbearbeiter) eingestellt werden, schätzt der Deutsche Beamtenbund.

Das bestätigt David Jungblut, ein ehemaliger saarländischer Staatsanwalt und Richter. »Es ist wie ein Fließband, das stetig und in hohem Tempo weiterläuft. Sollte man zu viel Zeit darauf verwenden, sich mit einem einzelnen Fall zu beschäftigen, rächt sich das bitter, weil das Band halt – ohne Rücksicht auf die etwaige Komplexität eines einzelnen Falles – weiter Fälle liefert. Man wird dadurch quasi dazu gezwungen, Verfahren mehr oder weniger oberflächlich zu bearbeiten, möchte man vermeiden, dass man nicht irgendwann mit seinem ganzen Laden absäuft.«[360] Er fügt hinzu, dass ja hinter jedem

Verfahren menschliche Schicksale stecken, die in der Masse der Verfahren ganz schlicht und einfach untergehen. »Zudem verlieren die Menschen auch den Glauben an die Staatlichkeit und das Gemeinwesen, wenn sie sehen, wie mit ihnen und ihren Anliegen vor den Gerichten beziehungsweise vonseiten der Staatsanwaltschaft umgegangen wird.«

Zuständig dafür, diese Misere abzustellen, sind die jeweiligen regierenden Parteien und Landesparlamente, die mit ihrer Politik der schwarzen Null für eine Justiz verantwortlich sind, die mit Begriffen wie Recht und Gerechtigkeit häufig nicht mehr in Verbindung gebracht werden kann. Die Konsequenzen sind dramatisch, sagt Andreas Wirsching, Professor für Neueste Geschichte an der Ludwig-Maximilians-Universität München: »Ferner müssen die demokratische Exekutive und Judikative gestärkt werden, denn gerade in Zeiten der Radikalisierung und Unsicherheit ist für eine Demokratie kaum etwas wichtiger als die glaubwürdige Aufrechterhaltung ihres staatlichen Gewaltmonopols.«[361]

Besonders erschreckend ist dann der folgende Vorgang. In Essen hatte sich Jan-Robert von Renesse, Richter am Landessozialgericht Nordrhein-Westfalen, große Verdienste in der Ghettorenten-Gesetzgebung ohne Einschränkung gemacht. Bislang war es nach deutschem Recht so, dass nur derjenige einen Rentenanspruch erheben konnte, der freiwillig und gegen Bezahlung während der Nazi-Diktatur gearbeitet hat. Das hatte zur Folge, dass rund 90 Prozent aller Rentenanträge von Ghetto-Überlebenden abgelehnt wurden. 88 000 ehemalige Ghettoarbeiter aus der ganzen Welt haben Rentenanträge gestellt. Richter Von Renesse war derjenige, der dafür sorgte, dass es zu einer Änderung der bisherigen Rechtsprechung kam. Doch kaum ein Richterkollege in Nordrhein-Westfalen folgte seinem Weg. Sie entschieden weiterhin nach Aktenlage und lehnten die Anträge zu 90 Prozent ab. »Das Schlimmste war, dass man sie nicht persönlich angehört hat. Ich habe gelernt, als ich Richter wurde, hat mir mal mein Präsident gesagt: ›Machen Sie Ihre Gerichtsverfahren so, als wäre die Klägerin Ihre eigene Großmutter.‹ Und wenn ich mir vorstellen würde, meine Großmutter klagt auf Rente und kriegt höchstens einen Fragebogen zugeschickt und kann sich nie persönlich, direkt von Angesicht zu Angesicht äußern und ihr Leid klagen – dann würde ich sagen, es ist ein schreiendes Unrecht.«[362]

Doch dann richtete er eine Petition an den Deutschen Bundestag, in der er den Vorwurf der Kumpanei zwischen Sozialgerichtsbarkeit und Rentenbehörde anprangerte. Die Rentenbehörden, so sein Vorwurf, wollten selbst nach einem höchstrichterlichen Urteil durch Verzögerungstaktiken Zeit gewinnen, um möglichst wenige der hochbetagten Ghetto-Überlebenden entschädigen zu müssen. Damit machte er sich beim nordrhein-westfälischen SPD-Justizminister Thomas Kutschaty nicht beliebt. Eine solche Kritik an Behörden und der Justiz sei eines Richters unwürdig, und er erhob im Juli 2014 Klage. Die Dienstaufsichtsbehörde beantragte eine Geldbuße von 5.000 Euro gegen den mutigen Richter. Das Simon-Wiesenthal-Center, die Interessenorganisation für jüdische Opfer des Nationalsozialismus, richtete deshalb eine Protestnote an Bundesjustizminister Heiko Maas. »Um ehrlich zu sein, wir sind schockiert. Der Mann, der den Holocaust-Überlebenden geholfen hat, wird jetzt für seine guten Taten vor Gericht gestellt. Wissen Sie, was das verursacht für das Image von Deutschland?«

Auf der anderen Seite kommt es zu Urteilen, die niemand erwartet hätte. Das eine Urteil ist schon sehr alt. Es stammt vom Landgericht Stuttgart aus dem Jahr 1996. Das andere wurde vom Sozialgericht Gotha im Mai 2015 gesprochen. Beide Urteile verbindet etwas Grundsätzliches: die Frage, ob Recht und Gerechtigkeit doch miteinander zu verknüpfen sind und Richter mehr sind als die gedankenlosen Vollstrecker des juristischen Mainstreams.

Das eine Urteil (Az.21/519/95) wurde am 12 Juni 1996 vom Landgericht Stuttgart gesprochen. In diesem Urteil steht: »Beim Bundesgerichtshof handelt es sich um einen von Parteibuch-Richtern der gegenwärtigen Bonner Koalition dominierten Tendenzbetrieb, der als verlängerter Arm der Reichen und Mächtigen allzu oft deren Interessen zielfördernd in seine Erwägungen einstellt und dabei nicht davor zurückschreckt, Grundrechte zu missachten, wie kassierende Rechtsprechung des BVerG (Bundesverfassungsgericht, Anmerkung des Autors) belegt.« Die Karriere des Richters, der dieses Urteil schrieb, war dadurch beendet.

Das andere Urteil bezieht sich auf das Hartz-IV-Gesetz beziehungsweise die Möglichkeiten der Job-Center, teilweise drastische Sanktionen anzuordnen, wenn sich der Hilfeempfänger nicht den Anordnungen des Job-Centers unterwirft. Im Mai 2015 hatte im thüringischen Gotha die 15. Kammer des Sozialgerichts ein entsprechendes Urteil gefällt. Demnach sei, verkündete der Vorsitzende Richter Jens Petermann, die Kürzung bei dem Arbeitslosengeld II im Falle von Pflichtverstößen verfassungswidrig, weil sie die Menschenwürde des Betroffenen antastet sowie Leib und Leben gefährden kann. In dem konkreten Fall hatte das Job-Center Erfurt nach Angaben des Gothaer Gerichts Leistungen des Arbeitslosengeldes in zwei Schritten um 60 Prozent gekürzt, weil der Kläger Angebote des Job-Centers abgelehnt habe. Er musste deshalb monatelang mit 150 Euro leben – Unmenschlichkeit pur, aber durchaus keine Ausnahme im Sozialstaat Deutschland. Die Gothaer Richter bezweifelten, dass die Sanktionen mit der im Artikel 1 festgeschriebenen Unantastbarkeit der Menschenwürde und der im Artikel 20 festgeschriebenen Sozialstaatlichkeit der Bundesrepublik vereinbar sind. Aus diesen Arti keln ergebe sich ein Grundrecht auf Gewährleistung eines menschenwürdigen Existenzminimums, das bei einer Kürzung oder kompletten Streichung des Arbeitslosengeldes II gefährdet sei, stellten die Richter fest. Außerdem stünden die Sanktionen im Widerspruch zu den Artikeln 2 und 12 des Grundgesetzes, weil sie die Gesundheit oder gar das Leben des Betroffenen gefährden könnten. Die genannten Grundgesetz-Artikel garantierten jedoch das Recht auf Leben und körperliche Unversehrtheit. Jetzt muss sich das Bundesverfassungsgericht mit den Sanktionen beschäftigen. Zehn Jahre lang hatte es kein einziger deutscher Richter gewagt, diese Sanktionsmechanismen, bei denen den Hartz-IV-Empfängern das schon geringe Arbeitslosengeld gekürzt wurde, überhaupt infrage zu stellen. »Ein Staat, der für das Überleben von Hilfebedürftigen im Gegenzug ein bestimmtes Verhalten der Betroffenen fordert, ist kein Sozialstaat. Nicht nur freiheitliche, sondern auch soziale Grundrechte sind unverkäuflich und nicht verhandelbar … Es ist an der Zeit, auch soziale Grundrechte offensiv einzufordern. Hiervon wird es entscheidend abhängen, ob der Sozialstaat Tinte bleibt oder gesellschaftliche Wirklichkeit wird«, sagt auch Wolfgang Neskovic, Richter am Bundesgerichtshof a. D. und für die Partei Die Linke Mitglied des Deutschen Bundestags. Die Mehrheit der im Bundestag vertretenen Parteien hingegen verteidigt seit Jahren diesen Verfassungsbruch, während deutsche Behörden ihn exekutieren.

Bei einer Anhörung des Ausschusses für Arbeit und Soziales des Bundestags einige Wochen nach diesem sensationellen Urteil, am 29. Juni 2015, setzte sich die Mehrheit der geladenen Experten für die Beibehaltung der Sanktionsmöglichkeiten im Bereich der Grundsicherung für Arbeitssuchende ein. Dabei waren es insbesondere die Vertreter der Arbeitgeber und des Deutschen Städtetages, die sich bedingungslos für eine Beibehaltung der Sanktionen stark machten. Michael David, der Vertreter der Diakonie Deutschland, erklärte vor dem Ausschuss, dass die Sanktionen bei den Betroffenen zu großer Angst und dem Gefühl der Demütigung führen. Und ob sie wirklich etwas bewirken, so Helmut Apel vom Institut für Sozialforschung und Gesellschaftspolitik in Köln, sei bis heute nicht bewiesen, sie führten hingegen zu erheblichen sozialen und psychischen Problemen bei den Betroffenen.

Michael David wies übrigens auf einen Beschluss des Ausschusses für wirtschaftliche, soziale und kulturelle Rechte der Vereinten Nationen vom 4. Juni 2011 hin, der Deutschland wegen der Sanktionspraktiken kritisierte. In dem gleichen Bericht wird auch bemängelt, dass die Grundsicherung von Hartz-IV-Empfängern »keinen angemessenen Lebensstandard« gewähre.

## Die Privatisierung der Justiz – ein Verfassungsbruch

Mehr oder weniger wird dem noch rechtsgläubigen Bürger verschwiegen, dass Teile der Aufgaben der Justiz inzwischen privatisiert worden sind. Das ist zwar ein verfassungsrechtliches Problem – aber sei's drum. Es geht um die vollkommen intransparenten Schiedsgerichte hier in Deutschland, auch als Hinterzimmer-Justiz bekannt. Private Unternehmen bemühen seit geraumer Zeit bei rechtlichen Auseinandersetzungen nicht mehr die deutschen Zivilgerichte, sondern eben die privaten Schiedsgerichte. Gerne werden als Anwälte vor den Schiedsgerichten dann wiederum Richter an Oberlandesgerichten eingesetzt, die ansonsten über zu viel Arbeit klagen. Über die Urteilsfindung und das Urteil selbst herrscht absolute Verschwiegenheit. Den Weg durch die juristischen Instanzen gibt es nicht. Ein vom Schiedsgericht gefälltes Urteil ist endgültig.

Zunehmend bedient sich inzwischen die öffentliche Hand dieser Schiedsgerichte. Und damit geht es um die Interessen der Bürger, um Öffentlichkeit und um Steuergelder. »Mangels Kenntnis der Schiedssprüche kann niemand sicher sagen, ob in diesen privaten Verfahren das öffentliche Interesse gewahrt wird«, beklagt sich Moritz Renner, Professor für transnationales Wirtschaftsrecht an der Universität Bremen.

Politisch stark gefördert wurden und werden die Public Private Partnerships (PPP) insbesondere von Konzernen und der Bundesregierung. Dabei geht es um teilweise milliardenschwere Projekte, bei denen der Staat öffentliche Infrastruktur, von Autobahnen bis Schulen, durch private Partner finanzieren und betreiben lässt. Die entsprechenden Verträge sind prinzipiell streng geheim – eine öffentliche Kontrolle gibt es nicht, die Demokratie wird außen vor gelassen und die Zeche für den Steuerzahler wird erst Jahrzehnte später fällig. Bei Streitigkeiten zwischen beiden Partnern werden dann nicht etwa die zivilen öffentlichen Gerichte bemüht, sondern Schiedsgerichte. Kein Bürger hat hier Einblick, selbst die gewählten Stadtverordneten oder Landtagsabgeordneten nicht. Klagen die Gemeinden, das Land oder der Bund, weil der Partner seinen Verpflichtungen nicht nachgekommen ist, übernimmt die Kosten der Schiedsgerichte der Steuerzahler. Gerne wird argumentiert, dass die privaten Schiedsgerichte schneller arbeiten als die normale Justiz. Im Fall von Toll Collect, dem Lkw-Mautsystem, sieht das etwas anders aus. Seit über neun Jahren streiten die Betreiber, die Konzerne Daimler und Telekom, mit der Bundesregierung. Die Bundesregierung will, wegen der verspäteten Inbetriebnahme, gegenüber den beiden Konzernen einen Schadenersatz für die dadurch entgangenen Einnahmen einklagen, insgesamt sieben Milliarden

Euro. Bislang sind allein für die Bundesregierung 140 Millionen Euro Anwaltskosten des privaten Schiedsgerichts aufgelaufen.

In dem ARD-Magazin »Kontraste« vom 9. Juli 2015 äußerte sich dazu Siegfried Broß, ein ehemaliger Bundesverfassungsrichter: »Sie stehen mit der Verfassung in Widerspruch, und zwar deshalb, weil die Bundesrepublik Deutschland eine rechtsstaatliche Demokratie ist« und nach seinen Worten demnach den privaten Schiedsgerichten die rechtsstaatliche demokratische Legitimation fehlt. Kümmert diese offensichtliche Verletzung der Verfassung irgendjemanden? Im Gegenteil. Die Bundesregierung setzt weiterhin auf die Institution PPP mit den Geheimgerichten, eine Paralleljustiz, die verharmlosend Schiedsgericht genannt wird.

## Hells Angels und die Deutsche Bank – ein dummer Vergleich?

Das letzte Vertrauen in ein funktionierendes demokratisches System schwindet, wenn die Bürger e0rfahren, dass ihre Regierung und die Parlamentarier ein willfähriges Instrument mächtiger Interessengruppen geworden sind, zum Beispiel der Finanzindustrie. In den USA trifft das zweifellos zu, aber gilt das für Deutschland? Diese zentrale politische Frage wird inzwischen nicht nur aufgrund der weltweiten Finanzkrise des Jahres 2008 von vielen Bürgern gestellt. Symbolisch sieht man das in Frankfurt am Main in jener Straße, die in das Frankfurter Ostend hineinführt. In der Vergangenheit war das ein klassisches Arbeiterviertel, hier konnte man preisgünstige Wohnungen bekommen. Am nördlichen Mainufer, dem Anfang des Ostends, stand einst das 1971 in Betrieb genommene Edelbordell Sudfass. »Das Sudfass war eine Frankfurter Institution und gehört für immer zur Stadtgeschichte«, sagte der Frankfurter Schriftsteller Peter Zingler. Inzwischen entstehen auf dem einst sündigen Gelände sündhaft teure Eigentumswohnungen und möblierte Appartements. 200 Meter Richtung Osten ist die Frankfurt School of Finance & Management untergebracht, eine private Wirtschaftsuniversität, und noch einmal 200 Meter weiter stand ebenfalls ein Gebäude der Frankfurter Stadtgeschichte, die Großmarkthalle. Hier wurden Obst und Gemüse für den Großraum Frankfurt an die kleinen Händler verkauft. Jetzt ragt ein prächtiger Bürokomplex in den Himmel, ein 185 Meter hoher Nord- und ein 165 Meter hoher Südturm. Geschützt und in jeder Beziehung abgeschirmt ist der 1,3 Milliarden teure Prachtbau durch viel Grün, hohe Zäune und zahlreiche Videokameras. Von diesem Ort aus wird nun die europäische Geldpolitik gesteuert. Es ist die Europäische Zentralbank (EZB). Gegenüber, auf der anderen Straßenseite, ist der sogenannte Arbeiterstrich. Vom frühen Morgen bis in den Mittag hinein stehen am Straßenrand Männer aus Osteuropa, meistens aus Bulgarien und Rumänien. Sie hoffen, dass sie von Privatpersonen, Klein- und Subunternehmern aufgelesen werden, um irgendwo zu niedrigen Löhnen irgendeine Arbeit zu finden.

Nicht nur symbolisch zementiert sich Macht und Einfluss der mächtigsten deutschen Bank, einige Kilometer westlich von der EZB. Von den 155 Meter hohen Zwillingstürmen der Konzernzentrale der Deutschen Bank in der Frankfurter Taunusstraße können die Top-Manager zwei Aussichten genießen. Zum einen in Richtung Taunus: Hier wohnen die begehrten kapitalkräftigen Kunden der Deutschen Bank, abgeschirmt in prächtigen videoüberwachten Villen, um nach harter Arbeit Entspannung zu finden. Wenige hundert Meter von den Zwillingstürmen der Deutschen Bank entfernt schauen die Banker auf den übel beleumdeten Rotlichtbezirk, mit seinen Sauna-

Klubs, Spielhallen und Bordellen, auf Junkies, Nutten und kleine Gangster herab. Auf den ersten Blick ist das eine vollkommen andere Welt. Denn hier haben die Hells Angels das Sagen.

Glatzköpfig, stiernackig, tätowiert und mit Anabolika angereichert sind sie von den Bankern, mit ihren maßgeschneiderten schwarzen Anzügen, leicht zu unterscheiden. Sie sind skrupellose Profiteure, in diesem Fall des modernen Sklavenhandels, der Zwangsprostitution. Ein Geschäft, das ihnen jährlich hunderte von Millionen Euro in die Kassen spült, die schließlich, unter anderem, in wertvolle Immobilien investiert werden – mithilfe von Banken. Die Herren, die das Geld für die zwielichtigen Gestalten aus dem Rotlichtviertel verwalten und wieder investieren, sind den Ermittlungsbehörden bekannt, aber anscheinend irgendwie unberührbar. Sie repräsentieren die Nadelstreifen-Version der Hells Angels. Häufig finden in diesem Rotlichtviertel Polizeirazzien statt, wenn es wieder einmal um nackte Gewalt, um die Marktaufteilung des florierenden Drogen- und Menschenhandels geht. Was hat das jedoch mit der Deutschen Bank zu tun? Sind Mitarbeiter der Deutschen Bank etwa in schmuddelige kriminelle Geschäfte verstrickt?

So einfach ist das natürlich nicht zu beantworten, obwohl in den letzten Jahren einige Razzien der Polizei für Aufregung in der Frankfurter Konzernzentrale sorgten. Bei einer solchen Polizeirazzia, im Dezember 2012, rief der damals noch amtierende Ko-Vorstandsvorsitzende Jürgen Fitschen den hessischen Ministerpräsidenten Volker Bouffier an und beschwerte sich über die Razzia. Mit solchen Beziehungen wie die zwischen der Deutschen Bank und dem hessischen Ministerpräsidenten können die Hells Angels natürlich nicht konkurrieren.

Was beide wiederum verbindet, also die Hells Angels und Banker der Deutschen Bank, war zumindest bis in die jüngste

Vergangenheit das Geschäftsprinzip der skrupellosen Bereicherung, die Gewinnmaximierung um jeden Preis, was zu einer ökonomischen wie gesellschaftspolitischen Zerstörung der demokratischen Bürgergesellschaft führt. Im Gegensatz zu den Hells Angels werden bei der Deutschen Bank immerhin keine Baseball-Schläger oder Pistolen zur Durchsetzung dieses Prinzips der skrupellosen Bereicherung und Gewinnmaximierung eingesetzt. Da verfügt die Deutsche Bank nun wirklich über weitaus bessere Interventionsmöglichkeiten.

Am Abend des 28. April 2008 fand im Berliner Bundeskanzleramt ein festliches Dinner zu Ehren von Josef Ackermann, des Chefs der Deutschen Bank, statt. Er feierte im Kreis seiner Freunde nachträglich seinen 60. Geburtstag. An der festlich gedeckten Tafel nahmen 27 geladene Gäste Platz. Besonders der Axel-Springer-Verlag war mit drei Personen prominent vertreten: Kai Diekmann, Mathias Döpfner und Frieda Springer. Bundeskanzlerin Angela Merkel hielt die von ihren Referatsleitern vorbereitete Tischrede. »Sie haben in erheblichem Maße zur erfolgreichen Positionierung der Deutschen Bank auf den internationalen Finanzmärkten beigetragen, insbesondere was das Investment-Banking angeht. Ihr persönlicher Beitrag zur Entwicklung des Finanzstandortes Deutschland ist daher kaum zu überschätzen.«[363] Bezahlt hat die festliche Sause übrigens der Steuerzahler.

Das war im Frühjahr 2008. Die internationale Finanzkrise, an der deutsche Banken maßgeblich beteiligt waren, begann sich gerade zu einem Kollaps hin zu entwickeln. Bekannt war jedoch bereits bei der Geburtstagsfeier am 28. April 2008, dass die Deutsche Bank damals einer der wichtigsten Spieler im globalen Kasino der Spekulation war und vor dubiosen und kriminellen Handelsgeschäften nicht zurückschreckte. Simon Johnson, ehemaliger Chefökonom des Internationalen Währungsfonds (IWF), nannte den Chef der Deutschen Bank einen »der gefährlichsten Bankmanager der Welt, weil er darauf besteht, eine Eigenkapitalrendite von 20 bis 25 Prozent zu erzielen«. Ein derartig hoher Gewinn, so Johnson in einem Interview mit der taz, sei nur möglich, weil Josef Ackermann genau weiß, dass die Deutsche Bank ein Systemrisiko darstellt und daher von den Steuerzahlern gerettet würde, falls ein Konkurs droht.[364]

Denn die Geschäftspolitik der mächtigsten deutschen Bank war auf jeden Fall unethisch, als Josef Ackermann von Bundeskanzlerin Angela Merkel geehrt wurde. Im Jahr 2012 sagte er noch: »Die Deutsche Bank steht für mehr als nur Geld – für viel mehr.« Recht hat er in diesem Fall. Da gab es die Finanzierung von Atomkraftwerken, der Waffenindustrie und von Bergbauprojekten, die gewaltsame Vertreibungen einschließen, ebenso die Spekulation auf Nahrungsmittel. All das gehörte unter Josef Ackermann zum täglichen Geschäft. Unethisch ist jedoch noch lange nicht kriminell, sondern in der Regel unabdingbar, um hohe Renditen zu erzielen. Auf der illustren Kundenliste der Deutschen Bank stand auch die Tokyo Electric Power Company (Tepco). Sie ist Betreiberin des Katastrophenreaktors von Fukushima. Dass Tepco laut *Tagesspiegel* »mit einer dubiosen Informationspolitik und teilweise krimineller Energie dafür sorgte, dass seine Reaktoren am Netz bleiben«, störte die Banker in Frankfurt nicht. Das Bankhaus hat viele Nachhaltigkeitserklärungen unterzeichnet, dass soziale Verantwortung selbstverständlicher Teil des Denkens und Handelns der Banker sei. Nach aktuellen Recherchen verschiedener Nichtregierungsorganisationen, darunter der Netzwerke »Facing Finance«, »foodwatch« und »urgewald«, gehören »die weltweit führenden Waffenhersteller allesamt zum Kundenkreis der Deutschen Bank. Sie stellen dabei nicht nur konventionelle Waffen her, sondern sind unter anderem auch alle an der Produktion beziehungsweise Weiterentwicklung von Massenvernichtungswaffen wie Atomwaffen beteiligt. Darüber hinaus versorgte die Deutsche Bank in den letzten zwei Jahren Hersteller von Streumunition mit Krediten und Anleihen in einer Größenordnung von fast einer Milliarde Euro. Die gegenwärtigen Beteiligungen der Deutschen Bank an den Herstellern belaufen sich auf über 400 Millionen Euro.«[365]

Ende des Jahres 2012 gab Josef Ackermann seinen Chefposten bei der Deutschen Bank auf. Verschämt mussten seine Nachfolger einräumen, dass die Bank mindestens 4,1 Milliarden Euro für Gerichtsverfahren und drohende Strafen in der Bilanz zurückstellen musste, was den Gewinn erheblich schmälerte. Dabei handelt es sich um die Kosten für Prozesse wegen krimineller finanzpolitischer Machenschaften in den letzten Jahren, und zwar in der Zeit, als Josef Ackermann die Deutsche Bank führte. 2,5 Milliarden Dollar musste die Deutsche Bank unter anderem wegen der Manipulation illegaler Zinssätze im Zusammenhang mit der »Libor-Affäre« bezahlen. Bereits im Jahr 2013 verhängte die EU-Kommission eine Strafe von 725 Millionen Euro wegen dieser Zinsaffäre gegen die Deutsche Bank. Es gibt zudem weitere milliardenschwere Prozesse gegen die Deutsche Bank. Und dann wird noch gegen Mitarbeiter der Deutschen Bank in Russland ermittelt. Es geht um Geldwäsche in Höhe von zehn Milliarden Dollar. Die zuerst aufgedeckten fragwürdigen Geschäfte waren sogenannte Spiegelverkäufe: »Kunden der russischen Deutsche-Bank-Tochter kauften Wertpapiere in Rubel, die ihnen die Bank dann in Dollar wieder abkaufte. Bei den nun bekannt gewordenen Fällen ist die Bank nur auf einer Seite des Spiegelgeschäfts tätig geworden. Die andere Seite bildeten andere Geldinstitute.«[366]

Stolz war man übrigens in der Baltic International Bank in Lettland. Sie wurde im Jahr 2011 von der Deutschen Bank mit dem »Straight-Through Processing (STP) Excellence Award«

ausgezeichnet. STP bedeutet eine durchgängig automatisierte Verarbeitung von Zahlungsaufträgen vom Anfang bis zum Ende der Prozesskette. Fünf Jahre später zahlte der Bankvorstand 1,1 Millionen Strafe wegen Verstoßes gegen die Geldwäschebestimmungen.[367]

Doch was Geldwäsche angeht, ist Deutschland sicher nicht das Land, in dem sie besonders energisch bekämpft wird, insbesondere wenn es um das Kapital ausländischer korrupter Politiker geht, das hier deponiert und investiert wird. »Die Bilanz Deutschlands bei der Umsetzung der entsprechenden Geldwäschebekämpfungsvorgaben ist nach wie vor ernüchternd«, schreibt Markus Meinzer, Steuer- und Finanzanalyst beim internationalen »Tax Justice Network«. »Bei acht der für die Abschreckung ausländischer Diktatoren entscheidenden Empfehlungen der FATF (zu grundlegenden Kundenidentifikations- und Dokumentationspflichten) erfüllt Deutschland bei keiner einzigen die Anforderungen vollständig.«[368]

Deshalb noch einmal zurück zur Geburtstagsfeier von Josef Ackermann in Berlin und zur Rede von Bundeskanzlerin Angela Merkel. Sie sagte ja, Josef Ackermann fest im Blick: »Sie haben in erheblichem Maße zur erfolgreichen Positionierung der Deutschen Bank auf den internationalen Finanzmärkten beigetragen, insbesondere was das Investment-Banking angeht.« Na ja, vielleicht ist man erst heute klüger geworden.

Im Frühjahr 2015 beschlossen Ackermanns Nachfolger, dass die Deutsche Bank einen großen Teil ihrer Filialen in Deutschland schließen muss. Und zwar aus Kostengründen, um die auf die Dividende stierenden Aktionäre zu befriedigen. Den Mitarbeitern in den Filialen, in denen die Privatkunden betreut wurden, droht nun die Arbeitslosigkeit. Über 3 000 Arbeitsplätze werden vernichtet und 200 Filialen aufgelöst. Die Privatkunden, kleine Unternehmer, Angestellte und Arbeiter, können sehen, wo sie bleiben. Für die Investment-Banker sind sie in Zukunft nicht mehr interessant genug. Ob sich damit auch die Geschäftspraktiken ändern werden?

## Ein Fallbeispiel von Macht und Ohnmacht gegenüber einer Bank

Daran zweifelt zumindest der Göttinger Rechtsanwalt Reiner Fuellmich. Er ist ein sehr gerechtigkeitsbewusster Anwalt, der keine Scheu hat, sich mit den mächtigen Banken anzulegen. Seit über einem Jahrzehnt vertritt er die Interessen tausender Mandanten, die durch den Kauf von Schrottimmobilien in den wirtschaftlichen Ruin getrieben wurden. Er spricht von »massenhaftem, systematischem Prozessbetrug der Deutschen Bank mit circa 2000 Geschädigten in Deutschland im Zusammenhang mit Immobiliengeschäften«. Diese Anzahl ergibt sich für den Anwalt aus der aktiven Beteiligung der Deutschen Bank an einem der größten Immobilienbetrugsmodelle der neunziger Jahre, die bis heute die Gerichte in Deutschland beschäftigen. Betroffen sind viele Bürger, die ihre Altersversorgung durch den Kauf von Immobilien absichern wollten. Sie mussten jedoch sehen, dass sie sowohl von der Deutschen Bank als auch den Treuhändern der Immobilienvertriebsstrukturen über den Tisch gezogen worden sind. Das Konzept war offensichtlich nicht darauf ausgelegt, den Kunden eine vollfinanzierte und »bankgeprüfte« Immobilie als Altersvorsorge anzudienen, sondern vielmehr maximale Provisionen und Gebühren aus den unbedarften Anlegern herauszupressen. Rechtsanwalt Fuellmich ist der Meinung, dass die Immobilien »nur Trojanische Pferde für völlig wertlose Provisionen und Gebühren waren, die die Drahtzieher dieser Modelle für sich selbst, die jeweils finanzierende Bank und den Vertrieb auf die Kaufpreise aufkalkuliert hatten«.

Dabei wusste die Deutsche Bank, das geht aus internen Bankunterlagen hervor, dass die Immobilien nur einen Drittel des Wertes hatten, für die sie den Kunden verkauft wurden. Abgeschlossen wurden die Verträge durch sogenannte Treuhänder. Dem Kunden gegenüber traten sie als deren Interessenvertreter auf. In Wirklichkeit waren sie die Erfinder des Betrugsmodells der Verkäuferfirma und gleichzeitig die wichtigsten Darlehensvermittler der Deutschen Bank – sie standen also auf der Gegenseite der Kunden, denen die Schrottimmobilien angedreht wurden.

Die Käufer der Immobilien hingegen waren davon überzeugt, dass die Treuhänder ausschließlich ihre Interessen wahrnehmen würden. Sie wurden also belogen und betrogen, während die Treuhänder extrem hohe Provisionen und die Deutsche Bank Zinsen aus den gewährten Darlehen kassierten. Der Hintergrund: Die Rechtsabteilung der Deutschen Bank behauptet, nach Überzeugung von Rechtsanwalt Fuellmich »mit Wissen und Wollen aller Vorstände und Aufsichtsräte« in hunderten von Rechtsstreitigkeiten wegen »drückervermittelter Wohnungsfinanzierungen«, es sei bei ihr üblich gewesen, ohne Darlehensvertragsabschluss Darlehen in unbegrenzter Höhe einzuräumen. Und sie behauptete, es sei bei ihr sogar üblich, dass andere Banken die Deutsche-Bank-Darlehensverträge ablösen würden, die noch gar nicht existierten. Das bedeutet, dass ein Kunde der Deutschen Bank zu seiner Filiale geht und erklärt, er hätte gern ein Darlehen in Höhe von 50.000 Euro und würde das Geld gleich an Ort und Stelle mitnehmen. Leider habe er keine Zeit, den Darlehensvertrag jetzt abzuschließen, werde aber bei Gelegenheit wiederkommen und dann möglicherweise auch den Darlehensvertrag abschließen. Genau dieses Konstrukt trägt die Deutsche Bank bei den diversen Gerichtsverhandlungen so vor.

»Das ist ein Skandal«, klagte der in Frankfurt am Main einst für Wirtschaftskriminalität und Korruption zuständige Oberstaatsanwalt Wolfgang Schaupensteiner im ARD-Magazin »Report Mainz«. »Ich habe eine ganze Reihe von Jahren Wirtschaftsstrafverfahren geführt, aber solch ein Konstrukt ist mir neu. Ich will nicht sagen, dass ich Finanzexperte bin, aber ich bin bisher immer davon ausgegangen, beruflich wie übrigens auch privat, dass eine Bank immer nur dann mir einen Kredit auszahlt, wenn vorher ein wasserdichter, das heißt unterschriebener, von beiden Seiten unterschriebener Darlehensvertrag unterzeichnet worden ist.« Zahlreiche Gerichte haben daher der Deutschen Bank inzwischen bescheinigt, entweder schlampig gearbeitet oder versucht zu haben, das Gericht arglistig zu täuschen. Das steht zumindest so in einer Hinweisverfügung des OLG Oldenburg an die Anwälte der Deutschen Bank. Und in dem rechtskräftigen Urteil des Landgerichts Wiesbaden vom 28. August 2014 stellten die Richter aufgrund des Vortrages der Rechtsanwälte der Deutschen Bank fest: »… dass sie diesen Rechtsstreit entweder nachlässig geführt hat, ohne in die von ihr eingereichten Anlagen zu sehen, oder aber bewusst wahrheitswidrig vorgetragen und versucht hat, das Gericht zu täuschen.«

Die Rede ist also von Prozessbetrug zulasten tausender gutgläubiger Bürger, die annahmen, für das Alter eine Kapitalreserve zu besitzen – und genau das wirft Rechtsanwalt Reiner Fuellmich der Deutschen Bank vor: »Bei der Verabredung zu diesem wohl einmalig dämlichen Prozessbetrug haben die Deutsche Bank und ihre Rechtsanwälte offenbar geglaubt, das die Gerichte dieses schon mitmachen würden, weil die Deutsche Bank ja ›systemrelevant‹ sei und ›alternativlos‹ über dem geltenden Recht stehe.« Der Schaden, der den Käufern der Schrottimmobilien zugefügt wurde, liegt allein bei den Mandanten von Rechtsanwalt Reiner Fuellmich bei mindestens

140 Millionen Euro. Wie fragte doch der Korruptionsexperte Wolfgang Hetzer in der Zeitschrift der Gewerkschaft der Polizei: »Ist die Deutsche Bank eine kriminelle Vereinigung?« Und er stellt nüchtern fest: »Die Deutsche Bank hat die Aufklärung der ›Skandale‹ immer wieder behindert. Bei dem Begriff ›Skandal‹ handelt es sich übrigens auch nur um eine Verniedlichung. Sie verdeckt die Tatsache, dass sich dieses Geldhaus schon jetzt als schadensträchtiger erwiesen hat als jede in der Kriminalgeschichte bekannt gewordene Mafia-Organisation.«[369] Besonders amüsant ist in diesem von Wolfgang Hetzer genannten Zusammenhang, dass der ehemalige Präsident des Bundesnachrichtendienstes, Ernst Uhrlau (SPD), nach Beendigung seiner Karriere im Staatsdienst Anfang 2012 bei der Deutschen Bank als »freier Berater« eine sicher gut entlohnte Anstellung fand. Er ist nun zuständig für die Beurteilung weltweiter Risiken seines neuen Arbeitgebers. Uhrlau ist ein Mann mit besten Beziehungen, der zweifellos seinen fachkundigen Beitrag leisten wird, um der Deutschen Bank zu einem positiven Image zu verhelfen.

Der Glaubwürdigkeit einer funktionierenden Rechtsstaatlichkeit dient sicher auch nicht unbedingt, dass Banker der verschiedenen Landesbanken in Deutschland Milliarden Steuergelder verspekuliert haben, ohne eine karge Gefängniszelle von innen zu erleben. Ähnliches kennt man ja auch aus Österreich im Zusammenhang mit der Hypo Alpe Adria. In Deutschland durfte der Steuerzahler 21 Milliarden Euro bezahlen, um die durch wilde Spekulationsgeschäfte erzeugten Verluste auszugleichen.

Schuld wird also mit Geld aufgewogen, was nicht unbedingt das Gerechtigkeitsgefühl der Bürger stärkt. »Immer wieder treten politisierende Banker an, um etwas wegzuwischen, das sich in kristalliner Klarheit allen darbietet, die ihre Augen aufmachen«, beklagt sich Wolfgang Hetzer in der Zeitschrift der Gewerkschaft der Polizei *Die Kriminalpolizei.* »Man mag sich zwar immer noch mit einer Gleichsetzung des Bankgeschäfts mit Organisierter Kriminalität schwertun. Es ist aber außerhalb einer paranoiden Verschwörung gleichgerichteter Interessen in Wirtschaft und Politik nicht mehr erfolgreich zu leugnen, dass sich in großen Teilen des Finanzwesens eine organisierte Verantwortungslosigkeit verbreitet hat. Sie wird sich auf einem von politischen Fehlentscheidungen (z. B. Deregulierung der Finanzmärkte) bereiteten Boden in gemeinwohlschädlicher Weise noch weiter verbreiten.«

Soweit ein nur schemenhafter Eindruck über das unendliche Universum der ehrenwerten politischen und wirtschaftlichen Elite, die sehr viel mit der schmutzigen Demokratie zu tun hat. Denn sie beeinflusst in nicht unerheblichem Umfang die politisch Agierenden in Berlin wie in Brüssel. Die Bürger hingegen verlieren die Hoffnung. Die Folgen all dessen erleben wir derzeit durch das rapide Anwachsen von autoritären nationalistischen Parteien in Europa, warum immer mehr Bürger überhaupt nicht mehr zur Wahl gehen oder rechtsradikalen beziehungsweise rechtspopulistischen Verführern hinterhermarschieren. »Wähler, die feststellen, dass die von ihnen gewählten Regierungsparteien ihre Wahlversprechen aufgrund externer Zwänge nicht oder nur teilweise realisieren können, tendieren dazu, den Wahlen fernzubleiben, Protestaktionen zu unterstützen oder populistische Alternativen zu präferieren.«[370]

Dabei zeichnet sich eine weitere Entwicklung ab: Politische Programme spielen immer weniger eine Rolle, dafür die Präsenz einer Person, auf die alle Erwartungen und Frustrationen der Wähler konzentriert sind, Morgenröte für die Populisten und vermeintlichen Heilsbringer überall in Europa. Für was genau diese Personen wirklich stehen? Das spielt im Prinzip überhaupt keine Rolle mehr. Und deshalb gewinnen jene Kandidaten und Bewegungen rasanten Zulauf, die sich als Anwälte der betrogenen Bürger und/oder als Verfechter moralischer Integrität gegenüber den jeweiligen etablierten politischen Kräften präsentieren.

Die Folgen? »Die Demokratie weltweit ist in Gefahr, selbst in bislang gefestigten Systemen«, konstatierte ernüchternd eine Studie der Bertelsmann-Stiftung, der Transformation Index BTI 2016 vom Februar 2016. Die politischen Lautsprecher, die vorgeben, die Interessen der verunsicherten Menschen durchsetzen zu wollen, hängen sich noch schamhaft den Mantel der Demokratie um. Sie feuern jedoch zielgerichtet die Stimmung an, um die Demokratie sturmreif zu schießen, wenn sie von Wirtschaftsflüchtlingen, Sozialschmarotzern, der Unvereinbarkeit der Kulturen, muslimischer Unterwanderung oder eingeschleusten Terroristen schwadronieren. Mahnende Worte demokratischer Politiker, Kirchenrepräsentanten oder gar von Intellektuellen, dass beispielsweise die Alternative für Deutschland (in Österreich gilt für die FPÖ das Gleiche) rassistisch und in weiten Teilen sogar ein Sammelbecken rechtsradikaler Bewegungen ist, prallen ab und führen eher dazu, zu sagen: Jetzt erst recht. Dieses von jeder Vernunft befreite »Jetzt erst recht« erinnert stark an die frühkindliche Trotzphase. Damit verbunden ist, dass sich quasi als logische Konsequenz dieser Situation autoritäre Herrschaftssysteme und antiliberale Strömungen in Europa flächendeckend ausbreiten, abgesehen von Ländern wie Portugal oder Spanien.

Der Historiker und Schriftsteller Philipp Blom ergänzt die dadurch entstandene Bedrohungssituation. Für ihn ist der autoritäre Traum noch längst nicht ausgeträumt und seine Anziehungskraft ungebrochen. »Ich glaube, wir erleben im Moment, wie sich die Welt in zwei neue Lager teilt, und das ist ganz wichtig. Die alte Unterscheidung zwischen rechts und links ist eigentlich völlig bedeutungslos geworden. Aber wir erleben jetzt, dass es einen Teil der Welt gibt, der einen liberalen Traum träumt, und einen anderen Teil, der einen autoritären Traum träumt, und das verbindet die IS mit Pegida und Boko Haram mit evangelikalen Predigern in den USA und eben mit Herrn Orbán und mit den Verfassungsänderungen in Polen und Ähnlichem. Es ist überall die einfachen Antworten, die nationale Souveränität, die Tatsache, dass wir wertvoller sind als irgendjemand anders, eine Rückkehr zu einer gefühlten Sicherheit, die aber keine Sicherheit ist oder sein wird.«[371]

# Epilog

Die Welt gerät aus den Fugen. Demokratische und soziale Wertesysteme, die in den letzten Jahrzehnten das Fundament für politische Stabilität waren und zumindest in Europa für relativen Frieden sorgten, brechen auseinander. Die Hoffnung, dass die pluralistische liberale europäische Demokratie so gefestigt sei, dass sie nichts erschüttern kann, scheint der bitteren Realität zu weichen. Viel zu wenig wird die Frage gestellt, was es für den sozialen Zusammenhalt einer Gesellschaft eigentlich bedeutet, dass bereits im Jahr 2012 EU-Steuer-Kommissionspräsident Algirdas Šemeta ausrechnete, dass der EU Jahr für Jahr eine Billion Euro, das sind tausend Milliarden Euro, durch Steuerhinterziehung und Steuerumgehung verloren gingen.[372] Diese Steuerflüchtlinge kommen den Bürgern weitaus teurer zu stehen als alle nach Europa Geflüchteten des Jahres 2015 zusammen. Der US-Multimilliardär Warren Buffett, geradezu das Symbol des globalen Raubtierkapitalismus, sagt ganz offenherzig, worum es tatsächlich geht: »Es herrscht Klassenkampf, meine Klasse gewinnt, aber das sollte sie nicht.«[373] Das sagte er im Jahr 2006, knapp zwei Jahre vor der internationalen Finanzkrise. Vier Jahre später, zwei Jahre nach dieser Finanzkrise, klang er schon ganz anders: »Es herrscht Klassenkrieg, richtig. Aber es ist meine Klasse, die Klasse der Reichen, die Krieg führt, und wir gewinnen.«[374]

Was sich hinter dieser Aussage verbirgt, belegt eine brisante Studie. Bereits im Jahr 2014 veröffentlichten die Wissenschaftler Professor Martin Gilens der Princeton University und Professor Benjamin Page der Northwestern University eine aufschlussreiche Studie, die die Aussage von Warren Buffett belegt. Sie untersuchten 1 779 Politikfeldentscheidungen, um festzustellen, welche Lobby sich im Kongress der USA durchsetzt. Jene Organisationen, die viele Menschen vertreten, haben laut dieser Studie praktisch keinen politischen Einfluss, während jene Organisationen, die wirtschaftliche Interessen vertreten, sich praktisch politisch immer durchsetzen können. In den amerikanischen Medien wurde die Studie mit dem Schlagwort zusammengefasst: »Ist Amerika eine Oligarchie?«[375] Diesen Begriff benutzen die beiden Wissenschaftler zwar nicht, sondern sprachen von der Herrschaft der ökonomischen Elite: »Unsere Analysen deuten darauf hin, dass die Mehrheit der amerikanischen Öffentlichkeit einen geringen Einfluss auf die Politik unserer Regierung hat. Wenn jedoch die Politik durch leistungsstarke Unternehmen und eine kleine Anzahl vermögender Amerikaner dominiert wird, dann ist Amerikas Anspruch, eine demokratische Gesellschaft zu sein, ernsthaft bedroht.«[376]

Mit dieser Aussage ist untrennbar verbunden, was der im Mai 2016 verstorbene Historiker Fritz Stern, der vor den Nazis in die USA flüchten musste, im Februar 2016 anlässlich seines 90. Geburtstags gesagt hatte: »Und wenn ich das zu meinem Geburtstag sagen darf: Ich finde es eigentlich etwas unfair vom Leben: Ich bin aufgewachsen mit dem Sterben einer Demokratie. Und jetzt sehe ich die Demokratie nur in Gefahr. Und vielleicht sehe ich das größer als andere – geprägt aus der Vergangenheit und aus meiner eigenen Erfahrung.« Stern spricht davon, dass die demokratischen Institutionen ins Wanken geraten. Auf die Frage, was das für die Zukunft der Demokratie bedeutet, antwortete er: »Eine weitere Verunsicherung. Wenn man Verunsicherung, Angst und Verdummung zusammentut, dann kommt das große Schreien nach Autorität, nach Führung. Das alles sieht man im Augenblick in Amerika wahrscheinlich am deutlichsten.«[377]

Wahrscheinlich wissen die völkisch-reaktionären Heilsbringer auch wenig mit der folgenden Botschaft von Papst

Franziskus vom 19. Mai 2016 anzufangen: »In der Audienz gestern haben wir über den reichen Mann und Lazarus meditiert. Dieser Reiche lebte in seiner Welt, er merkte gar nicht, dass es auf der anderen Seite seiner Tür jemanden gab, der Hunger litt. Aber das hier ist schlimmer: Menschen zu einem Hungerlohn arbeiten zu lassen, um selbst Profit daraus zu ziehen. Vom Blut dieser Menschen leben. Das ist Todsünde! Und es braucht sehr viel Reue, es muss sehr viel rückerstattet werden, um sich von dieser Sünde loszukaufen.«[378]

Nicht viel anders als in den USA ist es bekanntlich in Europa, was den Einfluss mächtiger Konzerne und Finanzinstitutionen auf die europäische wie nationale Politik angeht. Es sind nicht nur, aber auch diese Machtstrukturen, die zu einer zunehmenden Ablehnung der Repräsentanten des demokratischen Staates und der europäischen Idee geführt haben. »Der letzte Gesellschaftsvertrag, den es in Westeuropa gab, war der des Sozialstaates«, sagt Michel Reimon, Autor und österreichischer Grünen-Abgeordneter im Europäischen Parlament. »Dieser Vertrag ist gekündigt: Vom Staat, nicht von den ArbeitnehmerInnen. Die zahlen noch die Steuern und Lohnnebenkosten, aber der Staat ist nicht mehr für sie da. Er rettet Banken statt Arbeitsplätze. Er fördert die Freiheit der Finanzmärkte statt jene der Schulen und Universitäten. Er privatisiert sie, und dazu auch noch die Pensionssysteme, Krankenversicherungen und Spitäler, Energie- und Wasserversorgung, Eisenbahnen und Infrastruktur und so weiter und so fort. Das sind nun keine Bausteine der kollektiven Grundversorgung der Gesellschaft mehr, sondern profitorientierte Branchen. Aber was ist unsere politische Alternative?«[379]

Hinzu kommt die von allen verdrängte Gefahr, dass auf der außenpolitischen Ebene, als Folge der gegenwärtigen Sprachlosigkeit und Dialogunfähigkeit zwischen Russland und dem Westen, in den Konfliktgebieten wie der Ukraine oder Syrien ein nicht mehr beherrschbarer kriegerischer Flächenbrand entstehen kann. Militärische Drohkulissen und Destabilisierungsaktivitäten werden zwar vom Kreml systematisch aufgebaut. Aber auch einige westliche NATO-Staaten und die USA zündeln eifrig. Das könnte in letzter Konsequenz dazu führen, dass der alles Leben vernichtende Atomkrieg wieder denkbar wird. Blühender Unsinn? »Es gab zwischen den atomaren Supermächten so etwas wie ein Kartell der Friedensbewahrung und der Konfliktvermeidung. Damit ist es weitgehend vorbei. Vom Finnischen Meerbusen bis zum Schwarzen Meer inszenieren Amerikaner und Russen Konfrontationen am Rande des Ernstfalls, die im Kalten Krieg alle Warnsignale hätten glühen lassen – jetzt aber nicht mehr, und das wird lebensgefährlich … Die Drohungen entwickeln ihre eigene unheimliche Dynamik. Die Deregulierung der Weltpolitik findet ihren Ausdruck in Hybrid-Kriegen und in der Denkbarkeit des nuklearen Ernstfalls ohne Ziel und ohne Grenze.«[380] Dieses Szenario entwirft der Historiker Michael Stürmer, der wie kaum ein anderer die politischen und militärischen Eliten in den USA wie Westeuropa sehr genau kennt. Er weiß also, wovon er da redet. Ähnlich eindringlich warnte Wolfgang Ischinger, Vorsitzender der Münchner Sicherheitskonferenz, gegenüber dem NDR-Magazin »Panorama«. Nach seinen Worten sei die Gefahr, dass aus »Eskalationsschritten militärische Kampfhandlungen« werden, größer als in der Spätphase des Kalten Krieges oder in den vergangenen 25 Jahren, ja sogar »größer denn je«.

Und wie sieht es momentan im Zusammenhang mit dem inneren Zustand der Demokratie im Herzen Europas aus, zum Beispiel in Deutschland und Österreich? Wenn ein einziger Tag diese bedrohliche politische Entwicklung hin zu völkisch-autoritären Bewegungen und Parteien widerspiegeln könnte, es wäre zweifellos der 23. Mai 2016. In Berlin gab an diesem Tag das Innenministerium bekannt, dass im Jahr 2015 insgesamt 1 031 Straftaten gegen Asylunterkünfte registriert wurden, darunter 94 Brandstiftungen, vier versuchte Tötungs- und acht Sprengstoffdelikte. Allein in den ersten vier Monaten des Jahres 2016 kam es bereits zu 431 Straftaten gegen Asylun- terkünfte, davon 44 Brandstiftungen. Am Nachmittag dieses Montags feierte der den Grünen nahestehende Präsident- schaftskandidat Alexander Van der Bellen in Wien seinen hauchdünnen Wahlerfolg über seinen Konkurrenten, den FPÖ-Präsidentschaftskandidaten Norbert Hofer. Überall im demokratischen Europa herrschte nach diesem Sieg Van der Bellens spürbare Erleichterung. Nicht weniger groß war hinge- gen die Bestürzung darüber, dass sich die Hälfte der Österrei- cher von einem Wolf im Schafsfell hatte verführen lassen.

Am Abend dieses Montags fand in Dresden die obligato- rische Kundgebung der Pegida-Bewegung statt. Bei strömen- dem Regen lauschten knapp 2 500 Pegida-Anhänger der Rede eines Gastes aus Österreich. Martin Sellner gehört der in Deutschland vom Verfassungsschutz beobachteten völkisch- rechtsradikalen Identitären Bewegung an. Er sei traurig, dass Hofer nicht gewonnen habe, sagte er ins Mikrofon. Dann erzählte Sellner mit bebender Stimme, wer den Präsident- schaftskandidaten Alexander Van der Bellen gewählt hat: »Das ist die große Gefahr. Das waren islamistische Salafisten, die Van der Bellen gewählt haben. Mir hat ein Insider erzählt, in den Heimen für Demenzkranke haben hundert Prozent Van der Bellen gewählt.« Zur gleichen Zeit verprügelten im Stadtzentrum von Frankfurt an der Oder mehrere Rechts- radikale drei Asylbewerber und einen Studenten. Angetrun- kene Freunde aus der rechtsradikalen Szene feuerten die Schläger mit fremdenfeindlichen Parolen und Heil-Hitler- Rufen an. Niemand der umstehenden Passanten kam den Verprügelten zu Hilfe.

Unbändiger Hass, krude Verschwörungstheorien, die Suche nach autoritären antidemokratischen Leitfiguren – dahinter verbirgt sich viel mehr als die Angst vor den Herausforderungen der Globalisierung oder vor dem Fremden. Viele Menschen sind verunsichert, die fehlenden stabilen Beschäftigungsverhältnisse, all das führt zu Ängsten vor der Zukunft. Und die politischen Eliten haben darauf immer noch keine befriedigende Antwort gefunden. Doch Unsicherheit und Angst sind »die Seele des Spießers, der Haltegriff für Blockwartmentalitäten, die Psyche der Befehlsempfänger. Das ist das Einfallstor. Allerdings nicht für Argumente, sondern für Gewalt.«[381] Deshalb suchen sich die »Ängstlichen«, also die sogenannten besorgten Bürger, die Schwächsten einer Gesellschaft als Ventil für ihre Unzufriedenheit mit den bestehenden Verhältnissen aus. Der Psychologe und Politikwissenschaftler Professor Thomas Kliche von der Hochschule Magdeburg-Stendal formuliert es so: »Die Forschung spricht schon von einer Spät- oder Untergangsphase der Demokratie, weil die Leute lieber dreimal im Jahr Urlaub machen oder Dschungelcamp schauen, als sich auch nur mit den einfachsten Grundlagen von Wirtschaft, Politik und Gesellschaft zu beschäftigen. Kollektive Bequemlichkeitsverblödung fällt aber jeder Gesellschaft irgendwann auf die Füße – es wird immer anstrengender, für vernünftige Lösungen Unterstützung zu erhalten.«[382]

Der Publizist Georg Dietz zu den Konsequenzen dessen, was Thomas Kliche beschrieben hat: »Der Mittelstand sah dem Aufstieg Hitlers tatenlos zu – heute geifern die Rechten wieder. Und das Bürgertum? Schweigt und versagt abermals … Das Bürgertum also, kurz gefasst, das dem Aufstieg Hitlers einfach zusah; das Bürgertum, das auch heute zusieht, wie ein Land, wie ein Kontinent kippt, still, sediert oder sympathisierend.«[383]

Die Alternative gegen diese von mir beschriebene Entwicklung ist klar: Nicht weiter schlafen, sondern aufstehen.

Nicht lamentieren, sondern sich engagieren. Jetzt ist breiter friedlicher Widerstand der vielfältigen demokratischen Bewegungen angesagt. Insbesondere muss den rechtsradikalen und rechtspopulistischen Bewegungen und Parteien der öffentliche Raum entzogen werden. Wenn es tatsächlich circa 20 Prozent der Bevölkerung gibt, die antisemitischen und rassistischen Antidemokraten nachhecheln, dann hat es keinen Sinn, auf sie zuzugehen. Jedes Argument, das ihre Weltsicht gefährden könnte, wird von ihnen blockiert – aus Trotz oder schlichter Dummheit. Der Kultur der nationalen Einfalt muss eine Kultur der multikulturellen Vielfalt entgegengestellt werden. Gleichzeitig dürfen die bestehenden Konflikte, die bei der Integration insbesondere von Muslimen bestanden und immer noch bestehen, aus Rücksichtnahme oder Angst vor dem Schüren von Fremdenfeindlichkeit, nicht ausgeblendet werden. Im Gegenteil. Sie müssen offen benannt und die Ursachen dafür bekämpft werden. Denn eines ist klar: Wenn die Rechtsradikalen und die rechtspopulistischen Politiker wirklich eine so große Bedrohung für die liberale Demokratie und eine freie Bürgergesellschaft sind, dann kann es keine Neutralität mehr geben, dann muss man Farbe bekennen und diese Bedrohung gemeinsam bekämpfen. Das bedeutet Anstrengung und Engagement. Doch um die Demokratie auch für die künftigen Generationen zu bewahren, gibt es in diesen Zeiten des Umbruchs keine Alternative.

Es gibt eine aktive Zivilgesellschaft, die sehr politisch im Sinne von der Verteidigung demokratischer Werte ist. Überall findet derjenige, der sich engagieren will, Organisationen und zivilgesellschaftliche Initiativen, die sich zum Beispiel gegen die Korruption und mafiose Zustände wehren, wie in Deutschland die Vereine »Mafia? Nein, Danke! e. V.«, »Echolot – Projekte für Zivilgesellschaft, gegen Mafien e. V.« oder »LobbyControl«. Gegen die soziale Ungerechtigkeit kämpfen die Gewerkschaften wie kirchlichen Organisationen oder »ATTAC«, gegen die Menschenrechtsverletzungen »Amnesty International«, gegen die Fremdenfeindlichkeit und den Rassismus zahlreiche Initiativen und antifaschistische Gruppen in fast jeder Stadt. Das heißt, es gibt bereits vielfältige soziale, gesellschaftliche und politische Initiativen, die konkrete Vorschläge und Visionen für eine sozial gerechte Welt unterbreiten und Front gegen die völkisch-autoritären Bewegungen und Parteien in Europa machen. Das Problem – sie sind alle vereinzelt, nicht miteinander verbunden, also mehr oder weniger, was die konkrete politische Umsetzung angeht, atomisiert. Und man muss fairerweise eingestehen, dass ideologische Verblendung und krude Verschwörungstheorien nicht nur bei den Rechten zu finden sind.

Trotzdem ist das richtig, was der Wirtschaftswissenschaftler und Publizist Conrad Schuhler so zusammenfasst: »Ich würde mir wünschen, dass die Humanisten aller Schattierungen schneller begreifen, dass sie entweder zusammen Erfolg haben oder gemeinsam untergehen werden. Die Katholiken, die mit Papst Franziskus sagen: ›Diese Wirtschaft tötet‹, gehören dabei ebenso in ein solches Bündnis wie die Marxisten, die Kriege und Elend auf die Ursache eines bloß profitorientierten Kapitalismus zurückführen. Auch wenn man sich in den letzten Zielen noch nicht einig ist, so sollte man doch gemeinsam gegen die als Urheber des Verderbens erkannten Kräfte vorgehen.«[384] Dogmatische Verhärtungen und egozentrische ideologische Blindheit führen nur dazu, dass die lebendige, multikulturelle und liberale Demokratie in Europa früher oder später tatsächlich zu Grabe getragen wird. Noch ist es nicht so weit, sieht man einmal von der Situation in Ungarn, der Slowakei, Tschechien oder Dänemark ab.

Worum es tatsächlich geht, beschreibt der Aufruf »Das Flüchtlingsdrama: Appell zum Umsteuern in Europa und in

Deutschland«. Dieser Appell wurde von zahlreichen Bundestagsabgeordneten der SPD, der Grünen und der Linken, von führenden Gewerkschaftern und von Wissenschaftlern unterzeichnet.

Der Appell benennt genau das Problem: »Aus dem Flüchtlingsdrama ist eine politische Zerreißprobe geworden. Das Ziel eines freundschaftlichen Miteinanders in einem Europa der Vielfalt wird derzeit zwischen nationalistischen Egoismen und menschenfeindlicher Abschottungspolitik zerrieben. Auch Deutschland steht vor einer gigantischen Herausforderung, die viele Menschen verunsichert und die nur bewältigt werden kann, wenn die politisch Verantwortlichen mutig und zielstrebig Kurs nehmen auf ein zukunftsfähiges, gerechtes und starkes Gemeinwesen. Da aber die für ein solches Umdenken und Umsteuern notwendige Konsequenz bisher fehlt, entsteht ein Klima, in dem Sorgen in Ängste verwandelt werden: vor Überforderung, Überfremdung, Übervorteilung. Das Schüren von Angst gibt rückwärtsgewandten, fremdenfeindlichen, völkischen und rechtsnationalistischen Parteien in Deutschland und anderen europäischen Ländern Auftrieb. Aus dieser politischen Sackgasse kommen wir nur heraus, wenn wir die Flüchtlingskrise als Appell begreifen. Sie bringt die politischen Fehler und Versäumnisse der Vergangenheit schlagartig ans Licht. Der mangelnde Wille zur solidarischen Zusammenarbeit in Europa ist Ergebnis eines seit Jahren beschrittenen Weges der Europäischen Union, der die Mitgliedsländer zu Konkurrenten untereinander gemacht und zwischen Stärkeren und Schwächeren gespalten hat. Dem europäischen Haus fehlt das soziale und solidarische Fundament. Und in Deutschland zeigt sich, wie falsch das starre Festhalten an einer Politik ist, der die schwarze Null wichtiger ist als ein zukunftsfähiges Gemeinwesen. So führt uns die Flüchtlingskrise brutal vor Augen, wie überfällig ein radikales politisches Umsteuern ist.«[385]

Dass es nicht nur bei Appellen bleibt, zeigt in Österreich die Initiative »Aufbruch – So wie bisher kann es nicht weitergehen«. Bei der ersten Aktionskonferenz am 3. Juni 2016 nahmen immerhin über tausend Menschen aus ganz Österreich teil. In dem Aufruf zur Aktionskonferenz heißt es: »Brechen wir gemeinsam auf und zeigen wir, dass es anders geht! Wir meinen alle unter euch, die die Dinge in Österreich endlich zum Besseren ändern wollen. Egal, ob ihr in politischen Gruppen aktiv seid, das noch nie wart oder euch aus ihnen zurückgezogen habt – macht mit! Wehren wir uns gegen den Rassismus, den etliche von uns täglich zu spüren bekommen. Wehren wir uns dagegen, dass unsere demokratischen Rechte immer weiter beschnitten werden. Lassen wir uns nicht länger gefallen, dass viele von uns Zukunftsängste haben müssen, während wenige im Überfluss leben. Brechen wir das System auf, das daran schuld ist. Bauen wir die neue Kraft auf, die dafür nötig ist.«[386]

In Deutschland verfolgt unter anderem das Institut Solidarische Moderne (ISM) ein ähnliches Ziel. Das ISM ist eine Programmwerkstatt für neue demokratische Politikkonzepte. Ihr gehören ebenfalls eine Vielzahl von Europa- und Bundestagsabgeordneten der demokratischen Parteien an, Gewerkschafter und Wissenschaftler und Vertreter der Zivilgesellschaft.[387] Sie sind dabei, eine Brücke zwischen Politik und Wissenschaft, Zivilgesellschaft und sozialen Bewegungen aufzubauen. Die Initiatoren sind davon überzeugt, dass nur eine breite Bürgerbewegung die demokratischen Parteien zwingen kann, gesellschaftliche Visionen in praktische Politik umzusetzen. Deshalb haben sie dazu aufgerufen, dass die vielfältigen unterschiedlichen humanitären, gesellschaftlichen und politischen Initiativen sich auf ein breites Bündnis einigen müssen. »Mit der Demokratie neu beginnen. Gegen die Politik der Angst, für eine Politik der Hoffnung«, so ist ihr Aufruf überschrieben.

Demnach sei unstrittig, »dass wir in der gegebenen Lage zunächst einmal ein großes humanitäres Sofortprogramm in der EU brauchen: als unumgängliche Voraussetzung, um dem hässlichen Europa der Abschottung ein Europa entgegenzusetzen, dass seinen größten Errungenschaften treu bleiben kann – den Menschenrechten und einer auf den Menschenrechten gegründeten Demokratie.« Das hat jedoch zur Folge, dass ein solches Sofortprogramm »mit dem Regime der Austerität und mit der Auslieferung unserer gemeinsamen Zukunft an eine Wirtschaftsordnung Schluss machen muss, in der allein der Profit zählt.«

Dazu gehört nach Überzeugung der ISM-Initiatoren, »ohne jede Umschweife und in rückhaltloser Offenheit, der Abbruch der Verhandlungen zu TTIP und CETA und eine breite gesellschaftliche Verständigung über eine demokratische Umkehr des Prozesses der Globalisierung. Soll das gelingen, wird im selben Zug schon eine Vielzahl kleiner, in ihrer Konsequenz aber sehr weitreichender Schritte zu gehen sein. So müssen die Handlungsmöglichkeiten der Bundesländer und Kommunen finanziell, aber auch politisch gestärkt werden, es muss sofort mit dem Ausbau, aber auch mit der Demokratisierung des Bildungs- und Gesundheitswesens begonnen werden, es müssen die Systeme der sozialen Sicherung garantiert, erweitert und demokratisiert, es müssen die sozialen, politischen und kulturellen Rechte aller und einer jeden verteidigt und erweitert werden. Als erste Maßnahme einer Wiederaneignung der Städte muss sofort mit der Schaffung von ausreichendem Wohnraum begonnen werden. Für all das brauchen wir eine radikale Reform der Steuerpolitik, die Unterbindung der kriminellen Steuerflucht, eine gerechte Besteuerung der Kapitaleinkünfte und der großen Vermögen und deshalb eine breite gesellschaftliche Verständigung über eine umfassende Demokratisierung der Wirtschaft. Wir brau chen also nicht weniger als einen Sozialökologischen Gesellschaftsumbau auf dem Weg in eine Solidarische Moderne: eine politische Umkehr und tiefgreifende Veränderung der gesellschaftlichen Naturverhältnisse, die sich solidarisch, also sozial und ökonomisch gerecht, nur in ökologisch nachhaltigen Produktions- und Lebensweisen artikulieren können (ökologische Dimension), eine gerechte Umverteilung und allen gleichermaßen garantierte soziale Rechte (soziale Dimension), eine Erneuerung der Demokratie als Bedingung dieser beiden zusammenhängenden Umwälzungen und zugleich als eigenständiges emanzipatorisches Ziel (politische Dimension). Die solidarische Auseinandersetzung um diese und andere Fragen hat schon begonnen. Das ISM wird ein Knoten in der Bewegung des demokratischen Neubeginns sein und dazu auch die eigenen Zugänge zur Öffentlichkeit (Publikationen, Website, soziale Netzwerke) öffnen.«[388]

Es wird also Zeit, für die hier beschriebenen Ziele zu kämpfen, der Zukunft der Demokratie und der Zukunft der künftigen Generationen wegen. Weiter schlafen is out.

# Quellenverzeichnis

1 »Was heißt eigentlich: Grundgesetz?«. Rede des Abgeordneten Carlo Schmid im Parlamentarischen Rat, 8. September 1948 [StenBer. S. 70ff.].

2 Bernhard Meier (Hrsg.): *Erich-Kästner-Jahrbuch*, Band 5. Würzburg 2008, S. 578.

3 Jens Berger: »Demokratie? Welche Demokratie denn bitte?«. Auf: http://www.nachdenkseiten.de/?p=32897#more-32897. Stand: 9 August 2016.

4 Joachim Gauck: »Rede nach der Vereidigung zum Bundespräsidenten«. Auf: http://www.bundespraesident.de/SharedDocs/Reden/DE/Joachim-Gauck/Reden/2012/03/120323-Vereidigung-des-Bundespraesidenten.html. Stand: 9. August 2016.

5 Michael Würz: »Wie wir mit der Hetze fertig geworden sind«. Auf: http://uebermedien.de/7257/wie-wir-mit-der-hetze-fertig-geworden-sind/Stand. 12. August 2016.

6 Liane v. Billerbeck, Frank Nordhausen: »Ein Top-Scientologe kauft massenhaft Häuser auf – Ehrung für den ›Paten‹ von Zwickau«. Auf: http://www.berliner-zeitung.de/ein-top-scientologe-kauft-massenhaft-haeuser-auf-ehrung-fuer-den--paten--von-zwickau-16172484. Stand: 9. August 2016.

7 »De Maizière zur Integration von Flüchtlingen: ›Jeder muss wissen, was in Auschwitz passiert ist‹«. Auf: http://www.spiegel.de/politik/deutschland/de-maiziere-zu-integration-von-fluechtlingen-jeder-muss-wissen-was-in-auschwitz-passiert-ist-a-1086088.html. Stand: 9. August 2016.

8 »Scheuer im WELT-Interview: ›Wir brauchen ein Islam-Gesetz‹«. Auf: http://www.csu.de/aktuell/meldungen/april-2016/scheuer-im-welt-interview. Stand: 9. August 2016.

9 Elisabeth Wehrmann: »Abwiegeln in Den Haag. Welche Rolle spielten die niederländischen Blauhelme in Srebrenica? Ein neues Buch rechnet mit der Regierung ab«. Auf: http://www.zeit.de/2005/28/Holland. Stand: 9. August 2016.

10 »Österreich hält am ›Ende des Durchwinkens‹ fest«. Auf: http://www.sueddeutsche.de/news/politik/migration-oesterreich-haelt-am-ende-des-durchwinkens-fest-dpa.urn-newsml-dpa-com-20090101-160303-99-68223. Stand: 9. August 2016.

11 Markus Pohl, Axel Svehla und Lisa Wandt: »Flüchtlinge zurück ins Meer? Griechenland soll seine Seegrenze ›sichern‹« In: »Kontraste«. Auf: http://www.rbb-online.de/kontraste/archiv/kontraste-11-02-2016/fluechtlinge-griechenland-soll-seegrenze-sichern.html. Stand: 9. August 2016.

12 Thomas Rauscher: Twitter Posting. 17. April 2016, 10.07 Uhr. https://twitter.com/rauscher_ro/status/721611026064613376. Stand: 9. August 2016.

13 Thomas Rauscher: Twitter Posting. 21. März 2016, 06.47 Uhr. https://twitter.com/rauscher_ro/status/711791325792890880. Stand: 9. August 2016.

14 Thomas Rauscher: Twitter Posting. 26. Februar 2016, 00.51 Uhr. https://twitter.com/rauscher_ro/status/703004491554144256. Stand: 9. August 2016.

15 David Binder: »Macedonia Fugitive Caught«. Auf: http://www.nytimes.com/2003/07/06/world/macedonia-fugitive-caught.html. Stand: 9. August 2016.

16 SCOOP Macedonia. Auf: http://en.scoop.mk/investigations. Stand: 9. August 2016.

17 vgl. Presseerklärung der Anwaltsgruppe für die Rechte von Flüchtlingen und Migranten, vom 24. Februar 2012.

18 Gabriel Zucman: *Steueroasen: Wo der Wohlstand der Nationen versteckt wird.* Berlin 2014, S. 7f.

19 KPMG. Auf: https://home.kpmg.com/de/de/home/ueber-kpmg/kpmg-kompakt/history.html. Stand: 9. August 2016.

20 Bert Fröndhof, Christoph Schlautmann, Frank Specht: »Weise-Behörde will Personal leihen. Wirtschaftsprüfer sollen über Asylanträge entscheiden«. Auf: http://www.handelsblatt.com/my/unternehmen/dienstleister/weise-behoerde-will-personal-leihen-wirtschaftspruefer-sollen-ueber-asylantraege-entscheiden/13432064.html. Stand: 9. August 2016.

21 »Amnesty-Recherchen beweisen, dass die Türkei seit Januar fast täglich syrische Flüchtlinge nach Syrien abgeschoben hat. Verstoß gegen internationales Recht: Türkei schiebt massenhaft syrische Flüchtlinge ab.« Auf: https://www.amnesty.de/presse/2016/4/1/verstoss-gegen-internationales-recht-tuerkei-schiebt-massenhaft-syrische-fluechtling. Stand: 9. August 2016.

22 »De Maizière will Afghanen zurück in Heimat schicken« Auf: http://www.welt.de/newsticker/dpa_nt/infoline_nt/brennpunkte_nt/article151703917/De-Maiziere-will-Afghanen-zurueck-in-Heimat-schicken.html. Stand: 9. August 2016.

23 Tobias Schulze: »Afghanistan als sicheres Herkunftsland. Taliban-Aussagen als Begründung«. Auf: http://www.taz.de/Afghanistan-als-sicheres-Herkunftsland/!5292961. Stand: 9. August 2016.

24 Christine Muttonen: »In geregelten Bahnen. Was die Kritiker der österreichischen Flüchtlingspolitik verkennen.« Auf: www.ipg-journal.de/kommentar/artikel/in-geregelten-bahnen-1399. Stand: 9. August 2016.

25 Karl Popper: *Die offene Gesellschaft und ihre Feinde*, Band II. Tübingen 1992, S. 277.

26 Gregor Mayer, Bernhard Odehnal: *Aufmarsch. Die rechte Gefahr aus Osteuropa*. Salzburg 2010, S. 34.

27 Bert Fröndhoff, Christoph Schlautmann, Frank Sprecht: »Wirtschaftsprüfer sollen über Asylanträge entscheiden«. In: *Handelsblatt*, 8. September 2015.

28 »HC Strache: ›Orbán ist der einzige Regierungschef, der noch nicht den Verstand verloren hat!‹« Auf: https://www.unzensuriert.at/content/0020238-HC-Strache-Orban-ist-der-einzige-Regierungschef-der-noch-nicht-den-Verstand-verloren. Stand: 9. August 2016.

29 Mihály Andor: »Ungarn als Untertanenstaat«. In: *Blätter für Deutsche und Internationale Politik*, Mai 2015, S. 39.

30 Keno Verseck: »Ungarn-Berichterstattung: Alles übertrieben?« Auf: http://ostpol.de/beitrag/4328-ist_die_ungarn_berichterstattung_uebertrieben. Stand: 10. August 2016.

31 Ebda.

32 Mihály Andor: »Ungarn als Untertanenstaat«. In: *Blätter für Deutsche und Internationale Politik*, Mai 2015, S. 39.

33 Bogdan Góralczyk: »The two faces of the Hungarian economy«. Auf: http://www.financialobserver.eu/ce/hungary/the-two-faces-of-the-hungarian-economy. Stand: 10. August 2016.

34 Urs Bruderer: »Ungarns Premier setzt sich ein Fussball-Denkmal«. Auf: http://www.srf.ch/news/international/ungarns-premier-setzt-sich-ein-fussball-denkmal. Stand: 10. August 2016.

35 »›Gottloser Kosmos‹: Orbáns Oster-Interview mit katholischem Wochenblatt«. Auf: https://pusztaranger.wordpress.com/2012/04/09/

gottloser-kosmos-orbans-oster-interview-mit-katholischem-
wochenblatt. Stand: 10. August 2016.

36 »Orbáns Osterbotschaften. Ungarn, der Kosmos und die ›natürliche
Ordnung‹ der Welt.« Auf: http://www.pesterlloyd.net/html/1215
osterbotschaft.html. Stand: 10. August 2016.

37 Júlia Horváth: »Viktor Orbáns Rede gegen den Liberalismus«. Auf:
http://www.civitas-institut.de/index.php?option=com_content&
view=article&id=2322:viktor-orbans-rede-gegen-den-liberalismus
&catid=1:neuestes&Itemid=33. Stand:
10. August 2016.

38 Michał Kokot: »Orbán macht den Putin«. Auf: http://www.zeit.de/
politik/ausland/2014-07/viktor-orban-ungarn-demokratie. Stand:
10. August 2016.

39 Keno Verseck: »Gelenkte Demokratie. Wie Viktor Orbán Ungarn
putinisiert«. Auf: http://www.cicero.de/ungarn-im-spannugnsfeld-
zwischen-eu-und-russland-wie-viktor-orban-ungarn-putinisiert/
58894. Stand: 10. August 2016.

40 »Viktor Orbáns Rede auf der 25. Freien Sommeruniversität in Băile
Tuşnad (Rumänien) am 26. Juli 2014«. Auf: https://pusztaranger.
wordpress.com/2014/08/01/viktor-orbans-rede-auf-der-25-freien-
sommeruniversitat-in-baile-tusnad-rumanien. Stand: 10. August
2016.

41 Martin Brusis: *Im Schatten der europäischen Krise. Regionalbericht
Ostmittel- und Südosteuropa.* Ergebnisse des Transformationsindex
der Bertelsmann Stiftung (BTI), Gütersloh 2016, S. 7.

42 »Rangliste der Pressefreiheit. Journalisten unter Druck durch Auto-
kraten, bewaffnete Konflikte und Sicherheitsgesetze«. Auf: https://
www.reporter-ohne-grenzen.de/rangliste/2016. Stand: 10. August
2016.

43 Gabriella Valaczkay: »Budapester Fidesz-OB ernennt rechtsextremen Theaterdirektor«. Auf: https://pusztaranger.wordpress.com/
page/49. Stand: 15. August 2016.

44 Paul Lendvai: »Das falsche Selbstbild der antisemitischen Ungarn«.
Auf: http://www.welt.de/kultur/history/article 12586045/Das-falsche-
Selbstbild-der-antisemitischen-Ungarn.html. Stand: 10. August
2016.

45 U.S. Department of State: »2015 Human Rights Reports: Hungary.
2015 Country Reports on Human Rights Practices (April 13, 2016)«.

Auf: http://www.state.gov/j/drl/rls/hrrpt/2015/eur/252855.htm. Stand: 10. August 2016.

46  European Commission against Racism and Intolerance: »ECRI Report on Hungary (fifth monitoring cycle), 9. Juni 2015«. Auf: https:// www.coe.int/t/dghl/monitoring/ecri/Country-by-country/Hungary/ HUN-CbC-V-2015-19-ENG.pdf. Stand: 10. August 2016.

47  »Ungarn: Flüchtlingspolitik schuld an Anschlägen«. Auf: http:// www.oe24.at/welt/Ungarn-Fluechtlingspolitik-schuld-an-Anschlaegen/ 228959936. Stand: 10. August 2016.

48  »Ungarns Regierungschef: Orbán schürt Angst vor der ›Zerstörung Europas‹«. Auf: http://www.spiegel.de/politik/ausland/viktor-orban-diffamiert-migranten-und-kritisiert-europas-fluechtlingspolitik-a-1082441.html, abgerufen 20.07.2016

49  Martin Oehlen: »Rafik Schami – Das sind meine Erwartungen an Flüchtlinge«. Auf: http://www.ksta.de/kultur/rafik-schami-das-sind-meine-erwartungen-an-fluechtlinge-23725644. Stand: 10. August 2016.

50  Michael Genner: »Syrische Flüchtlinge in Ungarn mißhandelt!« Auf: http://www.asyl-in-not.org/php/syrische_fluechtlinge_in_ungarn_ misshandelt,20880,37510.html. Stand: 10. August 2016.

51  Darko Jakovljevic: »Urteil zur Mordserie an Roma in Ungarn. Das lange Warten auf Gerechtigkeit«. Auf: http://www.tagesschau.de/ ausland/ungarn-roma-101.html. Stand: 10. August 2016.

52  Knut Mellenthin: »Vor 50 Jahren – Völkermord an Ungarns Juden«. In: *analyse & kritik, Zeitung für linke Debatte und Praxis, Nr. 365.* Hamburg, 13. April 1994.

53  Stephan Grigat: »Antisemitismus in Ungarn: Fidesz & Jobbik befeuern sich gegenseitig«. Auf: http://www.hagalil.com/2014/04/ ungarn-23. Stand: 10. August 2016.

54  European Commission against Racism and Intolerance: »ECRI Report on Hungary (fifth monitoring cycle), 9. Juni 2015«. Auf: https:// www.coe.int/t/dghl/monitoring/ecri/Country-by-country/Hungary/ HUN-CbC-V-2015-19-ENG.pdf. Stand: 10. August 2016.

55  »Öffentliche Moral. Ungarische Regierungspartei ehrt Hassprediger, EU schickt Papiertiger«. Auf: http://www.pesterlloyd.net/2011_04/0 4eubriefBayer/04eubriefbayer.html. Stand: 10. August 2016.

56  »Rechtsextremer Serienmörder von Roma bekommt 1,5 Mio. Forint Schadensersatz wegen Rufschädigung«. Auf: https://pusztaranger.

wordpress.com/2014/01/28/rechtsextremer-serienmoder-von-roma-bekommt-15-mio-forint-schadensersatz-wegen-rufschadigung. Stand: 10. August 2016.

57  Stephan Grigat: »Antisemitismus in Ungarn: Fidesz & Jobbik befeuern sich gegenseitig«. Auf: http://www.hagalil.com/2014/04/ungarn-23. Stand: 10. August 2016.

58  vgl. Jan-Uwe Stahr: »Rückkehr der Gespenster? Ungarn und seine neuen Rechtsextremen«. Auf: http://www.deutschlandfunk.de/rueckkehr-der-gespenster.922.de.html?dram:article_id=128663. Stand: 10. August 2016.

59  »Ungarische Polizei erlaubt ›friedliches‹ Steinewerfen, Aufruf zum Rassenkrieg und antisemitische Hetze unter Gleichgesinnten«. Auf: https://pusztaranger.wordpress.com/2013/10/05/ungarische-polizei-erlaubt-friedliches-steinewerfen-aufruf-zum-rassenkrieg-und-antisemitische-hetze-unter-gleichgesinnten. Stand: 10. August 2016.

60  Astrid Bötticher, Miroslav Mareš: *Extremismus: Theorien – Konzepte – Formen.* München 2012, S. 325.

61  U.S. Department of State: »2015 Human Rights Reports: Hungary. 2015 Country Reports on Human Rights Practices (April 13, 2016)«. Auf: http://www.state.gov/j/drl/rls/hrrpt/2015/eur/252855.htm. Stand: 10. August 2016.

62  Verena Nell, Gottfried Schwitzgebel, Matthias Vallet (Hrsg.): *Korruption im öffentlichen Raum.* Wiesbaden 2006, S. 107.

63  »Hungarians say our country is corrupt, and the situation is getting worse. Global Corruption Barometer, 2013«. Auf: http://transparency.hu/Hungary_is_corrupt__and_the_situation_is_only_getting_worse. Stand: 10. August 2016.

64  Áron Kovács: »A Várkert Bazár felújítója vette meg Tiborcz cégét«. Auf: http://vs.hu/kozelet/osszes/a-varkert-bazar-felujitoja-vette-meg-tiborcz-ceget-0528. Stand: 10. August 2016.

65  »Lőrinc Mészáros, friend of Viktor Orbán, is a financial genius«. Auf: https://hungarianspectrum.wordpress.com/2014/12/14/lorinc-meszaros-friend-of-viktor-orban-is-a-financial-genius. Stand: 10. August 2016.

66  Benjamin Novak: »Tobacco magnate János Sánta buys half of Napi Gazdaság«. Auf: http://budapestbeacon.com/news-in-brief/tobacco-magnate-janos-santa-buys-half-of-napi-gazdasag/24704. Stand: 10. August 2016.

67  Karla Engelhard: »Putin-Besuch in Budapest. Russisches Gas und ungarische Interessen«. Auf: http://www.deutschlandfunk.de/putin-besuch-in-budapest-russisches-gas-und-ungarische.795.de.html?dram:article_id=311856. Stand: 10. August 2016.

68  Keno Verseck: Ungarns Russland-Annäherung: Premier Orbán buhlt um Putins Gunst. Auf: http://www.spiegel.de/politik/ausland/ungarn-orban-sucht-enge-bindung-zu-russland-und-putin-a-970161.html. Stand: 10. August 2016.

69  »›Ungarn braucht Russland‹: Putin, Orbán und Reaktionen«. Auf: http://www.pesterlloyd.net/html/1508putinorbanpkreaktionen.html. Stand: 10. August 2016.

70  »Hungarian Energy Chief Hernádi Could Still Face Trial for Bribery in Croatia«. Auf: https://www.occrp.org/en/daily/4517-hungarian-energy-chief-zsolt-hernadi-could-still-face-trial-for-bribery-in-croatia. Stand: 10. August 2016.

71  »No perspicacity in Mol-INA bribery case«. Auf: http://transparency.hu/No_perspicacity_in_Mol-INA_bribery_case?bind_info=index&bind_id=0. Stand: 10. August 2016.

72  Hermann Sileitsch-Parzer: »Kroatien tobt: MOL-Chef trotz Haftbefehls in Wien«. Auf: http://kurier.at/wirtschaft/kroatien-tobt-mol-chef-trotz-haftbefehls-in-wien/158.696.433. Stand: 10. August 2016.

73  Bernhard Odehnal: »Ein Firmennetzwerk, das sich eine Zuger Adresse und die Nähe zu Orban teilt«. Auf: http://www.tagesanzeiger.ch/wirtschaft/unternehmen-und-konjunktur/Ein-Firmennetzwerk-das-sich-eine-Zuger-Adresse-und-die-Naehe-zu-Orban-teilt/story/25579199. Stand: 10. August 2016.

74  »Andy Vajna in Budapest«. Auf: http://hungarianspectrum.org/2015/08/05/andy-vajna-in-budapest. Stand: 10. August 2016.

75  »Andy Vajna, government commissioner in charge of the Hungarian film industry, has won concessions of Hungarian casinos over state-owned Szerencsejáték Zrt.« Auf: http://bbj.hu/business/andy-vajna-wins-casinos-over-hungarian-szerencsejatek-zrt_80179. Stand: 10. August 2016.

76  »Ungarn in den ›Panama Papers‹«. Auf: http://www.budapost.de/2016/04/ungarn-in-den-panama-papers. Stand: 10. August 2016.

77  Gregor Mayer: »Mit dem Paten ins Puff«. In: *Profil,* 6. Mai 2013, S. 69.

78  »A Sándor ›Papa‹ István-vallomás jegyző könyvének teljes szövege«. Auf: http://www.szittya.com/sandor%20Papa.htm. Stand: 10. August 2016.

79  Christian Schmidt-Häuer: »Geheime Stadt an der Donau«. Auf: http://www.zeit.de/2000/37/200037_ungarn_xml. Stand: 10. August 2016.

80  »The FP Power Map. The 500 most powerful people on the planet«. Auf: http://foreignpolicy.com/2013/04/29/the-fp-power-map. Stand: 10. August 2016.

81  FBI, Department of Justice: *Semion Mogilevich Organization: Eurasian Organized Crime*. Washington, August 1996, S. 23.

82  »FBI Ten Most Wanted Fugitive«. Auf: https://www.fbi.gov/news/stories/2009/october/image/mogilevich500.jpg. Stand: 10. August 2016.

83  »Top Ten Fugitives. Global Con Artist and Ruthless Criminal«. Auf: https://www.fbi.gov/news/stories/2009/october/mogilevich_102109. Stand: 10. August 2016.

84  Emily Babay: »Philly fugitive bumped off FBI ›Most Wanted‹ list«. Auf:: http://www.philly.com/philly/news/20151218_Philly_fugitive_bumped_off_FBI__Most_Wanted__list.html. Stand: 10. August 2016.

85  »Possible criminal activities of some Hungarian politicians?« Auf: https://hungarianspectrum.wordpress.com/2013/10/05/possible-criminal-activities-of-some-hungarian-politicians. Stand: 10. August 2016.

86  »Pintér Sándor kirúgását követelik Orbán Viktortól«. Auf: http://hvg.hu/itthon/20131008_Pinter_Sandor_kirugasat_kovetelik_Orban_V. Stand: 10. August 2016.

87  Beregnyei Miklós, Olajos Gergő: »Clodo bombaja«. In: Tv2 Naplója, 7. Dezember 1999, S. 169.

88  Ebda.

89  Jürgen Roth: Gespräch mit Dietmar Clodo am 29. April 2016 in einem kleinen Ort in Bayern.

90  »›A táskában egymillió német márka volt‹ – megszólal Clodo, a bombagyáros«. Auf: http://hvg.hu/itthon/20130925_A_taskaban_egymillio_nemet_marka_volt__m. Stand: 10. August 2016.

91  »HVG: Háromszor tárgyalt Pintérrel Clodo, a ›bombagyáros‹«. Auf: http://nol.hu/belfold/haromszor_targyalt_pinterrel_a_bombagyaros-1415919. Stand: 10. August 2016.

92  Fritz Wöber: »Was nicht verboten ist, ist erlaubt. Ungarn erlebt einen Firmengründungs-Boom«. In: *Die Presse*, 6. August 1990.

93  »HVG: Háromszor tárgyalt Pintérrel Clodo, a ›bombagyáros‹«. Auf: http://nol.hu/belfold/haromszor_targyalt_pinterrel_a_bombagyaros-1415919. Stand: 10. August 2016.

94  Heti Válasz: »A magyar szervezett alvilág őstörténete 9.: Előkerül a bombagyártó«. Auf: http://valasz.hu/uzlet/felbukkan-a-belugyminiszter-neve-is-52672. Stand: 10. August 2016.

95  »VII. Az ügyészségi nyomozók is érintettek az olajügyekben«. Auf: http://www.origo.hu/itthon/20001114vii.html. Stand: 10. August 2016.

96  Bundula István: »A Pintér-ügy: ›Telefonálás után visszaültem‹«. Auf: http://magyarnarancs.hu/belpol/a_pinter-ugy_telefonalas_utan_visszaultem-62014. Stand: 10. August 2016.

97  Beregnyei Miklós, Olajos Gergö: »Clodo bombaja«. In: Tv2 Naplója, 7. Dezember 1999, S. 169.

98  Auf: http://www.parlament.hu/irom36/3500/3500.htm. Stand: 10. August 2016.

99  »›Olajos‹ ügyek: Pintér miniszteri biztost nevezett ki«. Auf: http://hvg.hu/itthon/20130625_Olajos_ugyek_Pinter_miniszteri_biztost_ne. Stand: 10. August 2016.

100  Jürgen Roth: Gespräch mit László Keller in Budapest, 30. Mai 2016.

101  Andras Petho: »Hungary: Minister's Former Security Company Flourishes on State Contracts«. Auf: https://www.occrp.org/en/investigations/2329-hungary-ministers-former-security-company-flourishes-on-state-contracts. Stand: 10. August 2016.

102  »The Orbán family and corruption, Part I«. Auf: http://hungarianspectrum.org/2011/12/03/the-orban-family-and-corruption. Stand: 10. August 2016.

103  Keno Verseck: »Wahlkampf in Ungarn: Orbáns Clan plündert die Staatskassen«. Auf: http://www.spiegel.de/politik/ausland/ungarn-ministerpraesident-orban-und-sein-clan-a-959798.html. Stand: 10. August 2016.

104  Jürgen Roth: Gespräch mit László Keller in Budapest, 1. Juni 2016.

105  Jasper von Altenbockum, von Jasper: »AfD-Parteitag. Die Nationalkonservativen«. Auf: http://www.faz.net/aktuell/politik/inland/afd-parteitag-die-nationalkonservativen-14209216.html. Stand: 10. August 2016.

106  Alexandra Mostyn: »Tschechischer Expräsident berät die AfD. Václav Klaus kuschelt mit Frauke Petry«. Auf: http://www.taz. de/!5284949. Stand: 10. August 2016.

107  Wolfgang Jung: »Vaclav Klaus – Wie ein Auto ohne Bremse?« In: *Wiesbadener Kurier*, 1. März 2003, S. 5.

108  Beata Blehova: *Der Fall des Kommunismus in der Tschechoslowakei*. Münster 2006, S. 1.

109  Peter Hornung: »Václav Havel ist tot«. Auf: http://www.dw.com/de/ v%C3%A1clav-havel-ist-tot/a-15610782. Stand: 10. August 2016.

110  »Havel warnt vor autoritären Regierungen in Osteuropa«. Auf: http://www.n24.de/n24/Nachrichten/Politik/d/795796/havel-warnt-vor-autoritaeren-regierungen-in-osteuropa.html. Stand: 10. August 2016.

111  Alexandra Mostyn: »Gedenken in Tschechien. Totengräber der Samtenen Revolution«. Auf: http://www.taz.de/!5249875. Stand: 10. August 2016.

112  »Tschechischer Präsident kritisiert liberale Flüchtlingspolitik scharf«. Auf: https://www.youtube.com/watch?v=lLgRbo9bz4U. Stand: 10. August 2016.

113  »Still Report #624 – Czech President on Islamic Invasion«. Auf: https://www.youtube.com/watch?v=q0uX_nFS0j0. Stand: 10. August 2016.

114  »Zeman nennt Flüchtlingszustrom ›organisierte Invasion‹«. Auf: http://www.welt.de/politik/ausland/article150346836/Zeman-nennt-Fluechtlingszustrom-organisierte-Invasion.html. Stand: 10. August 2016.

115  Anneke Hudalla: *Außenpolitik in den Zeiten der Transformation. Die Europapolitik der Tschechischen Republik 1993–2001*. Münster 2003, S. 264.

116  Pavla Holcova, Stevan Dojcinovic: »Balkan Organized Crime Sets up in Prague«. Auf: https://www.occrp.org/en/investigations/4632-balkan-organized-crime-sets-up-in-prague. Stand: 10. August 2016.

117  Ebda.

118  Olga Malchevska: »Kremlins' Czech Friends«. Auf: http://www.radio svoboda.org/content/article/27479325.html. Stand: 10. August 2016.

119  Ebda.

120  Dirk Banse, Uwe Müller: »Putin lässt Denkfabrik in Berlin gründen«. Auf: http://www.welt.de/print/die_welt/politik/article156693028/

Putin-laesst-Denkfabrik-in-Berlin-gruenden.html. Stand: 10. August 2016.

121 World Public Forum »Dialogue of Civilizations«: »Wladimir Jakunin eröffnet 13. Rhodos-Forum und kündigt Start von Think Tank an«. Auf: http://www.prnewswire.com/news-releases/wladimir-jakunin-eroffnet-13-rhodos-forum-und-kundigt-start-von-think-tank-an-531971832.html. Stand: 10. August 2016.

122 Hans-Jörg Schmidt: »Abkehr von Europa. Tschechiens Außenpolitik driftet Richtung Moskau«. Auf: http://www.welt.de/politik/ausland/article134591363/Tschechiens-Aussenpolitik-driftet-Richtung-Moskau.html. Stand: 10. August 2016.

123 Karl-Peter Schwarz: »Weltkriegs-Gedenken. Eine historische Wende in Prag«. Auf: http://www.faz.net/aktuell/politik/prag-wurde-vor-70-jahren-befreit-13582114.html. Stand: 10. August 2016.

124 Andrea Dernbach, Matthias Meisner: »Autor Jaroslav Rudiš zu Fremdenangst in Tschechien ›Man sieht Präsidenten beim Verrücktwerden zu‹«. Auf: http://www.tagesspiegel.de/kultur/autor-jaroslav-rudi-zu-fremdenangst-in-tschechien-wir-muessen-endlich-herausfinden-was-wir-wollen/13033268-2.html. Stand: 10. August 2016.

125 »Nach Paris-Anschlägen: Slowakei nimmt 20 Ausländer fest«. Auf: http://orf.at/stories/2310599. Stand: 10. August 2016.

126 »Strache will Jihadisten auf Insel verbannen«. Auf: http://www.oe24.at/oesterreich/politik/Strache-will-Jihadisten-auf-Insel-verbannen/212864019. Stand: 10. August 2016.

127 Matus Kostolny: »Wir brauchen eine Angela Merkel!« Auf: http://www.ostpol.de/beitrag/4392-wir_brauchen_eine_angela_merkel. Stand: 10. August 2016.

128 Claudia Klinger: »Gerhard Schröder würdigt Wilhelm-Bock-Preisträger Robert Fico in Gotha«. Auf: http://gotha.thueringer-allgemeine.de/web/lokal/politik/detail/-/specific/Gerhard-Schroeder-wuerdigt-Wilhelm-Bock-Preistraeger-Robert-Fico-in-Gotha-1459940415. Stand: 10. August 2016.

129 »Friedrich A. von Hayek-Gesellschaft«. Auf: https://lobbypedia.de/wiki/Friedrich_A._von_Hayek_-_Gesellschaft. Stand: 10. August 2016.

130 Clemens Neuhold: »Der Klassenkampf macht bei der FPÖ blau«. Auf: http://www.profil.at/oesterreich/klassenkampf-wirtschaft-fpoe-6228958. Stand: 10. August 2016.

131 Andrea Zschocher: »›Man muss ja nicht gleich alle umbringen, aber…‹«. Auf: http://www.stern.de/kultur/tv/anne-will--eu-abgeordneter-richard-sulik-sorgt-mit-aeusserung-fuer-eklat-6734418.html. Stand 12. August 2016.

132 Andreas Thewalt: »Warum ist der Merkel-Hasser so oft im TV?« Auf: http://www.bild.de/politik/inland/talkshow/talks-show-gast-warum-ist-der-merkel-hasser-so-oft-im-tv-45873052.bild.html. Stand: 12.August 2016.

133 Europäische Kommission: *Bericht der Kommission an den Rat und das Europäische Parlament über die Korruptionsbekämpfung in der EU.* Brüssel, 3. Februar 2014, S. 7.

134 Birger P. Priddat, Stephan A. Jansen: *Korruption. Unaufgeklärter Kapitalismus – Multidisziplinäre Perspektiven zu Funktionen und Folgen der Korruption.* Wiesbaden 2005, S. 217.

135 Daniel Kráľ: »How Smer silently took over Slovakia«. Auf: http://visegradrevue.eu/how-smer-silently-took-over-slovakia. Stand: 10. August 2016. »*Moreover, after eight years of Smer's rule, all key institutions of the state are packed with allies and party loyalists. From the general prosecutor, who is Fico's former classmate, through the highest placed judges, the public audit office, regulatory authorities, the public broadcaster to the central bank governor, Smer has gained unprecedented influence over all walks of civil and political life to the extent that no public institution holds Smer to account. Only Andrej Kiska, who beat Fico in his bid to become president in 2014 and thus achieve total control, posed a break to Smer's political juggernaut.*«

136 Martin M. Šimečka: »Die krummen Richter der Slowakei«. Auf: http://www.voxeurop.eu/de/content/article/3049461-die-krummen-richter-der-slowakei. Stand: 10. August 2016.

137 Tomáš Pergler: »Generál StB Lorenc: Penta není moje dítě«. Auf: http://www.euro.cz/byznys/general-stb-lorenc-penta-neni-moje-dite-917308. Stand: 11. August 2016.

138 Ebda.

139 Niko Härig: »Die Akte Gorilla: Massenproteste nach Korruptionsenthüllungen in der Slowakei«. Auf: http://haerig.de/die-akte-gorilla-massenproteste-nach-korruptionsenthullungen-in-der-slowakei. Stand: 11. August 2016.

140 Karl-Peter Schwarz: »Der Vorhang senkt sich wieder«. In: *Frankfurter Allgemeine Zeitung*, 21. Oktober 2014, S. 15.

141 Bureau of Democracy, Human Rights and Labor: »Country Reports on Human Rights Practices for 2015. Secretary's Preface«. Auf: http://www.state.gov/j/drl/rls/hrrpt/humanrightsreport/#wrapper. Stand: 11. August 2016.

142 »Namav Eyeing Petit Press«. Auf: http://www.bloomberg.com/research/stocks/private/snapshot.asp?privcapId=12786558. Stand: 11. August 2016.

143 Karl-Peter Schwarz: »Schleichende Oligarchisierung«. In: *Frankfurter Allgemeine Zeitung*, 5. November 2014, S. 8.

144 »›Volksverhetzung‹ – Erdogan will ›Times‹ verklagen«. Auf: http://www.welt.de/politik/ausland/article118444377/Volksverhetzung-Erdogan-will-Times-verklagen.html. Stand: 11. August 2016.

145 »De Maizière über Türkei: ›Wir sollten nicht Schiedsrichter bei Menschenrechten sein‹«. Auf: http://www.faz.net/aktuell/de-maiziere-ueber-tuerkei-wir-sollten-nicht-schiedsrichter-bei-den-menschen-rechten-sein-14106945.html. Stand: 11. August 2016.

146 »EU-Türkei-Gipfel: ›Der Tag der Zerstörung Europas‹«. Auf: http://www.deutschlandfunk.de/eu-tuerkei-gipfel-der-tag-der-zerstoerung-europas.694.de.html?dram:article_id=347534. Stand: 11. August 2016.

147 Julia Ioffe: »The Czar vs. the Sultan«. Auf: http://foreignpolicy.com/2015/11/25/the-czar-vs-the-sultan-turkey-russia-putin-erdogan-syria-jet-shootdown/. Stand: 11. August 2016.

148 Hakan Aslaneli: »Erdogan goes to prison«. Auf: http://www.hurri-yetdailynews.com/erdogan-goes-to-prison.aspx?pageID=438&n=erdogan-goes-to-prison-1999-03-27. Stand: 11. August 2016.

149 Hasan Ay, Mesut Er: »Erdoğan returns to Pinarhisar 14 year later as Prime Minister«. Auf: http://www.dailysabah.com/nation/2013/12/07/erdogan-returns-to-where-he-once-served-time-14-years-later-as-prime-minister. Stand: 11. August 2016.

150 Cigdem Akyol: *Erdoğan. Die Biografie*. Freiburg 2016, S. 45.

151 »Man arrrested for insulting Erdoğan after asking directions for zoo in Ankara«. Auf: https://www.turkishminute.com/2016/04/23/man-arrested-insulting-erdogan-asking-directions-zoo-ankara. Stand: 18. August 2016.

152 »16-Jähriger wegen Beleidigung von Recep Tayyip Erdogan vor Gericht«. Auf: http://www.tagesspiegel.de/weltspiegel/tuerkei-16-jaehriger-wegen-beleidigung-von-recep-tayyip-erdogan-vor-gericht/11468162.html. Stand: 11. August 2016.

153 Frank Nordhausen: »Neue Tonbandenthüllungen in der Türkei«. Auf: http://www.fr-online.de/tuerkei/tuerkei-korruptionsskandal-erdogan-neue-tonbandenthuellungen-in-der-tuerkei,23356680, 26566292.html. Stand: 11. August 2016.

154 Deniz Yücel: »Erdogan schwärmt von Eroberung Jerusalems«. Auf: http://www.welt.de/politik/ausland/article141707165/Erdogan-schwaermt-von-der-Eroberung-Jerusalems.html. Stand: 11. August 2016.

155 Jürgen Gottschlich: »Der neue beste Freund in Brüssel«. Auf: http://www.taz.de/!5235259. Stand: 11. August 2016.

156 Florian Rötzer: »Islamisten werben in der Türkei für das Kalifat«. Auf: http://www.heise.de/tp/artikel/47/47643/1.html. Stand: 11. August 2016.

157 Rainer Hermann: »Türkische Polizei setzt Tränengas gegen Demonstranten ein«. Auf: http://www.faz.net/aktuell/politik/inland/tuerkei-ismail-kahraman-fordert-islamische-verfassung-14200194.html. Stand: 11. August 2016.

158 »Hizb-ut-Tahrir«. Auf: http://www.hizb-ut-tahrir.org/index.php/DE/def. Stand: 11. August 2016.

159 »Hilafetci örgütten Ankara çıkışı«. Auf: http://www.cumhuriyet.com.tr/haber/turkiye/497943/Hilafetci_orgutten_Ankara_cikisi.html. Stand: 13. August 2016.

160 Landesamt für Verfassungsschutz Baden-Württemberg: »›Hizb ut-Tahrir‹ (HuT)«. Auf: http://www.verfassungsschutz-bw.de/,Lde/Startseite/Arbeitsfelder/_Hizb+ut_Tahrir_+_HuT_. Stand: 11. August 2016.

161 »Cem Özdemir zur Türkei: ›Die Opposition ist de facto Freiwild‹«. Auf: http://www.deutschlandfunk.de/cem-oezdemir-zur-tuerkei-die-opposition-ist-de-facto.694.de.html?dram:article_id=333627. Stand: 11. August 2016.

162 Hasnain Kazim: »Erdogan-Widersacher: Türkei blockiert mysteriösen Whistleblower«. Auf: http://www.spiegel.de/politik/ausland/tuerkei-gericht-blockiert-whistleblower-fuat-avni-a-1014175.html. Stand: 11. August 2016.

163 https://twitter.com/fuatavni_f, Stand: 12. Mai 2016.

164 »Çakıcı'dan Binali Yıldırım'a tehdit: Kendine ve çocuklarına dikkat etsin«. Auf: http://www.cumhuriyet.com.tr/haber/turkiye/539123/Cakici_dan_Binali_Yildirim_a_tehdit__Kendine_ve_cocuklarina_dikkat_etsin.html#. Stand 18. August 2016.

165 »Erdoğan ve Peker ›Sağlam İrade‹ nikâhında«. Auf: http://www.
cumhuriyet.com.tr/haber/turkiye/299631/Erdogan_ve_Peker__
Saglam_irade__nik_hinda.html#. Stand: 18. August 2016.

166 Frank Nordhausen: »Ränkespiele in Ankara«. Auf: http://gruss-vom-
bosporus.berliner-zeitung.de/2015/06/15/raenkespiele-in-ankara.
Stand: 11. August 2016.

167 Rainer Hermann: »Erdogan und sein Mafiapate«. Auf: http://www.
faz.net/aktuell/politik/ausland/europa/tuerkei/erdogans-mafiapate-
propagiert-ehre-blut-und-vaterland-14360368.html. Stand 12. August 2016.

168 Son Güncelleme: »Sedat Peker'e ›Dünya Türkluğu Hakan'ı‹ unvanı
verildi«. Auf: www.milliyet.com.tr/sedat-peker-e-dunya-turklugu-
gundem-2156075. Stand: 11. August 2016.

169 Kamil Taylan, Jürgen Roth: *Die Türkei. Republik unter Wölfen.* Born-
heim 1981, S. 123.

170 Ebda. S. 123.

171 Ryan Gingeras: *Heroin, Organized Crime & The Making of Modern
Turkey.* Oxford 2014, S. 253.

172 »Academics calling for peace ›conscience‹ of Turkey-HDP«. In:
*Hurriyet Daily News*, 13. Januar 2016.

173 Hakan Aslaneli: »Sedat Peker: ›I am not a godfather‹«. In: *Hurriyet
Daily News*, 15. September 1999.

174 Ertuğrul Mavioğlu, Ahmet Şık: *Kırk Katır kırk satır.* 2. Band, April
2010, S. 91.

175 Burhan Kazmali: »JITEM'I ben kurdum, ben dondurdum'«, Auf:
http://www.haberturk.com/gundem/haber/555417-jitemi-ben-kur-
dum-ben-dondurdum. Stand: 13. August 2016.

176 »Susurluk Raporu (Kutlus Savas)«. Auf: https://tr.wikisource.org/
wiki/Susurluk_Raporu_(Kutlu_Sava%C5%9F). Stand: 13. August 2016.

177 Auf: https://www.facebook.com/Sedat-Peker-Abdullah-%C3%87atl
%C4%B1-233983543308078. Stand: 11. August 2016.

178 Ömer Erzeren: »Die ›staatliche Bande‹ muss vor Gericht«. In: *Die
Tageszeitung*, 6. Juni 1997, S. 13.

179 Tasgetiren, Ahmet, in: Yeni Safak, Ankara, 15. März 2002, zit. n.
Knut Rauchfuss: »Private Killer im Regierungsauftrag«. Auf: http://
www.gerechtigkeit-heilt.de/mesut_yilmaz/PrivateKiller.pdf. Stand:
12. August 2016.

180 Ebda.

181 »Peker's luxurious prison life«. Auf: http://www.hurriyetdailynews. com/pekers-luxurious-prison-life.aspx?pageID=438&n=pekers-luxurious-prison-life-1998-10-26. Stand: 11. August 2016.

182 »Sedat Peker'e kendi internet sitesi bile ›mafya babası‹ dedi«. Auf: http://www.haber7.com/guncel/haber/244469-sedat-pekere-kendi-internet-sitesi-bile-mafya-babasi-dedi. Stand 24. August 2016.

183 »Susurluk Kardeşliği; Mehmet Ağar ve Korkut Eken«. Auf: http://www.emekdunyasi.net/ed/guncel/17352-susurluk-kardesligi-mehmet-agar-ve-korkut-eken. Stand 24. August 2016. Und: Arif Dogan: *JITEM'I Ben Kurdum.* Istanbul 2011, S. 79.

184 Peter Nowak: »Vom Internet- zum Justizputsch«. Auf: http://www.heise.de/tp/artikel/27/27691/1.html. Stand: 24. August 2016. Und: Arif Dogan: *JITEM'I Ben Kurdum.* Istanbul 2011, S. 139.

185 Tobias Schächter: »Mauschelei und Mafia – türkische Affären«. Auf: http://www.taz.de/1/archiv/print-archiv/printressorts/digi-artikel/?dig=2009/11/21/a0183. Stand: 11. August 2016.

186 Inga Rogg: »Der Ergenekon-Prozess spaltet die Türkei«. Auf: http://www.nzz.ch/der-ergenekon-prozess-spaltet-die-tuerkei-1.18128151. Stand: 11. August 2016.

187 »Trabzon'da 11 sanık yargılanıyor«. Auf: http://www.hurhaber.com/trabzon-da-11-sanik-yargilaniyor/haber-204368. Stand: 11. August 2016.

188 »Ünlü İş Adamı Selahattin Yılmaz›dan Sedat Peker'e Destek Çağrısı«. Auf: http://www.olay53.com/haber/unlu-is-adami-selahattin-yilmazdan-sedat-pekere-destek-cagrisi-340656.htm. Stand: 11. August 2016.

189 Ebda.

190 »AKP'nin kara para bayramı«. Auf: http://www.cumhuriyet.com.tr/haber/ekonomi/562579/AKP_nin_kara_para_bayrami.html#. Stand: 18. August 2016.

191 »Thousands of public employees suspended after failed coup attempt in Turkey«. Auf: http://www.hurriyetdailynews.com/thousands-of-public-employees-suspended-after-failed-coup-attempt-in-turkey-.aspx?pageID=238&nID=101828&NewsCatID=341. Stand: 11. August 2016.

192 Deniz Yücel: »Video zeigt gnadenlose Demütigung von Putschisten«. Auf: http://www.welt.de/politik/ausland/article157149902/Video-zeigt-gnadenlose-Demuetigung-von-Putschisten.html. Stand: 11. August 2016.

193 Yavuz Baydar: »›Sie werden sterben wie Kanalratten‹«. Auf: http://www.sueddeutsche.de/kultur/tuerkisches-tagebuch-xiii-sie-werden-sterben-wie-kanalratten-1.3102899. Stand: 13. August 2016.

194 Auf: https://www.facebook.com/PEKER.Reisfan/?pnref=story. Stand: 11. August 2016.

195 Ulf Poschardt: »Die Begeisterung für Erdogans ›Säuberungen‹ ist inakzeptabel«. Auf: http://www.welt.de/debatte/kommentare/article157140102/Die-Begeisterung-fuer-Erdogans-Saeuberungen-ist-inakzeptabel.html?wtrid=socialmedia.socialflow....socialflow_twitter. Stand: 11. August 2016.

196 Rainer Hermann, Rüdiger Soldt, Michael Stabenow, Michaela Wiegel: »Bedrohte Gülen-Anhänger. Hier können Sie Nachbarn denunzieren«. Auf: http://www.faz.net/aktuell/politik/ausland/ankaras-rachefeldzug-gegen-guelen-anhaenger-erreicht-deutschland-14347999.html#GEPC;s30. Stand: 11. August 2016.

197 Ebda.

198 Nils Balke, Sinan Sat, Matthias Korfmann: »NRW-CDU duldet radikale Türken in ihren Reihen«. Auf: http://www.derwesten.de/politik/nrw-cdu-duldet-radikale-tuerken-in-ihren-reihen-id9410209.html. Stand: 11. August 2016.

199 Till-R. Stoldt: »›Der Schein trügt, die Grauen Wölfe sind gefährlich‹«. Auf: http://www.welt.de/politik/deutschland/artile13735417/Der-Schein-truegt-die-Grauen-Woelfe-sind-gefaehrlich.html. Stand: 11. August 2016.

200 »Weiterhin ›Graue Wölfe‹ in der NRW-CDU?« Auf: http://www.metropolico.org/2014/07/08/weiterhin-graue-woelfe-in-der-nrw-cdu/. Stand: 11. August 2016.

201 »Türkische Faschisten in Deutschland«. In: ZDF, »Frontal 21«. Auf: https://www.youtube.com/watch?v=WqpYae3Jtqw. Stand: 11. August 2016.

202 Till-R. Stoldt: »Türkische Rechtsextreme schleichen sich in die CDU«. Auf: http://www.welt.de/politik/deutschland/artile7211099/Tuerkische-Rechtsextreme-schleichen-sich-in-CDU.html. Stand: 11. August 2016.

203 »Türkische Rechtsextremisten: Wer mit den Wölfen heult«. Auf: http://www.br.de/nachrichten/rechtsaussen/graue-woelfe-mhp-bayern-100.html. Stand: 15. August 2016.

204 Wolfgang Degen: »Türkische Rechtsextremisten: Graue Wölfe fahren auch in Wiesbaden eine ›Strategie der Anpassung‹«. Auf: http://www.wiesbadener-kurier.de/lokales/wiesbaden/nachrichten-wiesbaden/tuerkische-rechtsextremisten-graue-woelfe-fahren-auch-in-wiesbaden-eine-strategie-der-anpassung_14820609.htm. Stand: 11. August 2016.

205 Ihsan Öner: »Pressemitteilung: Die ATIB verurteilt die Verleumdungskampagne im ZDF«. Auf: http://www.atib.org/de/content.php?baslik=basin-aciklamalari&detay=Die-atib-verurteilt-die-verleumdungskampagne-des-verbands-im-zdf. Stand: 11. August 2016.

206 Landesamt für Verfassungsschutz Hessen: »Die ›Grauen Wölfe‹. Nationalismus und Rechtsextremismus unter türkischen Migranten in Deutschland«. Auf: https://lfv.hessen.de/sites/lfv.hessen.de/files/content-downloads/Graue_Woelfe_Internet_0_0.pdf. Stand: 11. August 2016.

207 Bayerischer Landtag: »Schriftliche Anfrage des Abgeordneten Florian Ritter SPD vom 02.07.2015 (Drucksache 17/7902)«. Auf: https://s3.kleine-anfragen.de/ka-prod/by/17/7902.pdf. Stand: 11. August 2016.

208 Auf: https://www.facebook.com/osmanischegeneration/?fref=ts. Stand: 11. August 2016.

209 Auf: https://www.facebook.com/fenerbahcebank?ref=br_rs. Stand: 11. August 2016.

210 »Armenien-Resolution: Türkische Gemeinde beklagt Vertrauensverlust in deutschen Staat«. Auf: http://www.spiegel.de/politik/deutschland/armenien-resolution-tuerkische-gemeinde-beklagt-schaden-fuer-integration-a-1099302.html. Stand: 11. August 2016.

211 Auf: https://remziaru.com/06/2016/partei. Stand: 11. August 2016.

212 Walter Müller: »Strache heizt in Spielfeld die Stimmung an«. Auf: http://derstandard.at/2000027565082/Strache-heizt-in-Spielfeld-die-Stimmung-an. Stand: 11. August 2016.

213 Marco Delgardo: »›Gut fucken?‹ Deutschland bietet jetzt staatliche geförderte Anmachkurse für Flüchtlinge an!« Auf: http://www.delgardo.tv/20161232/gut-fucken-deutschland-bietet-jetzt-staatliche-gefoerderte-anmachkurse-fuer-fluechtlinge-an. Stand: 11. August 2016.

214 Jürgen Elsässer: »Islamistischer Terror in Grafing bei München? Davon will die Lügenpresse nichts wissen.« Auf: https://

juergenelsaesser.wordpress.com/2016/05/10/islamistischer-terror-in-grafing-bei-muenchen-davon-will-die-luegenpresse-nichts-wissen. Stand: 11. August 2016.

215 »Hintergründe«. Auf: http://www.sauberer-himmel.de/hintergrun-de-2. Stand: 11. August 2016.

216 Tobias Hürter: »Verschwörung der Woche. Alles Böse kommt von oben«. Auf: http://www.zeit.de/2014/48/veschwoerung-chemtrails-flugzeug-kondensstreifen-chemikalien. Stand: 11. August 2016.

217 Sebastian Dalkowski: »›Chemtrails‹. Warum ein Anwalt glaubt, dass das keine Kondensstreifen sind«. Auf: http://www.rp-online.de/panorama/deutschland/chemtrails-verschwoerungstheorien-um-kondensstreifen-aid-1.5790212. Stand: 11. August 2016.

218 Ebda.

219 Niedersächsischer Landtag: »Gibt es ›Chemtrails‹, und kann man die behaupteten Inhaltsstoffe in Niedersachsen nachweisen?« In: *Kleine Anfrage zur schriftlichen Beantwortung mit Antwort der Landesregierung* (Drucksache 17/4171), 4. September 2015.

220 »Gatestone Institute«. Auf: http://rightweb.irc-online.org/profile/gatestone_institute. Stand: 11. August 2016.

221 »FPÖ-Strache: ›Wir sind die wahre Pegida‹«. Auf: http://www.news.at/a/fpoe-strache-wahre-pegida. Stand: 11. August 2016.

222 Gudrun Giese: »Hier wird weiter eingekauft«. In: *ver.di publik*, Nr. 6/2015, S. 4.

223 Martina Forsthuber, Thomas Martinek, Peter Sempelmann: »Wer Österreichs Wirtschaft lenkt«. In: *Trend*, Juli 2009, S. 58.

224 Christina Deckwirth: »Bilderberg Konferenz in Dresden: ein internationales Lobbytreffen«. Auf: https://www.lobbycontrol.de/2016/06/bilderberg-konferenz-in-dresden-ein-internationales-lobbytref-fen. Stand: 11. August 2016.

225 Lukas Hässig: »Weber, Rohner, Collardi, alle dabei im ›Züri-WEF‹«. Auf: http://insideparadeplatz.ch/2013/01/16/weber-rohner-collardi-alle-dabei-im-zueri-wef. Stand: 11. August 2016.

226 Lukas Hässig: »Club zur Schickeria«. Auf: http://insideparadeplatz.ch/2012/07/05/club-zur-schickeria/. Stand: 11. August 2016.

227 Bernhard Odehnal: »Wiener Journalist verzeigt Roger Köppel«. Auf: http://www.tagesanzeiger.ch/panorama/vermischtes/Wiener-Journalist-verzeigt-Roger-Koeppel/story/31450208. Stand: 11. August 2016.

228 »Blochers Griff nach den Medien«. Auf: http://www.sp-sg.ch/blog/2016/04/25/blochers-griff-nach-den-medien/. Stand: 11. August 2016.

229 Roger Köppel: »Göring. Das deutsche Verhängnis. Ja zur Durchsetzungsinitiative«. Auf: http://www.weltwoche.ch/ausgaben/2016-1/artikel/goering-die-weltwoche-ausgabe-12016.html. Stand: 11. August 2016.

230 Roger Köppel: »›Rattenfänger‹. Alle warten, bis Merkel das Steuer herumreisst. Warum tut sie es nicht?« Auf: http://www.weltwoche.ch/ausgaben/2016-4/artikel/rattenfaenger-die-weltwoche-ausgabe-42016.html. Stand: 11. August 2016.

231 Thomas Hüetlin: »Köppel aus dem Sack«. In: DER SPIEGEL, 7/2016, S. 100.

232 Matthias Daum: »Die Wut der Worte«. Auf: http://www.zeit.de/2015/43/schweiz-roger-koeppel-parlament. Stand: 11. August 2016.

233 Roger Köppel: »Geklaute Äpfel. Warum es die Durchsetzungsinitiative braucht«. Auf: http://www.weltwoche.ch/ausgaben/2016-2/artikel/geklaute-pfel-die-weltwoche-ausgabe-22016.html. Stand: 11. August 2016.

234 Johannes Ritter: »Christoph Blocher: Poltergeist und graue Eminenz«. Auf: http://www.faz.net/aktuell/politik/ausland/europa/christoph-blocher-poltergeist-und-graue-eminenz-13863460.html. Stand: 11. August 2016.

235 Benjamin Geiger, Christian Dietz-Saluz: »›Die SVP ist keine Oppositionspartei mehr‹«. Auf: http://www.zsz.ch/meilen/die-svp-ist-keine-oppositionspartei-mehr/story/11537219. Stand: 11. August 2016.

236 Gian Trepp: Swiss Connection. Zürich 1996, S. 356.

237 Philip Kübler: »Medienkritik vor Gericht«. Auf: http://medienkritik-schweiz.ch/2013/11/medienkritik-vor-gericht. Stand: 11. August 2016.

238 Stephen Gundle, Simon Parker (Hrsg.): The New Italian Republic. From the Fall of the Berlin Wall to Berlusconi. London 1996, S. 140.

239 »Die 300 Reichsten 2015«. Auf: http://www.bilanz.ch/300-Reichste-live?rid=2968&row_pos=0&page=list&sel_kanton=TI. Stand: 11. August 2016.

240 Tito Tettamanti: »Berlusconi war zu nett«. Auf: http://www.weltwoche.ch/ausgaben/2013-49/berlusconi-war-zu-nett-die-weltwoche-ausgabe-492013.html. Stand: 11. August 2016.

241  Auf: http://www.rogerköppel.ch/politik. Stand: 11. August 2016.

242  »Exklusiv: UBS-Chef Ermotti spricht im SonntagsBlick: ›Es ist nicht ruhiger geworden‹«. Auf: http://www.blick.ch/news/wirtschaft/exklusiv-ubs-chef-ermotti-spricht-im-sonntagsblick-es-ist-nicht-ruhiger-geworden-id88258.html. Stand: 11. August 2016.

243  Roger Köppel: »›Karriere ist nicht alles‹«. Auf: http://www.weltwoche.ch/ausgaben/2014-03/karriere-ist-nicht-alles-die-weltwoche-ausgabe-032014.html. Stand: 11. August 2016.

244  Maximilian Steinbeis: »Fünf Thesen zum Wahlerfolg der AfD«. Auf: http://verfassungsblog.de/fuenf-thesen-zum-wahlerfolg-der-afd. Stand: 11. August 2016.

245  Thomas Korn, Andreas Umland: »Jürgen Elsässer, Kremlpropagandist«. Auf: http://www.zeit.de/politik/deutschland/2014-07/juergen-elsaesser-russland-propaganda. Stand: 11. August 2016.

246  Jürgen Elsässer: »Aufruf an unsere Soldaten: Sichert die deutschen Grenzen!« Auf: https://juergenelsaesser.wordpress.com/2015/09/13/aufruf-an-unsere-soldaten-sichert-die-deutschen-grenzen. Stand: 11. August 2016.

247  Auf: https://juergenelsaesser.wordpress.com/2016/07/22/terror-in-muenchen-krieg-gegen-deutschland. Stand: 15. Au-gust 2016.

248  »AfD-Einladung: HC Strache zu Gast in Düsseldorf!« Auf: https://www.fpoe.at/artikel/afd-einladung-hc-strache-zu-gast-in-duessel-dorf. Stand: 11. August 2016.

249  Auf: http://www.studienzentrum-weikersheim.de/9-0-Praesidium.html. Stand: 11. August 2016.

250  Auf: http://staatspolitik.de/veranstaltungen/akademien. Stand: 11. August 2016.

251  Auf: http://www.sezession.de/wp-content/uploads/alte_nummern/sezession_heft38.pdf. Stand: 11. August 2016.

252  Jürgen Elsässer: »24.10: Schachtschneider, Kubitschek, Elsässer stellen Widerstandsplan vor«. Auf: https://juergen elsaesser.wordpress.com/2015/10/10/24-10-schachtschneider-kubitschek-elsaesser-stellen-widerstandsplan-vor. Stand: 11. August 2016.

253  Andreas Kemper: »›… Die neurotische Phase überwinden, in der wir uns seit siebzig Jahren befinden‹. Zur Differenz von Konservatismus und Faschismus am Beispiel der Historischen Mission Björn Höckes (AfD)«. Rosa Luxemburg Stiftung Thüringen, Februar 2016, S. 20. Auf: http://www.th.rosalux.de/fileadmin/ls_thueringen/

dokumente/publikationen/RLS-HeftMissionHoecke-Feb16.pdf.
Stand: 11. August 2016.

254 »›Kellernazi‹: Scharsach durfte Rosenkranz so nennen«. Auf: http://
derstandard.at/1481574/Kellernazi-Scharsach-durfte-Rosenkranz-
so-nennen, Stand: 12. August 2016.

255 Markus Huber: »Porträt Barbara Rosenkranz, umstrittene FPÖ-Kan-
didatin. ›Es kann ja nicht jeder Kevin heißen‹«. Auf: http://www.
tagesspiegel.de/meinung/portraet-barbara-rosenkranz-umstrittene-
fpoe-kandidatin-es-kann-ja-nicht-jeder-kevin-heissen/1764076.
html. Stand: 11. August 2016.

256 »Lichert bleibt im AfD-Vorstand«. Auf: http://www.wetterauer-
zeitung.de/Home/Kreis/Staedte-und-Gemeinden/Friedberg/
Artikel,-Lichert-bleibt-im-AfD-Vorstand-_arid,569791_regid,3_
puid,1_pageid,80.html. Stand: 11. August 2016.

257 »AfD: Höckes Lehre von den Menschentypen«. Auf: http://daserste.
ndr.de/panorama/aktuell/AfD-Hoeckes-Lehre-von-Menschentypen,
hoeckeslehre100.html. Stand: 11. August 2016.

258 »Video: Rede von Björn Höcke beim Kyffhäusertreffen 2016«. Auf:
http://www.derfluegel.de/2016/06/06/video-rede-von-bjoern-
hoecke-beim-kyffhaeusertreffen-2016. Stand: 11. August 2016.

259 Patrick Gensing: »AfD: Auf dem Weg zur ›Volksfront von rechts‹«.
Auf: http://publikative.org/2015/12/30/afd-auf-dem-weg-zur-volks-
front-von-rechts. Stand: 11. August 2016.

260 Daniel Steinlechner: »FPÖ-Strache: ›Wir sind die wahre Pegida‹«.
Auf: http://www.news.at/a/fpoe-strache-wahre-pegida. Stand: 11. August 2016.

261 »Festerling bei Pegida: ›Ich stelle mich voll und ganz hinter die
Clausnitzer‹«. Auf: http://www.epochtimes.de/politik/deutschland/
festerling-bei-pegida-ich-stelle-mich-voll-und-ganz-hinter-die-
clausnitzer-a1308862.html. Stand: 11. August 2016.

262 »Tatjana Festerling – Rede vom 04.07.2016 in Leipzig bei LEGIDA«.
Auf: https://www.youtube.com/watch?v=OCCAmQ4ZcoI&feature=
youtu.be. Stand: 11. August 2016.

263 Auf: http://www.tatjanafesterling.de. Stand: 11. August 2016.

264 »PEGIDA DRESDEN 07.12.2015 Rede von Filip Dewinter ›Vlaams
Belang‹ vor 30 000 Patrioten«. Auf: https://www.youtube.com/
watch?v=TiwbfCiDTto. Stand: 11. August 2016.

265 Hans-Henning Scharsach: *Strache: Im braunen Sumpf.* Wien 2012, S. 121.

266 »Rechtsextremer Dewinter bei FPÖ-Politveranstaltung«. Auf: http://www.oe24.at/oesterreich/politik/Rechtsextremer-Dewinter-bei-FPOe-Politveranstaltung/480872. Stand: 11. August 2016.

267 »PEGIDA Dresden 09.05.2016 Rede von Hans Thomas Tillschneider (AFD)«. Auf: https://www.youtube.com/watch?v=g3HCt0jtoPI. Stand: 11. August 2016.

268 Rüdiger Soldt: »AfD in Baden-Württemberg. Meuthen hui, innen pfui«. Auf: www.faz.net/aktuell/politik/wahl-in-baden-wuerttemberg/vor-der-wahl-die-masslosigkeit-der-afd-anhaenger-14090781.html. Stand: 11. August 2016.

269 Lenz Jacobsen: »Was deutsch ist, soll es ewig bleiben«. Auf: http://www.zeit.de/politik/deutschland/2016-05/afd-parteitag-stuttgart-grundsatzprogramm-beschluss. Stand: 11. August 2016.

270 Jürgen Todenhöfer, auf: https://www.facebook.com/JuergenTodenhoefer/posts/10153685447075838:0. Stand: 15. August 2016.

271 »AfD Hamburg mahnt Fraktionschef Jörn Kruse nach Programm-Kritik ab«. Auf: https://nach-welt.com/afd-hamburg-mahnt-fraktionschef-jorn-kruse-nach-programm-kritik-ab-t-online-de. Stand: 11. August 2016.

272 Katharina Nocun: »Wie sozial ist die AfD«, Heinrich-Böll-Stiftung Sachsen, Juni 2016, S. 34f. Auf: http://www.weiterdenken.de/sites/default/files/uploads/2016/06/katharina_nocun_sozialpolitik_der_afd.pdf. Stand: 13. August 2016.

273 In: *Kurier*, 22. August 2010.

274 In: »Ö1 Mittagsjournal«, 21. August 2013. Und: »Sie sind gegen Euch! FPÖ – von wegen ›soziale Heimatpartei‹ – Download ›Blaubuch‹«. Auf: https://klub.spoe.at/story/sie-sind-gegen-euch-fpoe-von-wegen-soziale-heimatpartei-download-blaubuch. Stand: 11. August 2016.

275 »FPÖ-Hübner: Budget für Äußeres böte enorme Einsparungsmöglichkeiten«. Auf: http://www.ots.at/presseaussendung OTS_20140521_OTS0335/fpoe-huebner-budget-fuer-aeusseres-boete-enorme-einsparungsmoeglichkeiten. Stand: 11. August 2016.

276 Birte v. Wiarda: »Rußlanddeutsche Jugendliche in Meckenheim oder der Zusammenhang von Sprache und Identität«. In: *Linguistik online*7, 3/00. Auf: http://www.linguistik-online.com/3_00/wiarda.html. Stand: 11. August 2016.

277 Kristina Pawlik-Mierzwa, Manfred Otto: »Abtschjak und Kasjak als feste Bestandteile der russisch sprechenden Subkultur«. Vortrag, Bremen, 10.05.2002.

278 Katharina Heinrich: »Wer von Russlanddeutschen politisch profitieren will«. Auf: http://www.deutschlandfunk.de/deutschland-wer-von-russlanddeutschen-politisch-profitieren.724de.html?dram:article_id=350215. Stand: 11. August 2016.

279 Dmitrij Chmelnizki: »Dr. Dmitrij Chmelnizki zur Veranstaltung am 19. 09. 2006 in der Gedenkbibliothek zu Ehren der Opfer des Stalinismus unter dem Motto ›Der KGB ist wieder da‹: Der Ministerpräsident und die Prinzessin mit dem Orden der Geheimpolizei«. Auf: http://gedenkbibliothek.de/download/Dr_Dmitrij_Chmelnizki_Der_Ministerpraesident_und_die_Prinzessin_mit_dem_Orden_der_Geheimpolizei_vom_19_09_2006.pdf. Stand: 11. August 2016.

280 Tatjana Golova: »Akteure der extremen Rechten als Sprecher der Russlanddeuschen? Eine explorative Analyse«. In: Sabine Ipsen-Peitzmeier, Markus Kaiser (Hrsg.): *Zuhause fremd: Russlanddeutsche zwischen Russland und Deutschland.* Bielefeld 2006, S. 267.

281 »Prorussische Parteien in Europa etablieren sich«. Auf: http://de.sputniknews.com/zeitungen/20150306/301388996.html. Stand: 11. August 2016.

282 Auf: https://www.facebook.com/dimitri.rempel?fref=ts. Stand: 11. August 2016.

283 Auf: https://www.facebook.com/rusfront/posts/1680360445582728. Stand: 11. August 2016.

284 Christian Bangel (Interview): »›Die Russlanddeutschen wollen dazugehören‹«. Auf: http://www.zeit.de/politik/deutschland/2016-02/russlanddeutsche-deutschland-russland-integration-interview. Stand: 11. August 2016.

285 »Leipziger Stadtrat Danckwardt verlässt Linke-Fraktion«. Auf: http://www.mdr.de/sachsen/leipzig/danckwart-verlaesst-leipziger-linke-fraktion-100.html. Stand: 11. August 2016.

286 Klaus Staeubert: »Nach Merkel-Äußerungen: Alexej Danckwardt verlässt die Leipziger Linksfraktion«. Auf: http://www.lvz.de/Leipzig/Lokales/Nach-Merkel-Aeusserungen-Alexej-Danckwardt-verlaesst-die-Leipziger-Linksfraktion. Stand: 11. August 2016.

287 Daniel Bax: »Linken-Politiker mit Putschfantasien«. Auf: http://www.taz.de/!5270159. Stand: 11. August 2016.

288 Auf: https://www.facebook.com/alexej.danckwardt?fref=ts. Stand: 11. August 2016.

289 Auf: https://www.facebook.com/proputinpartei/?fref=ts&locale= de_DE. Stand: 11. August 2016.

290 Katharina Heinrich: »Wer von Russlanddeutschen politisch profitieren will«. Auf: http://www.deutschlandfunk.de/deutschland-wer-von-russlanddeutschen-politisch-profitieren.724.de.html?dram:article_id=350215. Stand: 11. August 2016.

291 »Tschetschenien hilft syrischen Flüchtlingen in Deutschland – Republikchef Kadyrow«. Auf: http://de.sputniknews.com/panorama/20150925/304508319.html. Stand: 11. August 2016.

292 Liz Fuller: »Chechnya's Best-Kept Secret: The Workings of the Akhmad Kadyrov Fund«. Auf: http://www.rferl.org/content/caucasus-report-chechnya-akhmad-kadyrov-fund/27057288.html. Stand: 11. August 2016.

293 Ralf Leonhard: »FPÖ besucht Tschetschenien. Persilschein von rechts«. Auf: http://www.taz.de/!5100952. Stand: 11. August 2016.

294 Martin Stuhlpfarrer: »Johann Gudenus: Migranten retten die SPÖ«. Auf: http://diepresse.com/home/politik/innenpolitik/1462329/Johann-Gudenus_Migranten-retten-die-SPO. Stand: 11. August 2016.

295 »FPÖ-Gudenus schimpft in Rede auf Wiener Türken«. Auf: http://www.heute.at/news/politik/FPOE-Gudenus-schimpft-in-Rede-auf-Wiener-Tuerken;art23660,932086. Stand: 11. August 2016.

296 Auf: https://www.facebook.com/HCStrache/?fref=ts. Stand: 11. August 2016.

297 Fred Duswald: »Mauthausen-Befreite als Massenmörder«. In: *Aula*, Juli/August 2015.

298 Staatsanwaltschaft Graz, Aktenzeichen 16 St 99/15y.

299 »Anfrage der Abgeordneten Dr. Harald Walser, Freundinnen und Freunde an den Bundesminister für Justiz betreffend Skandalöse Einstellungsbegründung durch Staatsanwaltschaft Graz nach Anzeige der rechtsextremen Zeitschrift ›Aula‹ (Aktenzeichen 7910/J vom 28.01.2016)«. Auf: https://www.parlament.gv.at/PAKT/VHG/XXV/J/J_07910/imfname_500980.pdf. Stand: 11. August 2016.

300 Karl Pfeifer: »Die antisemitische Agitation der Aula«. Auf: http://www.hagalil.com/2016/06/aula. Stand: 11. August 2016.

301 Auf: https://www.facebook.com/reitschuster/posts/1326586890689829. Stand: 11. August 2016.

302 »AfD: 140 Millionen Freunde«. In: *DER SPIEGEL*, 17/2016.

303 Stephan Löwenstein, Reinhard Veser: »Treffen der Rechten in Wien. Eurasische Internationale«. Auf: http://www.faz.net/aktuell/politik/ausland/europa/treffen-der-rechten-in-wien-eurasische-internationale-12972620.html. Stand: 11. August 2016.

304 Bernhard Odehnal: »Gipfeltreffen mit Putins fünfter Kolonne«. Auf: http://www.tagesanzeiger.ch/ausland/europa/Gipfeltreffen-mit-Putins-fuenfter-Kolonne/story/30542701. Stand: 11. August 2016.

305 »Freunde Russlands: Fidesz, FPÖ und Front National bei Fundamentalistenkongress im Moskauer Kreml«. Auf: https://pusztaranger.wordpress.com/2014/09/15/freunde-russlands-fidesz-fpo-und-front-national-bei-lebensschutzerkongress-im-moskauer-kreml. Stand: 11. August 2016.

306 »FPÖ in Moskau: Gudenus kritisiert EU, USA, NATO und ›Homosexuellenlobby‹«. Auf: http://www.profil.at/oesterreich/fpoe-moskau-gudenus-eu-usa-nato-homosexuellenlobby-377959. Stand: 11. August 2016.

307 Liane Bednarz: »Die Radikalen«. In: *Frankfurter Allgemeine Sonntagszeitung*, 31. Januar 2016, S. 9.

308 »Hedwig von Beverfoerde: ›Von Stuttgart wird Signal ausgehen. Wir kommen wieder.‹« Auf: http://www.medrum.de/content/hedwig-von-beverfoerde-von-stuttgart-wird-signal-ausgehen-wir-kommen-wieder. Stand: 11. August 2016.

309 Herwig-Hakan Mader: »Hintergrund. Wer steckt hinter dem ›Homo-Hasser‹-Kongress in Moskau?« Auf: http://www.ggg.at/index.php?id=62&tx_ttnews%5Btt_news%5D=6487&cHash=e23932878f7dc586609ee46bba083ac3. Stand: 11. August 2016.

310 Joachim Bartz, Arndt Ginzel, Ulrich Stoll: »Putin fördert europäische Rechtspopulisten«. Auf: http://www.zdf.de/frontal-21/russland-foerdert-europaeische-rechtspopulisten-42678994.html. Stand: 11. August 2016.

311 »Russischer Oligarch unterstützt FPÖ«. Auf: http://www.profil.at/ausland/russischer-oligarch-fpoe-malofejew-6384756. Stand: 11. August 2016.

312 »Ein Wirtschaftssystem für die Superreichen – Wie ein unfaires Steuersysem und Steueroasen die soziale Ungleichheit verschärfen«. Auf: https://www.oxfam.de/system/files/20160118-wirtschaftssystem-superreiche.pdf. Stand: 11. August 2016.

313 Tilman Achtnich, Hanspeter Michel: »Geld regiert die Welt. Die Macht der Finanzkonzerne«. ARD, »Die Story im Ersten«, 13. Januar 2014. Auf: https://www.youtube.com/watch?v=VnOF6XnxE2M. Stand: 11. August 2016.

314 »BlackRock Inc«. Auf: http://www.facing-finance.org/de/database/ investors/blackrock-germany. Stand: 11. August 2016.

315 Heike Buchter: »BlackRock: Die heimlichen Herren des Dax«. Auf: http://www.handelsblatt.com/unternehmen/banken-versicherungen/ blackrock-die-heimlichen-herren-des-dax/4150978.html. Stand: 11. August 2016.

316 Heike Buchter: »BlackRock: Der 4-Billionen-Dollar-Mann«. Auf: http://www.zeit.de/2015/33/blackrock-larry-fink-finanzkonzern- banken-krise. Stand: 11. August 2016.

317 »Dirty Profits 4: Wie Unternehmen und Banken von schweren Um- weltzerstörungen und Menschenrechtsverletzungen profitieren«. In: *Facing Finance*, Berlin 2015, S. 26. Auf: http://www.facing-finance. org/files/2016/02/dp4_DE_RGB.pdf. Stand: 11. August 2016.

318 https://www.youtube.com/watch?v=LwXa4ifHjJM

319 »The World's Billionaires«. Auf: http://www.forbes.com/billionaires/ list/#version:static. Stand: 11. August 2016.

320 Reinhold Böhmer: »Knorr-Bremse-Kontrolleur Thiele: ›Ich habe gelernt, in harten Zeiten zu uberleben‹«. Auf: http://www.wiwo.de/ unternehmen/industrie/knorr-bremse-kontrolleur-thiele-ich-habe- gelernt-in-harten-zeiten-zu-ueberleben/9145844-all.html. Stand: 11. August 2016.

321 Klaus Ott: »Verdacht der Schwarzarbeit: Billige PR für Knorr- Bremse«. Auf: http://www.sueddeutsche.de/wirtschaft/verdacht- der-schwarzarbeit-billige-pr-fuer-knorr-bremse-1.2066549. Stand: 11. August 2016.

322 Webseite »Russian Railways«. Auf: http://eng.rzd.ru/newse/public/ en?STRUCTURE_ID=15&layer_id=4839&refererLayerId= 5074&id=102721. Stand: 11. August 2016.

323 Dirk Banse, Michael Ginsburg, Uwe Müller, Lars-Marten Nagel: »AfD-Nachwuchsstar: ›Berlin fördert den radikalen Islam‹«. Auf: http://www.welt.de/politik/deutschland/article154713986/Ber- lin-foerdert-den-radikalen-Islam.html. Stand: 11. August 2016.

324 Friedrich Schmidt: »Nachtreten in höchsten Kreisen«. Auf: http:// www.faz.net/aktuell/politik/ausland/wenn-ein-putin-vertrauter-ge-

hen-muss-13828482.html?printPagedArticle=true#pageIndex_2, Stand: 12. August 2016

325 Matthew Cole, Jeremy Scahill: »Erik Prince in the Hot Seat«. Auf: https://theintercept.com/2016/03/24/blackwater-founder-erik-prince-under-federal-investigation. Stand: 11. August 2016.

326 »Who Must Register«. Auf: https://www.pmddtc.state.gov/registration/wmr.html. Stand: 11. August 2016.

327 Jeremy Scahill: *Blackwater: Der Aufstieg der mächtigsten Privatarmee der Welt*. Reinbek 2009, S. 316.

328 vgl. Spencer Ackerman: »Abu Ghraib torture suit against contractor revived by federal court«. Auf: https://www.theguardian.com/law/2014/jun/30/iraq-lawsuit-defense-contractor-torture-abu-graib. Stand: 11. August 2016.

329 Eli Lake: »Exclusive: Court Docs Reveal Blackwater's Secret CIA Past«. Auf: http://www.thedailybeast.com/articles/2013/03/14/exclusive-erik-prince-on-blackwater-s-secret-cia-past.html. Stand: 11. August 2016.

330 Nicky Woolf: »Former Blackwater guard sentenced for massacre of unarmed Iraqi civilians«. Stand: https://www.theguardian.com/us-news/2015/apr/13/former-blackwater-guards-sentencing-baghdad-massacre. Stand: 11. August 2016.

331 Jeremy Scahill: »Blackwater Founder Implicated in Murder«. Auf: https://www.thenation.com/article/blackwater-founder-implicated-murder. Stand: 11. August 2016.

332 Auf: http://lib.law.virginia.edu/Garrett/prosecution_agreements/sites/default/files/pdf/Academi.pdf. Stand: 11. August 2016.

333 Jeremy Scahill: »Blackwater's Black Ops«. Auf: https://www.thenation.com/article/blackwaters-black-ops. Stand: 11. August 2016.

334 Heike Kroemer: »Erik Prince gab nur ein kurzes Gastspiel«. Auf: http://kurier.at/chronik/burgenland/erik-prince-gab-nur-ein-kurzes-gastspiel/807.744. Stand: 11. August 2016.

335 Peter Pilz: Sachverhaltsdarstellung an Staatsanwaltschaft Wien, 20. April 2016; vgl.: »Wiener Neustadt: Strafanzeige im Söldner-Krimi«. Auf: http://www.krone.at/oesterreich/wiener-neustadt-strafanzeige-im-soeldner-krimi-staatsanwalt-am-zug-story-506447. Stand: 18. August 2016.

336 Auf: http://www.irasia.com/listco/hk/frontier/annual/index.htm. Stand: 11. August 2016.

337 Jeremy Scahill, Matthew Cole: »Echo Papa Exposed. Inside Erik Prince's Treacherous Drive to Build a Private Air Force«. Auf: https://theintercept.com/2016/04/11/blackwater-founder-erik-prince-drive-to-build-private-air-force. Stand: 11. August 2016.

338 Sven Becker, Jürgen Dahlkamp, Gunther Latsch, Walter Mayr, Jörg Schmitt: »Besondere Verdienste«. Auf: http://www.spiegel.de/spiegel/print/d-135434674.html. Stand: 11. August 2016.

339 »Lansky: ›Die Mails sind mir nicht peinlich‹«. Auf: http://kurier.at/politik/inland/lansky-die-mails-sind-mir-nicht-peinlich/139.777.665. Stand: 11. August 2016.

340 Ebda.

341 »Heikle Nasarbajew-Connection: Schröder und Schily ließen sich von kasachischem Diktator und seinen Helfern einspannen«. Auf: http://www.spiegel.de/politik/deutschland/kasachstan-schroeder-und-schily-halfen-diktator-nasarbajew-a-1038506.html. Stand: 11. August 2016.

342 »Tischrede von Bundespräsident Horst Köhler beim offiziellen Empfang des Präsidenten der Republik Kasachstan, Nursultan Abischewitsch Nasarbajew: ›Drehscheibe zwischen Asien und Europa‹«. Auf: http://www.bundespraesident.de/SharedDocs/Reden/DE/Horst-Koehler/Reden/2008/09/20080903_Rede.html. Stand: 11. August 2016.

343 Sven Becker, Jürgen Dahlkamp, Gunther Latsch, Walter Mayr, Jörg Schmitt: »Besondere Verdienste«. Auf: http://www.spiegel.de/spiegel/print/d-135434674.html. Stand: 11. August 2016.

344 »Lansky, Ganzger & Partner Rechtsanwälte GmbH: Kasachstan-Beratung: Kein Zusammenhang mit Causa Aliyev«. Auf: http://www.presseportal.de/pm/117340/3046102. Stand: 11. August 2016.

345 »Millionenjob: Blair berät autoritären Staatschef von Kasachstan«. Auf: http://www.spiegel.de/politik/ausland/millionenjob-blair-beraet-autoritaeren-staatschef-von-kasachstan-a-793720.html. Stand: 11. August 2016.

346 »DIW-Chef Fratzscher: ›Die soziale Marktwirtschaft existiert nicht mehr‹«. Auf: http://www.spiegel.de/wirtschaft/soziales/deutschland-diw-warnt-vor-wachstumsschwaeche-durch-ungleichheit-a-1081789.html. Stand: 11. August 2016.

347 »Prof. Stefan Sell im Interview: ›Es geht darum den Begriff Armut zu töten‹«. Auf: http://www.swrfernsehen.de/prof-es-geht-darum-

den-begriff-armut-zu-toeten/-/id=2798/did=17059010/nid=2798/ws4ozg/index.html. Stand: 11. August 2016.

348 »Geldsorgen: Mehr Arbeitslose müssen an Ernährung und Heizung sparen«. Auf: http://www.berliner-zeitung.de/wirtschaft/geldsorgen-mehr-arbeitslose-muessen-an-ernaehrung-und-heizung-sparen-23297674. Stand: 11. August 2016.

349 »Starke Zunahme der Kinderarmut in Griechenland«. Auf: https://www.griechenland.net/nachrichten/chronik/5314-starke-zunahme-der-kinderarmut-in-griechenland. Stand: 11. August 2016.

350 Yasmin El-Sharif: »Studie: Hier wohnen Deutschlands arme Kinder«. Auf: http://www.spiegel.de/wirtschaft/soziales/kinderarmut-in-deutschland-hier-wohnen-deutschlands-arme-kinder-a-1071196.html. Stand: 11. August 2016.

351 Joachim Albrech, Philipp Fink, Heinrich Tiemann: »Ungleiches Deutschland: Sozioökonomischer Disparitätenbericht 2015«. S. 24. Auf: http://library.fes.de/pdf-files/wiso/12390.pdf. Stand: 11. August 2016.

352 Axel Fick: »Zahl der Arbeitnehmer mit Nebenjob ist deutlich gestiegen«. Auf: http://www.morgenpost.de/wirtschaft/article207202531/Zahl-der-Arbeitnehmer-mit-Nebenjob-ist-deutlich-gestiegen.html. Stand: 11. August 2016.

353 Björn Hengst, Carsten Volkery: »Kurt Becks Arbeitslosen-Schelte: ›Waschen und rasieren, dann kriegen Sie auch einen Job‹«. Auf: http://www.spiegel.de/politik/deutschland/kurt-becks-arbeitslosen-schelte-waschen-und-rasieren-dann-kriegen-sie-auch-einen-job-a-454389.html. Stand: 11. August 2016.

354 Gabriel Zucman: *Steueroasen: Wo der Wohlstand der Nationen versteckt wird.* Berlin 2014, S. 8.

355 »›Schwarze Null‹ sorgt für bröckelnde Brücken«. Auf: http://www.dgb.de/themen/++co++2395be08-9da1-11e5-87f7-52540023ef1a. Stand: 11. August 2016.

356 Unabhängiger Beauftragter für Fragen des sexuellen Kindesmissbrauchs: »Expertise ›Häufigkeitsangaben zum sexuellen Missbrauch – Internationale Einordnung, Bewertung der Kenntnislage in Deutschland, Beschreibung des Entwicklungsbedarfs‹«. Auf: https://beauftragter-missbrauch.de/fileadmin/Content/pdf/Pressemitteilungen/Fact_Sheet_Expertise_H%C3%A4ufigkeitsangaben_FINAL.pdf. Stand: 11. August 2016.

357  Jörg Radek: »Politik der ›Schwarzen Null‹: Innere Sicherheit nach Kassenlage«. Auf: http://www.gdp.de/gdp/gdp.nsf/id/A8442035B-548C09EC1257D430043D209. Stand: 11. August 2016.

358  »Das Forschungsprojekt: Watch the Court – was wollen wir?« Auf: https://blogs.fu-berlin.de/soellner/eine-seite. Stand: 11. August 2016.

359  »Graz: Freispruch für Posting ›Tötet die Asylanten‹«. Auf: http://die-presse.com/home/techscience/internet/5067983/Graz_Freispruch-fur-Posting-Totet-die-Asylanten. Stand: 13. August 2016.

360  Michael Jungmann: »Ex-Staatsanwalt: ›Es läuft vieles schief‹ bei der Justiz an der Saar«. Auf: http://www.saarbruecker-zeitung.de/aktuell/aufmacher/Anklage-Gesetze-und-Rechtsnormen-Handtuecher-Juristen-Landgerichte-Saar-Staatsanwaltschaft-Staatsanwaelte;art27856,5355136. Stand: 11. August 2016.

361  Andreas Wirsching: »Der latente Bürgerkrieg«. In: *Süddeutsche Zeitung*, 8. August 2016, S. 9.

362  Julia Smilga: »Land NRW verklagt Richter. Kämpfer für Holocaust-Opfer steht vor Gericht«. Auf: http://www.deutschlandradiokultur.de/land-nrw-verklagt-richter-kaempfer-fuer-holocaust-opfer.1079.de.html?dram:article_id=348742. Stand: 11. August 2016.

363  Auf: https://menschenrechtsverfahren.files.wordpress.com/2012/07/ackermann-abendessen.pdf. Stand: 11. August 2016.

364  Ulrike Herrmann: »Ex-IWF-Chefökonom über Bankenkrisen: ›Ackermann ist gefährlich‹«. Auf: http://www.taz.de/!5122738. Stand: 11. August 2016.

365  http://www.kritischeaktionaere.de/fileadmin/Dokumente/ANDERE_BANKEN_BRAUCHT_DAS_LAND_/10-Publikationen/RZ_Dossier_Deutsche_Bank_2012_WEB.pdf

366  »Geldwäsche-Verdacht bei Deutscher Bank weitet sich aus«. Auf: http://www.zeit.de/wirtschaft/unternehmen/2015-12/deutsche-bank-geldwaesche-russland. Stand: 11. August 2016

367  »FCMC applies fines to AS ›Baltic International Bank‹ and its board chair«. Auf: http://amlabc.com/aml-category/aml-sanctions-fines/fcmc-applies-fines-to-as-baltic-international-bank-and-its-board-chair. Stand: 11. August 2016.

368  Markus Meinzer: *Steueroase Deutschland: Warum bei uns viele Reiche keine Steuern zahlen.* München 2015, S. 77.

369  Wolfgang Hetzer: »Banker zwischen Bestrafung und Bewährung«. Auf: http://www.kriminalpolizei.de/ausgaben/2015/september/

detailansicht-september/artikel/banker-zwischen-bestrafung-und-bewaehrung.html. Stand: 11. August 2016.

370 »Ostmittel- und Südosteuropa: Die Stunde der Populisten«. Auf: https://www.bti-project.org/de/4579/regionalberichte/ostmittel-und-suedosteuropa/. Stand: 11. August 2016.

371 Philipp Blom im Gespräch mit Petern Kapern: »Rechtsruck in Europa? ›Es wäre töricht, das auszuschließen‹«. Auf: http://www.deutschland funk.de/rechtsruck-in-europa-es-waere-toericht-das-auszuschliessen. 694.de.html?dram:article_id=339219. Stand: 13. August 2016.

372 Europäische Kommission: »Bekämpfung von Steuerhinterziehung und Steuerumgehung: Kommission zeigt Lösungsvorschläge auf«. Auf: http://europa.eu/rapid/press-release_IP-12-1325_de.htm. Stand: 11. August 2016.

373 Lou Dobbs: »Buffett: ›There are lots of loose nukes around the world‹«. Auf: http://edition.cnn.com/2005/US/05/10/buffett/index. html. Stand: 11. August 2016.

374 Ben Stein: »In Class Warfare, Guess Which Class Is Winning«. Auf: http://www.nytimes.com/2006/11/26/business/yourmoney/26every. html?_r=1&. Stand: 11. August 2016.

375 John Cassidy: »Is America an Oligarchy?« Auf: http://www.newyorker. com/news/john-cassidy/is-america-an-oligarchy. Stand: 11. August 2016.

376 Martin Gilens, Benjamin I. Page: »Testing Theories of American Politics: Elites, Interest Groups, and Average Citizens«. In: *Perspectives on Politics*, 18. September 2014, S. 577. Auf: https://scholar.princeton.edu/sites/default/files/mgilens/files/gilens_and_page_2014_testing_theories_of_american_politics.doc.pdf. Stand: 11. August 2016.

377 Johannes Hano: »Was können wir aus der Geschichte lernen? Erinnern an den Historiker Fritz Stern«. Auf: https://www.3sat.de/page/? source=/kulturzeit/themen/185083/index.html. Stand: 11. August 2016.

378 »Papstpredigt: Lohndumping ist Todsünde!« Auf: http://de.radiovaticana.va/news/2016/05/19/papst_,blutsaugertum%C2%B4_ist_tods%C3%BCnde/1230927. Stand: 11. August 2016.

379 Michel Reimon: »Vertrauenskrise«. In: *brennstoff*, Mai 2017, S. 17.

380 Michael Stürmer: »Vor dem Atomkrieg bewahrt uns kein Protokoll mehr«. Auf: http://www.welt.de/debatte/kommentare/article155584911/ Vor-dem-Atomkrieg-bewahrt-uns-kein-Protokoll-mehr.html. Stand: 11. August 2016.

381 Horst Schöppner: »Was tun gegen rechts? Debatte: Gewalt gegen Nazis?« Auf: https://www.neues-deutschland.de/artikel/1012881. debatte-gewalt-gegen-nazis.html. Stand: 11. August 2016.

382 »Forscher Thomas Kliche: Globalisierungsschock bringt das Ende der Gemütlichkeit«. Auf: http://www.mz-web.de/politik/forscher-thomas-kliche-globalisierungsschock-bringt-das-ende-der-gemu-etlichkeit-23621272. Stand: 11. August 2016.

383 Georg Diez: »Sie taten liberal«. Auf: http://www.spiegel.de/kultur/gesellschaft/die-gesellschaft-kippt-das-buergtum-schweigt-a-1093312.html. Stand: 11. August 2016.

384 »Die Festung Europa als Weg in die Barbarei – Jens Wernicke im Gespräch mit Conrad Schuhler«. Auf: http://www.nachdenkseiten.de/?p=33424. Stand: 11. August 2016.

385 »Das Flüchtlingsdrama: ein Appell zum Umsteuern. In Europa und in Deutschland«. Auf: http://www.europa-neu-begruenden.de. Stand: 12. August 2016.

386 »Departure! It can't go on like this any longer.« Auf: https://aufbruch.or.at. Stand: 12. August 2016.

387 Auf: https://www.solidarische-moderne.de/de/topic/36.gruendungs mitglieder.html. Stand: 12. August 2016.

388 »Mit der Demokratie neu beginnen – Gegen die Politik der Angst, für eine Politik der Hoffnung! (Aufruf des ISM)«. Auf: https://www.solidarische-moderne.de/de/article/471.mit-der-demokratie-neu-beginnen-gegen-die-politik-der-angst-fuer-eine-politik-der-hoffnung.html. Stand: 12. August 2016.